Die schönsten Urlaubsländer Osteuropas

Slowenien · Kroatien · Bulgarien · Rumänien

Mediterran: das Städtchen Kanal im Soča-Tal.

Die schönsten Urlaubsländer Osteuropas

Slowenien · Kroatien · Bulgarien · Rumänien

SCONTO

INHALT

Von Weinbergen umgeben: das Dorf Jeruzalem.

Ein venezianisches Idyll: Piran.

Beliebtes Urlaubsziel: der Bleder See.

SLOWENIEN

Fotos Rainer Hackenberg · Friedrich H. Koethe
Text Daniela Schetar

Im Sieben-Seen-Tal am Fuß des Triglav.

MEDITERRANES ALPENLAND

Jodler oder Cappuccino, Weinberge oder Tropfsteinhöhlen – womit auch immer man Slowenien verbindet, man trifft immer nur eines der vielen Gesichter dieses Schmuckstücks am Südrand der Alpen: «Ein kleines Land für einen großen Urlaub», lautet der griffige Werbeslogan der Slowenen und tatsächlich gibt es wohl nur wenige Regionen in ganz Europa, in denen so unterschiedliche Kultur- und Landschaftsräume so nahe beieinander liegen. Slowenien ist nur halb so

Dörfer, und durch dieses fast schon klischeehafte Idyll führen zahllose Klettersteige und herrliche Wanderwege. Zur Schablone passt die Musik von Slavko Avsenik, der in diese Landschaft hineingeboren wurde. Mit seinen «Original Oberkrainern» war er der Wegbereiter der modernen Volksmusik.

Nach Osten und Süden kleidet sich das Land mit Weinreben, die akkurat gepflanzt und gepflegt hügelauf, hügelab von kommenden Genüssen künden. Das

Ländliches Leben wie zu Großmutters Zeiten.

Slowenische Volksmusik ist mittlerweile weltbekannt.

groß wie die Schweiz und hat dennoch Anteil an Hochgebirge und Balkan, am ungarischen Flair der Pannonischen Tiefebene und auch am italienischen Lebensgefühl an der Adria.

Im Norden bilden die zackenschroffen Gipfel der Julischen Alpen und der Karawanken den Hintergrund für ein alpines Bilderbuch, wie es schöner nicht sein könnte: Alte Bauernhöfe und Almhütten, an denen goldener Mais trocknet, sind umgeben von bunten Sommerblumengärten, saftig grünen Wiesen inmitten verschwiegener Täler. In kristallklaren Gebirgsseen spiegeln sich Aurikel, Glockenblumen, Enzian und Ziströschen; gurgelnde Wildbäche graben sich ihren Weg durch schmale Schluchten und stürzen in Schleierfällen tief hinunter; wehrhafte Burgen wachen über

Klappern der *klopotci*, hölzerner Windräder, hält im Herbst die Vögel fern und gibt dieser Landschaft eine ganz besondere Melodie. Behäbiger Barock schmückt Städte wie Maribor oder Ptuj, und Spuren römischer Siedlungen und Heiligtümer sind Zeugen eines regen Handelsverkehrs, denn durch den Osten Sloweniens führte die Bernsteinstraße. Noch weiter nach Osten greift die Pannonische Tiefebene nach Slowenien hinein und der Einfluss Ungarns macht sich geltend: Mit Stroh gedeckte, aus Lehm erbaute Bauernhöfe, weites Land, Storchennester auf den Kirchtürmen und ein Dialekt, der mehr nach Magyaren denn nach Slawen klingt, schaffen einen ganz eigenen, bäuerlichen Reiz.

Auf der Bleder Insel wurde früher slawischen Göttern geopfert.

Hier, weit im Osten, sprudelt Thermalwasser aus dem Boden und wird in mehreren Heilbädern gefasst und angewendet. Radenci, Moravce, Lendava sind nur die drei allgemein bekanntesten Kurorte.

Von den Alpen nach Südwesten überrascht Slowenien mit einem mediterranen, venezianischen Auftreten. Nun wächst Oleander anstelle von Geranien, Häuser aus dem grauen Stein des Karstes drängen sich um romanische Kirchlein, und über den Loggien und Palazzi der Küstenstädte Koper und Piran wacht der

Nostalgie im Technikmuseum Bistra: eine alte Wassermühle.

Zieht viele Besucher an: das mittelalterliche Škofja Loka.

Kranj vor der mächtigen Kulisse der Karawanken.

Löwe der Serenissima. Nicht nur Natur und Architektur, auch die Küstenbewohner selbst sind von einer gehörigen Portion mediterranen Temperaments durchdrungen und deshalb immer eine Spur lauter und flotter als ihre übrigen Landsleute. Im Hinterland dieses von der Sonne verwöhnten Teils Sloweniens öffnen sich Felsschlünde zu Höhlensystemen voller Tropfsteinskulpturen. Eine Fantasielandschaft unter der Erde, die der Bildhauer Henry Moore als «verblüffende Ausstellung von Mutter Natur» bezeichnete, geschaffen

vom sickernden Wasser, dessen Tropfen und Rauschen die Grotten von Postojna und Škocjan erfüllt.

Von der Hauptstadt Ljubljana nach Süden zur Grenze nach Kroatien trägt Slowenien ein Gewand dichter, verschwiegener Wälder. Eines der größten zusammenhängenden Waldgebiete Europas ist hier noch erhalten; wahre Urwälder sind zu durchstreifen und dabei lauern womöglich Bären, Wölfe und Luchse hinter dem nächsten Baum. Mäandernd ziehen die Flüsse Krka und Kolpa ihre Bahn an der kroatischen Grenze entlang; mal ruhig und träge, dann wieder über Stromschnellen und Travetinstufen wild gurgelnd, vorbei an mächtigen Burgen und romantischen Wasserschlösschen. Tief in den Wäldern der *Bela Krajina*, der Weißen Mark, gibt es noch einige Dörfer, in denen Nachkommen deutscher Siedler leben. Um das 14. Jahrhundert waren sie in diesen wilden Landstrich gezogen, hatten Wald gerodet, Felder bepflanzt, vor allem aber als fahrende Kaufleute Handel getrieben. Nach dem Zweiten Weltkrieg mussten sie dann Jugoslawien verlassen; nur noch einige Gedenksteine mit deutscher Inschrift erinnern an die einstigen Einwanderer, die sich die Gotscheer nannten.

Als Slowenien das Licht der politischen Welt erblickte, im Juni 1991 nach einem kurzen Schlagabtausch mit der jugoslawischen Armee, fragte sich manch einer in Europa, woher dieses Land kommt

K.-u.-k.-Charme und südliches Temperament: Ljubljana.

und was wohl seine Existenzberechtigung sei. Denn als nördlichste und fleißigste Republik des Vielvölkerstaates Jugoslawien hatte kaum jemand dieses Slowenien als ein nach Autonomie strebendes Staatswesen wahrgenommen. Die Slowenen hingegen nährten ihr ausgeprägtes Selbstbewusstsein und damit auch den Anspruch auf Unabhängigkeit von ihrem wirtschaftlichen Erfolg, der sie weit über die Leistung der übrigen jugoslawischen Republiken erhob. Von den anderen, vor allem denen ganz im Süden, fühlten sich die ordnungsliebenden und emsigen Slowenen ökonomisch ausgenutzt. Ihr Herz drängte vehement Richtung Mitteleuropa, und am liebsten hätten manche Slowenen sich in Wien einen Kaiser und ihrer Heimat die Rückkehr unter seine Fittiche gewünscht.

Nun, so weit ist es nicht gekommen, aber immerhin steht Slowenien 2004 stolz als Vollmitglied in der Europäischen Union, mit dem besten Eintrittszeugnis unter den Neuen, das versteht sich von selbst. Es wird wohl nicht lange dauern, und slowenische Gründlichkeit und Ehrgeiz werden die Brüsseler Bürokraten das Fürchten lehren. Dabei zeigen die Menschen diesen zielstrebigen Charakter gar nicht: Gemütlich geht es zu, man hat immer Zeit für einen Schwatz und ein Dezi Wein. Wenn Freunde zusammenkommen, singt, isst und trinkt man und lässt den lieben Gott einen guten Mann sein. Und als wollten die slowenischen Politiker dieses Genussstreben und die Friedfertigkeit ihres Volkes zum Programm erheben, wählten sie ein

Fortsetzung Seite 24

Meisterliche Architektur: die Drei Brücken in Ljubljana.

1

2

3

4

1. Ein wunderbar erhaltener, eleganter Jugendstileingang führt in Ljubljanas Kaufhaus Centromerkur. – 2. Auch an den Wohnhäusern der Hauptstadt treibt Art déco bunte Blüten. – 3. Ljubljanas Drachenbrücke schmückt das in Bronze gegossene inoffizielle Wappentier der Stadt. – 4. Üppig-verspielter Fassadenschmuck findet sich auch im sonst eher gutbürgerlichen Maribor. – 5. Klassizistische Hotelbauten und der wunderbare Jugendstileingang zum Kurhaus erinnern in Rogaška Slatina an die alte Bädertradition. – 6. Freude am Detail: Drachen als steinerne Wächter der Drachenbrücke in Ljubljana.

5

6

JUNGES LAND
MIT ALTER GESCHICHTE

35 000 v. Chr.: In der Olševa-Höhle unterhalb der Karawanken fertigen jungsteinzeitliche Jäger Werkzeuge aus Knochen.

2000 v. Chr.: Pfahlbausiedlungen werden im Moorgebiet um Ljubljana errichtet.

1. Jahrhundert v. Chr.: Eisenförderung bildet die Grundlage des Wohlstands des keltisch-illyrischen Reiches Noricum. Die römische Eroberung beginnt.

1809–1813: Teile Sloweniens gehören zu Napoleons Illyrischen Provinzen, Ljubljana wird Hauptstadt.

1848: Die deutsche Revolution bewegt die slowenischen Intellektuellen.

1918–1941: Nach dem Ersten Weltkrieg schließen sich Slowenen, Kroaten und Serben zu einem Königreich zusammen, 1929 «Königreich Jugoslawien» benannt.

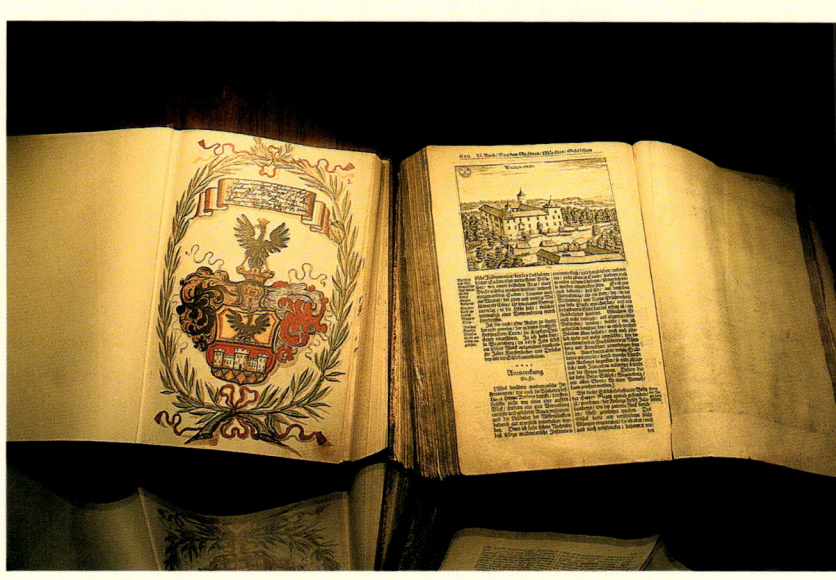

2. Jahrhundert: Slowenien ist befriedet, römische Städte werden gegründet: Emona (Ljubljana), Piranum (Piran), Claudia Celeia (Celje), Poetovio (Ptuj).

3.–5. Jahrhundert: Völkerwanderung; der Einfall der Hunnen unter Attila beendet im 5. Jahrhundert die Friedensperiode.

6./7 Jahrhundert: Einwanderung der Slowenen. Sie gründen das Fürstentum Karantanien.

788: Karl der Große erobert Karantanien, gliedert es dem Herzogtum Bayern ein.

14./15. Jahrhundert: Die Habsburger übernehmen durch Erbfolge die Macht.

16. Jahrhundert: Reformation; 1550 erscheint der slowenische Katechismus von Primož Trubar.

18. Jahrhundert: Josephinische Reformen fördern Entfaltung slowenischer Kultur.

Geballte Weisheit aus vielen Jahrhunderten, versammelt in der Seminarbibliothek im Bischofspalast von Ljubljana (linke Seite). Oben: Am Ende des 17. Jahrhunderts verfasste Johann Weichard Valvasor eine erste Beschreibung Sloweniens: «Die Ehre des Herzogthums Crain».

1941: Jugoslawien wird von Deutschland und Italien besetzt.

1942–1945: Partisanenkampf. Nach der Befreiung wird Slowenien Teilrepublik der Volksrepublik Jugoslawien unter Führung des Partisanengenerals Tito.

1948: Bruch mit der Sowjetunion; Abmilderung des sozialistischen Systems auf der Grundlage von Gesellschaftseigentum und Selbstverwaltung.

1980: Josip Broz-Tito stirbt.

1987: Gründung demokratischer Parteien in Slowenien.

April 1990: Erste freie Wahlen. 89 Prozent der slowenischen Bevölkerung sprechen sich bei einer Volksabstimmung für die Unabhängigkeit aus.

26. Juni 1991: Nach der Proklamation der Unabhängigkeit marschieren jugoslawische Streitkräfte auf slowenisches Territorium, müssen aber nach zehn Tagen wieder abziehen. Der Konflikt kostet 66 Menschenleben.

23. Dezember 1991: Verabschiedung einer demokratischen Verfassung und Einführung eines Zwei-Kammersystems.

15. Januar 1992: Slowenien wird von den EG-Staaten völkerrechtlich anerkannt. Seither Anerkennung durch über 150 Staaten.

1992–2002: Abgesehen von einer kurzen Unterbrechung regiert Janez Drnovšek mit einem sozialliberalen Parteienbündnis.

April 1992: Der Vorsitzende der Liberaldemokratischen Partei Sloweniens, Dr. Janez Drnovsek, wird in einem konstruktivem Misstrauensvotum zum neuen Ministerpräsidenten Sloweniens gewählt und bildet eine Mitte-Links-Regierung.

Juli 1997: Ratifizierung des Europa-Abkommens.

November 1998: Offizieller Beginn der Beitrittsverhandlungen zur Europäischen Union.

Mai 2000: Dr. Andrej Bajuk wird vom Parlament zum Ministerpräsidenten gewählt.

Dezember 2002: Janez Drnovšek wird zum Staatspräsidenten gewählt; Regierungschef wird der bisherige Finanzminister Anton Rop.

März 2003: Unterzeichnung des NATO-Beitrittsprotokolls in Brüssel.

April 2003: Unterzeichnung des EU-Beitrittsvertrages in Athen.

29. März 2004: Beitritt Sloweniens zur NATO.

1. Mai 2004: Beitritt Sloweniens zur Europäischen Union.

Oktober 2004: Wahlen zur Slowenischen Staatsversammlung.

November 2004: Regierungskoalition unter Ministerpräsident Janez Janša aus SDS, NSi, SLS und DeSUS.

Januar 2005: Slowenien übernimmt für ein Jahr den Vorsitz in der OSZE.

Die Slowenen lieben jede Art von Extremsport (ganz oben und oben).

Der 1682 Meter hohe Berg Vogel bewacht den See von Bohinj.

Trinklied ihres Nationaldichters France Prešeren (1800–1849) zur Nationalhymne des Landes.

Als Reiseland ist Slowenien mit seiner Landschaftsvielfalt, der intakten, majestätischen Natur, den zahllosen Schlössern, Burgen und Klöstern und den lebhaften Städten ein Paradies für Individualisten und Aktivurlauber, die sich bei allen nur denkbaren Sportarten austoben können. Die Infrastruktur ist hervorragend, das gastronomische Angebot exzellent und die Gastfreundschaft der Slowenen sprichwörtlich.

IM SLOWENISCHEN ALPENLAND

Es ist wohl nicht nur der helle, zu schroffen Zacken erodierte Kalkstein, der die slowenische Alpenregion so unverwechselbar macht. An den Südhängen der Alpen scheint die Sonne intensiver, ist der Himmel von einem durchsichtigen Blau und die Luft mild, als hätte sie sich am nahen Meer beschwipst. In diesem sommerlichen Licht erscheinen die Mischwälder an den Berghängen und in den Tälern wie verzaubert; die Sonnenstrahlen spitzen durch das Laub der Buchen, Eichen und Kastanien und beleuchten die moos- und farnbewachsenen Kalksteinbrocken. Im

Frühjahr duftet es in den Wäldern nach Zyklamen, die wie frisch gefallener Schnee die Böden umhüllen; im Sommer nach Beeren, die dem Wanderer geradezu in den Mund wachsen, und im Herbst nach Pilzen, die der Sammler nicht mühsam suchen muss, denn sie gedeihen einfach überall. Über diesen Wäldern und den Hochalmen stehen die bis an die 3000er-Marke reichenden Gipfel der Julischen Alpen, auch Julier genannt. Ihr König, der Dreikopf oder Triglav, ist mit

Am Savica-Fall beginnt die Bergtour auf den Triglav.

2863 Metern höchster Gipfel Sloweniens. Benannt nach einer slawischen Gottheit ist er zugleich ein nationaler Mythos. Es ist höchste Slowenenpflicht, diesen Berg wenigstens einmal im Leben zu erklimmen, was jeden Sommer Karawanen von Wandergruppen, Familien mit Kleinstkindern, Damenkränzchen aus dem Seniorenheim und mit Turnschuhen ausgerüstete Jugendliche den durchaus anspruchsvollen Klettersteig zum Gipfelkreuz hinauftreibt.

Ski und Rodel gut – in Kranjska Gora (oben) und am Vogel (rechts).

Die Zackengipfel der Julier: ein Paradies für Kletterer.

Wettrennen in der Loipe: Planica bei Kranjska Gora.

Das Herz des Julischen Alpenlandes bilden zwei Seen: Der See von Bled, klein, fast rund, von einer niedlichen Insel gekrönt und einer wehrhaften Burg auf hohem Fels bewacht, ist der mondänere, denn hierher kamen schon gekrönte Häupter zur Kur. Der jugoslawische König besaß Anfang des 20. Jahrhunderts eine herrliche Villa am Ufer, die später Josip Broz-Tito bewohnte und die heute als Luxushotel dient. Verliebte und andere unglücklich Sehnende lassen sich mit einem Pletnja-Boot zur Insel übersetzen und läuten die alte Wunschglocke vor dem Kirchlein,

damit das Gewünschte in Erfüllung geht. Eigentlich befand sich hier ein altslawisches Heiligtum, dessen Priesterin sich zum Christentum bekehrte und auf die Liebe ihres Lebens verzichtete. France Prešeren hat dieses Drama der Christianisierung der Slawen in ein anrührendes Poem gekleidet, die *Taufe an der Savica* von 1836, dessen Höhepunkt am zweiten großen Alpensee der Julier spielt: am See von Bohinj. In diesen stürzt nämlich sehr malerisch der Savica-Fall, an dem die Bekehrung stattgefunden haben soll.

Der See von Bohinj oder Wochein, wie der deutsche Name lautet, ist ein längliches, schmales Wasser, umgeben von steilen Hängen und hohen Gipfeln. Nur am Südende ist im Tal etwas Raum für Dörfer wie

AUF FELSENPFADEN
UND WALDWEGEN

Egal ob man lieber Klettersteige erklimmt oder mehr oder minder schwere Wanderungen absolviert, Slowenien präsentiert sich seinen Besuchern als wahres Wanderparadies. Karten und Führer, die die schönsten Touren beschreiben, werden an vielen Orten angeboten.

Die wichtigste und (für viele) schönste Wanderroute führt auf den höchsten Berg des Landes, den 2864 Meter hohen Triglav. Es gibt mehrere Aufstiegsmöglichkeiten; die einfachste ist die vom See von Bohinj durch das Tal der Triglav-Seen, die in etwa 13 Stunden zum Gipfel führt. Die

auf die zwar gut gesicherte, aber doch stark ausgesetzte Kletterpartie verzichten. Für Auf- und Abstieg ab und zur Hütte ist mit etwa sechs bis sieben Stunden zu rechnen. Durch das Triglav-Tal geht es dann nach einer weiteren Übernachtung zurück nach Bohinj.

1

2

Wanderung ist anspruchsvoll, deshalb sollte man zwei Übernachtungen auf einer der Hütten im Gipfelbereich einplanen. Ausgangspunkt ist der schöne Savica-Fall (650 m) westlich des Sees von Bohinj. Gleich zu Beginn sind auf steilen Serpentinen 600 Höhenmeter zu bewältigen, danach geht es im sanft ansteigenden, herrlichen Tal der Triglav-Seen weiter bergan. Ein klarer Gebirgssee folgt auf den anderen (insgesamt sind es sieben), und die Wiesen sind im Sommer mit Gebirgsblumen übersät. Dahinter rahmen die grauweißen Felsen der Berge dieses Idyll ein. Am Grünen See, *Zeleno jezero,* beginnt der anstrengende Aufstieg über ein Geröllfeld zur Hütte Tržaška koča (2120 m). Hier sollte man übernachten, bevor man am nächsten Tag den Gipfel in Angriff nimmt. Wer nicht schwindelfrei ist, sollte

Weit weniger anstrengend ist die Wanderung auf der *Velika Planina,* einer Alm-Hochebene in den Steiner Alpen (*Kamniške Alpe*) bei Kamnik. Bergauf geht es mit der Kabinenbahn auf 1407 Meter Höhe. Von der Bergstation führt der Wanderweg weiter bergan zum eigentlichen Plateau, auf dem die für diese Region typischen Almhütten stehen: Es sind Holzhäuser mit elipsenförmigem Grundriss und steilen, teils bis zum Boden heruntergezogenen Schindeldächern. Inzwischen sind die meisten zu Ferienhäuschen umgewandelt, in denen die Hauptstädter ihre Wochenenden verbringen. Ein paar Almhütten gibt es aber noch. Ein herrliches Bergpanorama begleitet den Wanderer auf seinem Weg, der stetig leicht bergab in Richtung Kamniška Bistrica führt. Die Steiner Alpen mit ihren wild gezackten Gip-

3

1. Nationale Pflicht eines echten Slowenen: die Besteigung des höchsten Berges Triglav. 2. Der Zlatorog, ein Steinbock mit goldenen Hörnern, ist der mythische Herrscher der Julischen Alpen. – 3. Rustikaler Rastplatz nach einer Wanderung durch die Vintgar-Schlucht. – 4. Freeclimber finden in den Juliern anspruchsvolle Routen. – 5. Auch in den Julischen Alpen geschützt: das schöne Edelweiß. – 6. Pause am Schwarzen See auf dem herrlichen Weg zum Triglav. – 7. Alle Wanderwege sind bestens markiert.

6

7

Slovenska Bistrica. Dichte Wälder, Hochmoore und winzige Sumpfseen bedecken sein Hochplateau (im Schnitt 1200 m). Von dem mit dem Auto erreichbaren Gipfel Rogla (Ausgangspunkt Hotel Planja, 1450 m) kann man zahllose Wanderungen unternehmen; eine etwa dreistündige und weitgehend eben verlaufende führt beispielsweise deutlich ausgeschildert zu den Seen Lovrenška jezera. Die Seen sind Teil eines Hochmoors, in dem im Frühjahr und Sommer seltene Blumen wie Rundblättriger Sonnentau und Roststeinrosen blühen. Ein Rundweg führt auf Holzplanken durch diese stille Landschaft im Schatten dunkler Kiefern. Da die Seen Heimat des Wassermanns, des *Jezernik*, sind, sollte man keine Steine hineinwerfen. Der gutmütige Geist wird dann nämlich böse und lässt einen Regensturm aufziehen.

4

5

feln sind ein wunderschönes, aber auch anspruchsvolles Wandergebiet. Das letzte Stück des Weges läuft man durch lichten Mischwald, stets grob dem Lauf eines Bergbaches folgend, und erreicht in drei Stunden die Talstation der Seilbahn.

Ein gänzlich anderes, fast skandinavisch wirkendes Wandergebiet ist das *Pohorje*, ein Mittelgebirge zwischen Maribor und

Bauernhäuser und Barockkirche im Tal von Bohinj.

Fast ein Muss: eine Fahrt mit dem Pletnja-Boot auf dem Bleder See.

Dörfliches Idyll südlich der Industriestadt Kranj.

Ribčev Laz oder Stara Fužina. Alte Alpenarchitektur ist hier noch gegenwärtig, im Sommer werden die Kühe auf die Almen getrieben, und es gibt weiterhin Senner, die die Kunst des Butterns noch beherrschen. Neben den Traditionen spielt um den See der Sport die wichtigste Rolle: Dass man hier gerne wandert, unter anderem auf den Triglav, versteht sich von selbst. Daneben aber besitzt die Region eine ausgezeichnete Thermik, in der stets einige Paraglider und Drachenflieger durch die Lüfte schweben; reißende Wildbäche und Flüsse locken die Wasserfreunde an, die Raften, Kanufahren oder Canyoning lieben, im Sommer finden die wagemutigen Freeclimber hier die besten Spots, im Winter die Eiskletterer; dann werden auch die Loipen

gespurt und die Pisten präpariert. Kurzum, Bohinj ist ein Muss für alle Aktivurlauber.

Ähnlich vielseitig ist die Region um Kranjska Gora am Westrand der slowenischen Julier, im Dreiländereck mit Italien und Österreich. Dort entspringt einer der mächtigsten Flüsse Sloweniens, die Sava, und wendet sich in trägem Lauf nach Osten. In Kranjska Gora beginnt auch eine der spektakulärsten und kühnsten Alpenstraßen: die über den Vršič-Pass nach

Süden. Ihre Serpentinen und Spitzkehren sind so steil und so eng, dass selbst erfahrene Autofahrer das Grauen überkommt. Nach 21 Kilometern mit dreißig Kehren und einem Stopp auf dem 1611 Meter hohen Pass mit einem grandiosen Bergpanorama sind wohl die meisten froh, schließlich wieder eine gerade Straße unter den Rädern zu haben.

Am Ende der Vršič-Passstraße entspringt aus einer Karstquelle einer der schönsten Flüsse Sloweniens, die

Barocker Prunk empfängt Besucher im Schloss Kostanjevica.

Das Seebad Portorož ist stolz auf seinen Sandstrand ...

... an dem sich an den Wochenenden die Jugend trifft ...

... um sich den heißen Sommer zu versüßen.

Soča. Ungestüm und türkisfarben rauscht sie nach Süden, wo sie schon bald die Grenze zu Italien überquert und fortan Isonzo heißt – ein Name, der für eine der schrecklichsten Schlachten des Ersten Weltkriegs steht: An der Isonzo-Front, in den Bergen links und rechts der Soča, kämpften Österreicher mit Deutschen verbissen gegen Italiener 29 Monate lang um jeden Quadratmeter Gebirge. Die letzte von zwölf Offensiven brachte schließlich Österreich-Ungarn den Sieg; mehrere hunderttausend Menschen fanden den Tod. Chronist dieser Schrecken war kein Geringerer als der Schriftsteller Ernest Hemingway, der als Sanitäter und Reporter auf Seiten Italiens berichtete und verwundet wurde. *In einem anderen Land* nannte er seine Chronik dieses Krieges. Heute erinnern Beinhäuser und Kapellen entlang der Soča an die damaligen Gräuel, doch die Schatten des Todes haben vor der Schönheit des Flusses keinen Bestand. Wo früher hungernde Soldaten in ihrer Stellung lagen, lenken heute zahlreiche neoprenbunte Kajakfahrer ihre schmalen Boote durch Gischt und Stromschnellen.

DURCHS VIPAVA-TAL AN DIE ADRIA

Bei der erst 1948 gebauten Stadt Nova Gorica/Gorizia, direkt an der italienischen Grenze, verlässt die Soča Slowenien. Hier weichen auch die Berge zurück und lassen Raum für die Wellen hintereinander gestaffelter Täler und Hügel. Hier übernimmt die Hochebene des Karstes die landschaftsbildende Regie mit Poljen und Dolinen, die entstehen, wenn der vom stetig hindurchsickernden Wasser unterhöhlte Kalkstein nachgibt. In diesen eingebrochenen Höhlen wird Erde angeweht, Pflanzensamen verfangen sich und in der sonst eher kargen, Macchia-bewachsenen Karsthochebene bilden sich kleine fruchtbare Inseln. Sind sie groß genug, ein kleines Feld oder ein Gärtchen zu tragen, nennt man sie *dolina*, das Tal. *Polje*, Feld, werden die großen Einbrüche genannt, in denen man sogar richtig Landwirtschaft treiben kann. Beide Bezeichnungen wie auch das Wort *kras*, mit dem die Slowenen diese landschaftlichen Erscheinungen beschreiben, werden weltweit für ähnliche geologische Phänomene verwendet: *kras*, also Karst, Doline und Polje.

BESONDERHEITEN DER SLOWENISCHEN KÜCHE

Die Einflüsse der direkten Nachbarländer sind in der slowenischen Küche deutlich zu spüren. Ergänzt um einheimische Besonderheiten und typisch slowenische Köstlichkeiten bietet sich den Besuchern eine zumeist eher deftig bäuerliche Küche, die aber auch hohen Ansprüchen genügt.

Wünschen die Herrschaften *štruklji* oder lieber *golaš* mit *njoki?*» – Nein, die Namensähnlichkeit der angebotenen Gerichte ist kein Zufall. Slowenische Küche ist ein bisschen von allem, was in den Nachbarländern gekocht wird. Es gibt also Strudel, Gulasch und Gnocchi – aber auf slowenische Art. Nehmen wir beispielsweise den Strudel bzw. *Štruklji*: Hinter diesem Namen verbergen sich die vielfältigsten Zubereitungsarten: Apfel-, Mohn- oder Topfenstrudel als süße Verführer. Oder aber salziger Topfenstrudel, der hier nicht gebacken, sondern gekocht,

1. Die «Gostilna Lectar» in Radovljica gilt als eine der besten Feinschmeckeradressen in ganz Slowenien.
2. und 3. Zu den Spezialitäten der «Gostilna Lectar» zählen eine deftige Schlachtplatte mit Sauerkraut und *žlikrofi* und selbst gebackenes Brot aus Maismehl mit Griebenschmalz.

als Beilage zum Braten gereicht wird – eine wahre Delikatesse! Noch besser schmecken *štruklji* mit Estragon und Griebenfett oder, Höhepunkt des Genusses, aus Buchweizenmehl und dann *ajdovi štruklji* genannt.

Sloweniens Küche ist bäuerlich, doch verstehen sich die Küchenchefs ebenso wie die Hausfrauen auf die Kunst, die einfachen Gerichte mit frischen Kräutern, Beeren und Pilzen so zu verfeinern, dass selbst Gourmets in Lobeshymnen ausbrechen. *Žganci* beispielsweise sind so ein Fall. Italienreisende kennen die aus Maismehl zubereitete Beilage unter dem Namen Polenta. Nun, in Slowenien gibt es diese Polenta auch, doch wird sie mit Milch meist zum Frühstück gegessen. Als Begleiter eines Fleischgerichtes wird sie aus Buchweizenmehl zubereitet und dann *ajdovi žganci* genannt. Eine ähnliche Verwandlung erleben die mit frischen Steinpilzen gefüllten Ravioli: In Slowenien ist Idrija der Ort, an dem die besten *žlikrofi* zubereitet werden.

Frische Pilze sind ohnehin der absolute Gipfel der Genüsse, denn sie wachsen in Slowenien so zahlreich, dass sie in fast jeder Mahlzeit enthalten sind. Dazu wird im Herbst auch gerne Wild gegessen, die Wälder sind riesig, der Bestand an Rot- und Schwarzwild ebenso, und gelegentlich steht sogar Bärenschinken auf der Speisekarte. Ebenfalls im Herbst bereichern Schlachtplatten das Angebot der Restaurants. Würste und Speck stammen fast immer von einem Bauern, den der Küchenchef kennt und auf dessen qualitätsvolle Arbeit er sich verlassen kann. Sogar unter den potenziellen Sternen- oder Gault-Millau-Köchen (noch ist es nicht so weit, aber es dürfte nicht mehr lange dauern) sind heimisch hergestellte, *domače*, Lebensmittel viel mehr wert als Ware aus dem Delikatessenladen.

Den Abschluss eines gehaltvollen Mahls bilden nicht minder üppige Desserts. Vergessen Sie Eis mit Schlagsahne oder ähnliche Standards, die auf der Speisekarte stehen. In Slowenien muss man *gibanica* essen, eine Art Superstrudel, der Lage für Lage mit anderen Köstlichkeiten gefüllt wird: Äpfel, Mohn, geriebene Nüsse, Topfen und Rosinen finden von Teigblättern umhüllt harmonisch zueinander. Dass nach einem solchen Mahl nur noch ein *šnops* hilft, versteht sich von selbst.

Marina und Werft von Izola.

Das Vipava-Tal zwischen Nova Gorica, AjdovØçina und dem Bergklotz des Nanos war schon in der Frühzeit der Besiedelung Sloweniens eine wichtige Verkehrsstraße. Illyrer stürmten hindurch, Römer bauten die erste Straße und die Völkerwanderung schwemmte schließlich die Slawen hierher. Die Menschen im Tal zogen sich auf die Hügelkuppen zurück, wo sie Städte wie Vipavski križ oder Štanjel gründeten – mauerbewehrte Siedlungen, geduckt gegen die Gewalt des Windes Burja und die potenzieller Eroberer. Vipavski križ ist fast völlig verlassen; nur noch ein paar Menschen sieht man in den Gassen dieses schönen, alten Ortes mit seinem Mauerring und der Klosterruine. In Štanjel, wo sogar die Regenrinnen aus Stein sind und man Wasser im Dorfbrunnen holen muss, will auch niemand mehr leben. Es ist ein Museumsdorf mit einer wuchtigen Burg, der schlichten Kirche St. Daniel und einem Haus, das mit dem typischen Hausrat der Region eingerichtet wurde. An den Fenstern leuchten Petunien und Oleander strahlend gegen das Grau des Gesteins. Das Vipava-Tal ist heute berühmt für seine Weingärten. Der herbe, schwere *Teran* und der *Refošk* sind hier zu Hause. Die Bauern pflanzen die Reben an die südöstlichen Hänge, die vor der Burja geschützt sind. Denn dieser von Nordost wehende, eiskalte Fallwind stürzt im Herbst und Winter die Berge hinunter und überfällt das Tal und die Küste. Wo er wütet, können empfindliche Pflanzen nicht lange überstehen.

VON BURGEN UND KLÖSTERN

Einer der berühmtesten und gelehrtesten Männer Sloweniens war Johann Weichard Valvasor. Im 17. Jahrhundert verfasste er die *Ehre des Herzogthums Crain*, eine universelle Beschreibung Sloweniens, seiner Sitten, Bräuche, Städte, Burgen und auch seiner Naturphänomene. Besonders beschäftigten ihn dabei die Fragen, was es mit den Besonderheiten des Karstes auf sich hat, dem Verschwinden und Wiederauftauchen von Flüssen zum Beispiel, warum sich Seen im Winter mit Wasser füllen und im Sommer austrocknen und natürlich auch, ob tatsächlich Drachen und

Berühmter Sohn des hübschen Piran: der Komponist Giuseppe Tartini.

andere finstere Wesen in den Höhlensystemen seiner Heimat ihr Unwesen treiben, wie die Leute erzählten. Als kritischer Geist vertraute er nur dem Beweisbaren, doch vor dem Anblick des Grottenolms *Proteus anguinus* versagte selbst sein Verstand und er bezeichnete das salamanderartige Tier als «Drachenbrut». Ein bisschen unheimlich sehen die weißlichen Olme tatsächlich aus; «Menschenfisch» nennen sie die Slowenen wegen der hellen Haut und der Kiemen, und sie leben im Dunkel des unterirdischen Sloweniens.

Burg Bogenšperk, Valvasors Wohnsitz, sieht aus wie von Disneys Zeichnern extra für die Hügelkuppe östlich von Ljubljana entworfen, mit zwei runden und zwei eckigen Wachtürmen an den Ecken des Baus, mit den roten Ziegeldächern und den Arkaden im Innenhof. Hier richtete der Gelehrte eine Kupferdruckerei ein und arbeitete an seinem vierbändigen Werk, das 1689 in Nürnberg publiziert wurde. Die hohen Kosten für den Druck stürzten den Mann in den Ruin. Er musste das Schloss verkaufen und starb verarmt im südslowenischen Krško.

Es gibt unzählige solche und ähnliche Schlösser und Burgen in Slowenien, und die meisten können kaum oder gar nicht unterhalten werden. Das 1252 errichtete Wasserschloss Otočec an der Krka wurde gerettet, indem man es zum Luxushotel umbaute, und ähnlich erging es der großen Burg Mokrice (15. Jahrhundert) weiter westlich bei Brežice. Andere dienen als Museen: die Burg von Ljubljana beispielsweise, das Schloss von Celje oder die Festung Gewerkenegg in der Quecksilberstadt Idrija. Die meisten aber verfallen: Burg Žužemberk an der Krka wurde im Zweiten Weltkrieg schwer beschädigt, Stari grad, die alte Burg von Celje, verfiel. Nach Jahrzehnten der Vernachlässigung wird jetzt gerettet, was noch übrig ist. Ähnlich steht es mit den Klöstern: Nach der Säkularisierung mussten sie aufgegeben werden; im sozialistischen Jugoslawien duldete man sie zwar, unterstützte sie aber nicht, und heute haben nur noch die großen und berühmten Konvente Bestand: Stična mit seinem wunderbaren, gotischen Kreuzgang, Olimje mit der ältesten Apotheke Mitteleuropas und das Kartäuserkloster Pleterje, dessen Mönche köstlichen Birnenschnaps brennen. Viele andere wie das romantische Žiče werden vom Zahn der Zeit zernagt und von Brombeer und Efeu

überwuchert. Die Slowenen haben nach den sozialistischen Jahren zwar die Frömmigkeit und die Lust am Wallfahren wieder entdeckt, aber der Kirche begegnen sie mit respektvoller Distanz. So kommt es denn auch, dass es an den Schulen im Land keinen Religionsunterricht gibt.

Fischeralltag am Hafenbecken von Piran.

Der Prätorenpalast in Koper – ein Meisterwerk venezianischer Gotik.

DIE SÜDLICHE HAUPTSTADT: LJUBLJANA

Der erste Blick auf Ljubljana kann häufig recht trüb ausfallen, denn die Stadt wurde im Moor gegründet und gegen die feuchten Nebelschwaden kommt die südliche Sonne nicht immer an. Wenn sie es aber schafft, dann glitzert und leuchtet dieses architektonische Kleinod zu Füßen seines kompakten Burgberges wie frisch herausgeputzt. Der Fluss Ljubljanica zieht mit seinen Weiden-bestandenen Uferpromenaden eine weiche Grenzschleife zwischen dem alten Laibach und dem neuen Ljubljana. Unterhalb der Burg säumen mittelalterliche Häuser und prunkvolle Barockpaläste die Straßen, und aus den Kellerlokalen duftet es köst-

Treffpunkt der Jugend: die Straßencafés am Hauptplatz von Celje.

lich und verführerisch nach Rehbraten und Pilzen. Jenseits der Ljubljanica, die der slowenische Architekt Jože Plečnik (1872–1957) mit seinem unnachahmlichen Einfallsreichtum mit verspielten Brücken, antikisierten Markthallen, steinernen Ruhebänken und ionischen Säulen geschmückt hat, liegt das repräsentative Ljubljana. Auf dem rechtwinkeligen Straßenraster tummeln sich alle Baustile des 20. Jahrhunderts, vor allem aber unzählige Spielarten des Jugendstils und des

«Plečnikismus», wie man des Meisters Handschrift zu nennen geneigt ist, denn seine Formensprache ist wirklich einzigartig.

Als Jože Plečnik 1872 in einem Vorort Ljubljanas als Sohn eines Schreiners das Licht der Welt erblickte, war ihm nicht unbedingt eine glänzende Zukunft in die Wiege gelegt. Der Sohn sollte in die Fußstapfen des Vaters treten – aber daraus wurde nichts, denn bereits als 16-Jähriger begann Plečnik sich für Stadtplanung und Architektur zu interessieren, und als der Vater starb, ging Plečnik 1892 nach Wien zu Otto Wagner und 1911 schließlich mit einem Lehrauftrag nach Prag, wo er an den Umbauten des Hradschin beteiligt war. Im heimischen Ljubljana wollte man von dem berühmten Sohn lange nichts wissen; erst 1921 erhielt er eine Professur an der Technischen Hochschule und Ende der zwanziger Jahre des 20. Jahrhunderts begann er dann, Ljubljana in seinem Sinne zu verschönern. Beeinflusst von den Wiener Sezessionisten und der Architektur Gottfried Sempers (1803–1879) entwickelte Plečnik einen Stil, dessen Formensprache sich an der Antike orientierte: Klare Linien, geschmückt mit Säulen mit ionischen Kapitellen, balancierenden Kugeln, Obelisken sind typisch für ihn; die Einbeziehung lokaler Baustoffe wie des grauen Karststeins machen seine Entwürfe unvergesslich. Kein anderes Bauwerk steht so sehr für sein Stilempfinden wie die Universitätsbibliothek von Ljubljana, wo Karststein und Ziegel eine fast textil wirkende Fassade entwerfen. Typisch ist auch das Tromostovje, die Drei Brücken, über die Ljubljanica, wo Plečnik eine bestehende alte Brücke durch zwei weitere links und rechts in ein elegantes, modernes Ensemble verwandelte.

Behäbig und modern, konservativ und avantgardistisch – diese Kombination trifft man in Ljubljana immer wieder an. Die Stadt verdankt ihre Leichtigkeit dem Licht des Südens und den vielen tausend Studenten, die in ihr leben. Straßencafés und Bierkneipen, Buchhandlungen und Diskotheken, Szene-Lokale und ein ganzes Kasernengelände voller angesagter und wechselnder Lounges und Clubs leben von und durch die jungen Leute. Ljubljanas Kunstszene ist schrill, rege und vielfältig; die Theaterlandschaft changiert

Gevatter Tod lädt zum Tanz: Fresko in der Wehrkirche von Hrastovlje.

Fortsetzung Seite 45

Sagenhafte Unterwelt in der Postojnska jama.

HÖHLENPALÄSTE IM KARST

Im Gebiet südlich und westlich von Postojna haben unterirdische Wasserläufe eine fantastische Landschaft aus Höhlen und Schächten in den Karst gegraben. Nur ein Teil des riesigen Höhlensystems ist erforscht und lädt zu einem Besuch in der slowenischen Unterwelt ein.

Hier ist eine neue Welt, hier ist das Paradies«, rief der Höhlenführer Luka Čeč im Jahr 1818 aus, als er in der Adelsberger Grotte, heute *Postojnska jama*, plötzlich einen Durchgang zum hinteren Höhlensystem entdeckte. Bei Vorbereitun-

wo er unmittelbar neben dem Haupteingang der Postojnska jama im Untergrund verschwindet. Grund ist das poröse Karstgestein, in dem die Wasser einfach versickern. In Jahrmillionen haben sie sich unterirdisch ihren Lauf gegraben und die

gen der Tropfsteinhöhle auf den Besuch Kaiser Franz I. war Luka auf einen Felsen geklettert und hatte den Durchgang erspäht. Sofort wurden auch die neuen Stollen und Säle für Besucher hergerichtet. Bereits 1872 wurden Schienen verlegt und die Touristen in Wägen durch die Höhle geschoben, 1884 hatte man in Postojna elektrisches Licht, 1914 ersetzte eine Lokomotive die Arbeitskraft der Menschen. Heute sind 24 Kilometer Gänge zwischen mehreren miteinander verbundenen Höhlensystemen zugänglich; die Säle mit Höhen von bis zu 45 Metern sind Wunderwerke der Natur. Stalaktiten und Stalagmiten bilden Skulpturen, Säulen und Vorhänge, jeder Schritt führt den Besucher in neue Fantasiewelten aus Kalkstein.
Schöpfer dieses unterirdischen Reiches ist der Fluss Pivka: In der Nähe von Illirska Bistrica, südlich von Postojna, entspringt er als Karstquelle und fließt nach Norden,

Höhlensysteme geschaffen. Nordöstlich beim Ort Planina erscheint der Fluss wieder auf der Oberfläche. Unter dem Namen Unica bewässert er ein *polje*, eine Karstsenke. Im Winter, wenn er viel Wasser führt, entsteht in der Senke ein See; im Sommer trocknet der See aus und wird Marschland. Bei Rakek verschwindet der Fluss unter der Erde und taucht bei Vrhnika als Ljubljanica auf. Oberirdisch fließt sie durch Ljubljana weiter, der Sava zu.
Eine ganz besondere Höhle verbirgt sich nicht weit von Postojna hinter der Raubritterburg Burg Lueg, *Predjamski Grad*: Die räuberischen Burgherren haben das Höhlensystem hier genutzt, um Vorrats- und Schatzkammern, Verliese und auch Fluchtwege anzulegen. Als Raubritter Erasmus Lueger 1483 einen Winter lang von österreichischen Truppen bedrängt wurde, schickte er den hungernden Belagerern Braten, Wein, Obst und Gemüse hinunter.

3

4

Erobert wurde die Höhlenburg aber doch: Ein Sekretär verriet den Belagerern, wo und wann sein Herr die tägliche Sitzung auf dem stillen Örtchen abhielt. Eine gut platzierte Kanonenkugel machte der Sitzung und dem Raubritterdasein ein Ende. Auch die Höhlen von *Škocjan* (St. Kanzian) sind das Werk eines Flusses: Reka heißt er, und sein wildes Rauschen ist beim unterirdischen Rundgang mal laut, mal leiser zu vernehmen. Teile der Höhlen von Škocjan sind eingestürzt, sodass man die typische Karsterscheinung der Einsturztrichter anhand der Großen (*Velika*) und Kleinen (*Mala*) Doline anschaulich studieren kann. Am eindrucksvollsten ist aber natürlich das Höhlensystem selbst mit bis zu 100 Meter hohen Sälen und tie-

fen Canyons, durch die der Fluss tobt und über die kühne Brücken gespannt sind. Höhlenforscher und Geologen vermuten, dass es in Slowenien zwischen 6000 und 7000 Höhlen gibt; nur ein Bruchteil der Höhlensysteme wurde bislang erforscht. Man sollte doch das unterirdische Slowenien dem über der Erde dazurechnen, schlug einmal ein slowenischer Politiker vor. Dann nämlich bekäme das kleine Land sicherlich eine ansehnliche Größe.

Unterwegs in der Tropfsteinhöhle von Škocjan: 1. Durch eine Doline gelangt man ans Tageslicht. – 2. Nur für Schwindelfreie geeignet: der Weg führt in 100 Meter Höhe über den Fluss Reka. – 3. Nach Regenfällen macht Wassertosen das Höhlenerlebnis besonders abenteuerlich. – 4. Magische Skulpturenwelt: Sinterterrassen.

zwischen konservativem Schauspiel und düsteren Selbstinszenierungen avantgardistischer Vorreiter wie der Künstlergruppe NSK (Neue Slowenische Kunst). Dieser Mix aus barocker Gemächlichkeit und jugendlichem Elan, aus Repräsentation und Provokation, macht Sloweniens Hauptstadt zu einer spannenden, lebhaften und überaus charmanten Metropole.

EISEN UND QUECKSILBER

Gerade in den schönsten Berglandschaften Sloweniens ist seit langem schon die Industrie zu Hause. Gleich nach der Einreise von Österreich durch den Karawankentunnel zeigt die Industrialisierung im Sava-Tal ihr hässliches Gesicht. Alte, teils völlig heruntergekommene Schmelzöfen, farblose Wohnblocks aus den sechziger Jahren des 20. Jahrhunderts, Lagerhallen und Rohre, Ziegelschlote, aus denen dunkler Rauch entweicht, sind die Visitenkarte von Jesenice, Sloweniens bedeutendstem Standort der Schwerindustrie. Schon römische Junker ließen hier nach Eisenerz graben und es verhütten. Später gingen die Erzlager durch die Hände verschiedener Grafengeschlechter, bis sie bei der Familie Zois landeten. Die Zois waren im 18. Jahrhundert eines der angesehensten und wohlhabendsten Unternehmer- und Gutsherrengeschlechter Sloweniens. Überall in der Region zwischen Škofja Loka, Bled und Bohinj ist man mit ihrem Namen konfrontiert. Sie kontrollierten die Hammerwerke des Bergdörfchens Kropa, in denen das Eisen zu Nägeln geschmiedet wurde; sie besaßen die Eisenhütten von Bohinj und von Mojstrana im Sava-Tal. Begründer der «Eisen-Dynastie» war Michelangelo Zois; seinem 1747 in Triest geborenen Sohn Sigismund, in Slowenien Žiga gerufen, kam die Rolle zu, die väterlichen Werke zu erweitern und die technischen Verfahren zu modernisieren. Mit seinem Vermögen unterstützte Žiga seinen literarischen Freundeskreis, darunter Anton Linhart (1756–1795), Sloweniens berühmtesten Komödiendichter. Zois finanzierte den Druck seiner Bücher und die Aufführung seiner Werke. Weil er auch ein Freund der slowenischen Bergwelt war, stattete er die vier Slowenen mit Geld aus,

Hinter Burg Predjama verbirgt sich ein Höhlensystem.

die sich an die Erstbesteigung des Triglav wagten. Am 26.7.1778 erreichten die «Vier Beherzten» den Gipfel.

Die Eigentümer des Grubenstädtchens Idrija waren zunächst weniger sozial eingestellt als die Grafen Zois. 1490 wurde in dem von dichten Wäldern gesäumten Flusstal der Idrijca Quecksilber entdeckt und in der kaum besiedelten Region setzte ein Quecksilberboom

Herbstliche Feldarbeit im südslowenischen Bela Krajina.

Bei der Ernte helfen Verwandte und Freunde mit.

ein. 1575 gelang es Österreich schließlich, die lukrativen Gruben und das daneben entstandene Städtchen Idrija als Staatseigentum zu vereinnahmen. Die aus Wien entsandten Grubendirektoren logierten auf der Burg Gewerkenegg und fungierten zugleich als Richter – man kann sich gut vorstellen, wie gerecht es dabei zuging. Mehr als drei Jahre konnte kaum einer der Bergleute in den Gruben bleiben; schwere Krankheiten waren der Preis für die Förderung des hoch giftigen Schwermetalls. Erst Mitte des 18. Jahrhunderts wurden Schutz und ärztliche Betreuung der Kumpel organisiert. Damals bekam Idrija das beste Gesundheitswesen in Slowenien. Gefördert wurde hier bis

Wallfahrtsziel Ptujska Gora mit der wundertätigen Madonna.

Ende der achtziger Jahre des 20. Jahrhunderts, dann wurden die Gruben unrentabel und anstelle von Kumpels fahren nun Touristen ein. Idrija ist mit seinem Schaubergwerk, dem preisgekrönten Industriemuseum in der Burg und den im Ort und der Umgebung verstreuten Zeugnissen der frühindustriellen Nutzung des Tals einer der faszinierendsten Orte Sloweniens.

DER STEIRISCHE HERBST

Štajerska, Steiermark, heißt die östliche Landschaft Sloweniens. Sie reicht bis zur Mura und ist ein einziges großes Weinland. Am schönsten reist oder wandert es sich hier im Herbst, wenn die Weinstöcke reife Trauben tragen, die Blätter sich golden färben und die *Klopotci* mit ihrem Tak-Tak die räuberischen Vögel scheuchen. Sanft gewellt ziehen sich Hügel auf Hügel, bestanden mit den akkurat gepflanzten Reben, bis an den Horizont. Dazwischen spitzt das Kreuz eines Kirchturms oder das Ziegeldach eines Buschenschanks hervor, bäuerliche Landmarke in einem grüngoldenen Meer und Verlockung zugleich, denn in den Schänken gibt es jungen Wein und deftige Kost. Herz dieser Weinbauregion ist das behäbige Maribor an den Ufern der Drava. Eine Kette von lieblichen Gebirgszügen und Hügeln rahmt die Stadt ein, und selbstvertändlich wächst auch hier goldener Wein.

Jahrhundertelang war die Stadt eine wichtige Flößerstation. Man schlug das Holz in den Wäldern des Pohorje-Gebirges, schaffte es hinunter an den Fluss und ließ es zu Flößen gebunden bis zur Mündung in die Donau und weiter flussabwärts treiben. An der Lent, der Anlegestelle der Flöße, wohnten die einfachen Leute in schmalen, geduckten Häusern; auch allerlei Gesindel trieb sich da herum und das barock-biedere Maribor rümpfte über diesen – seinen dunklen – Stadtteil stets die Nase. Bis plötzlich die Jugend die Kopfsteinpflastergassen und Treppen an der Drava entdeckte und sich der verfallenen Häuser annahm. Heute ist die Lent Maribors lebhaftes Szeneviertel. Während oben in der Altstadt die Rollläden heruntergelassen werden, ist unten am Fluss bis in den frühen Morgen etwas los bei Sushi, Tacos und Salsa. Und wenn im Juni das Lent-Festival Popstars, Volksmusiker, Theatergruppen und Folkloretänzer in Maribor zusammenruft, kommen auch die größten Skeptiker nicht umhin, diesem vitalen Stadtteil mit ihrem Besuch die Reverenz zu erweisen.

Die österreichische Grenze ist nahe, und deshalb ist Deutsch den meisten Mariborern zur zweiten Sprache geworden. Ohnehin war Maribor traditionell eine

Fresken in Schloss Brežice (rechts oben) und Olimje (rechts unten).

ET
VIR PRUDENS
NON ABHOREBIT ILLA
PUTASNE BENE IRASCERIS TU
DISPUTAVIT
USQUE AD

Stadt mit großem deutschen Bevölkerungsanteil. Ganz ohne bitteren Beigeschmack ist dies allerdings nicht, denn als Hitler Slowenien 1941 besetzte, wurden seine Soldaten eben hier mit großer Begeisterung empfangen. Tatsächlich hatte der «Deutsche Kulturbund» die Übergabe der Stadt und die Denunzierung von unerwünschten Kommunisten und Juden bereits akribisch vorbereitet. Vielleicht lag es daran, dass sich ebenfalls in Maribor die ersten Widerstandszellen bildeten und dass im nahen Pohorje-Gebirge die ersten Partisanenverbände operierten. Als die Stadt 1945 befreit wurde, nahmen die siegreichen Partisanen an den Deutschstämmigen Rache. Damals verließen fast alle Deutschen Slowenien. Ihr Erbe sind die deutschen Orts-, Fluss- und Landschaftsnamen, an die man sich trotz Slawisierung überall in Slowenien auch heute noch erinnert: nicht Maribor, sondern Marburg, nicht Ljubljana, sondern Laibach, nicht Drava, sondern Drau, nicht Dolenjsko, sondern Unterkrain.

Im Süden der *Štajerska* liegt die bereits in der Jungsteinzeit besiedelte Region des *Dravsko polje*, des Draufelds, und die von Römern gegründete Stadt Ptuj. Die Bernsteinstraße lief hier entlang, weshalb man den Übergang über die Drava mit einer starken römischen Garnison sicherte. Unter den vielen Funden aus der römischen Epoche, die in und um Ptuj gemacht wurden, waren auch mehrere Mithräen. In diesen unterirdischen Heiligtümern opferten die Soldaten nicht ihrem eigenen Götterpantheon, sondern dem persischen Gott Mithras, der im finalen Kampf zwischen Gut und Böse die gute Seite verkörperte. Die einzelnen Gemeinden waren wie Geheimbünde organisiert, kein Adept durfte sich öffentlich dazu bekennen, Mithras-Anhänger zu sein. Unter den römischen Beamten und Legionären im Auslandseinsatz scheint dieser Kult ein ganz besonderes Zusammengehörigkeitsgefühl geschaffen zu haben.

Gute und böse Kräfte wirken auch bei einer Tradition, die nach Jahrzehnten der Vernachlässigung nun in der Region von Ptuj wieder eine Renaissance erlebt: dem Kurentenlaufen. Wenn die Geister des Winters vertrieben werden sollen, toben die in Felle gehüllten Kurenten mit ihren wilden Federmasken und den

Maribors Innenstadt, eine kleine Schwester des nahen Graz.

Modeschmuck und Henna-Tatoos begeistern die Jugend ...

... während die Älteren die bäuerlichen Traditionen wahren.

Gemüse aus heimischem Anbau auf dem Markt von Maribor.

Kuhglocken am Gürtel durch die Gassen von Ptuj, erschrecken die Kinder und ärgern die Frauen und Mädchen. In Ptuj selbst ist dieser Auftritt im Rahmen der Faschingsumzüge längst sinnentleert und institutionalisiert, aber draußen in den Dörfern des Draufelds sind nicht nur die Kurenten unterwegs. Da trifft

Blick über die alten Dächer von Maribor.

man auch auf die «Vögel», junge Männer in weißleinenen Röcken, oder den «Greis und die Greisin», die an den Haustüren klopfen und um Geschenke bitten. Dafür streuen sie Getreidesamen auf die Schwelle und sichern damit die Fruchtbarkeit der Felder und des Hauses gleichermaßen für das nächste Jahr.

Manchmal wird auch ein Stroh-Bräutigam in einem Leiterwagen durch das Dorf gezogen – ein Zeichen dafür, dass es in dem Ort im vergangenen Jahr keine einzige Hochzeit gegeben hat. Damit sich dies bald ändert, zersägen die jungen Männer einen Lindenstamm und schenken die Stückchen den heiratsfähigen Mädchen, denn Linden gelten in Slowenien als ganz besondere, magische Bäume.

DIE LIEBE ZUR NATUR

Von den knapp zwei Millionen Slowenen lebt über die Hälfte in Städten. Als einziges europäisches Land kann Slowenien einen Zuwachs an Wäldern und nicht landwirtschaftlich genutzten Naturräumen verzeichnen – weil so viele Slowenen den elterlichen Bauernhof auf-

Maribor ist ein barockes Kleinod mit Sinn für Gemütlichkeit.

geben und in die nächste Stadt ziehen. Das heißt aber nicht, dass sie ihre ländliche Verwurzelung vergessen würden. An den Wochenenden, Feiertagen oder in den Ferien leeren sich die Städte, und die Menschen erobern sich picknickend, Beeren und Pilze sammelnd, wandernd, radfahrend die Natur zurück. Das bäuerliche selbst Gebrannte, Geselchte oder Geerntete steht über jedem auch noch so feinen Produkt der Lebensmittelindustrie, gerne eilt die städtische Jugend Tanten und Onkeln zur Hilfe, die einen Weinberg ernten, Hopfen pflücken oder Kartoffeln ausbuddeln müssen, und nimmt dann einen Teil als Lohn vom

Vom Flößer- zum Kneipenviertel: die Lent in Maribor.

Fortsetzung Seite 56

Kleinod der Renaissance: Schloss Velika Nedelja bei Ormož.

DIE WEISSEN TÄNZER

Auch wenn mit dem Namen Lipizzaner oft die Hofreitschule in Wien verbunden wird, stammen die Tiere ursprünglich aus dem slowenischen Lipica. Das Gestüt selbst entstand bereits im 16. Jahrhundert, die gesamte Region blickt jedoch auf eine noch viel ältere Tradition der Pferdezucht.

Im Karst nördlich der Hafenstadt Koper grasen weiße Pferde im Schatten weit ausladender Linden und mächtiger Kastanien. Fast irreal erscheint dieses Tableau aus tiefem Grün, grauen Findlingen, Doli-

Gestüt Piber bei Wien wollte den kommunistischen Jugoslawen die Rösser nicht zurückgeben. Seither wird gezankt, nicht nur um die Pferde, sondern vor allem um das Recht, den Namen Lipizzaner zu nut-

1

2

nen, in denen Brombeersträucher und Efeu wuchern, und dazwischen wie hingetupft die weißen Rösser, die sich, ihrer Schönheit bewusst, bewegen wie Diven auf dem roten Teppich. Lipica ist die Heimat der Lipizzaner, hier wurde diese elegante und zugleich robuste Rasse gezüchtet, von hier trat sie ihren Siegeszug durch die Gestüte Europas und der Welt an. Bereits in römischen Berichten aus dem Karst wird eine Pferderasse erwähnt, die ausdauernd und sehr belastbar ist. Erzherzog Karl von Österreich gründete 1580 schließlich das Gestüt und ließ die Karstpferde mit andalusischen Rassen kreuzen. Schon bald galten die Pferde als so wertvoll, dass man sie immer wieder evakuierte, wenn Kriege und damit Schaden drohten. Zuletzt wurden sie im Zweiten Weltkrieg ausquartiert, und damit begann dann auch der Schlamassel. Denn das

zen. Die schlauen Slowenen überraschten die Weltgemeinschaft 1998 damit, dass sie «Lipizzaner» bei der Welthandelsorganisation als geschützten Markennamen eintragen ließen. Mit dem EU-Beitritt soll nun das Gerangel um die Lipizzaner beendet und eine Einigung mit Österreich gesucht werden, wo Piber und die Spanische Hofreitschule sich mittlerweile für den alleinigen und einzig legitimen Bewahrer des Lipizzanischen Erbes halten.
Weiß sind die Lipizzaner nicht von Geburt an. Auf den Weiden um das Gestüt toben dunkelgraue Fohlen. Erst im Laufe von sechs bis zehn Jahren bekommen die Karstpferde das helle, makellose Fell. Hart wird mit den Tieren trainiert, bis sie die hohe Schule beherrschen, die *Levade*, die *Courbette* und als Höhepunkt dann die *Kapriole*, bei der das Pferd mit allen vier Beinen in die Höhe springt und dabei wie

3

4

5

6

ein Reh die beiden Hinterläufe nach hinten streckt. Bei den Dressurvorführungen wird Besuchern das Können der Tiere und ihrer Reiter präsentiert. Die meisten stammen übrigens aus dem Dorf Lokev,

1. Erst im Alter von sechs bis zehn Jahren bekommen die Pferde ihre typische weiße Fellfarbe. – 2. und 3. Pferdefreunde können eine Kutschfahrt durch die Karstregion um Lipica unternehmen. – 4. und 5. In harter Dressurarbeit erlernen die Pferde die Spanische Reitschule. – 6. Stall der Zuchthengste.

gleich neben dem Gestüt. Seit dessen Gründung sind die Männer aus Lokev für die Lipizzaner verantwortlich. Im Karst wiegen Traditionen schwer.

Die ganze Gegend um Lipica ist unterhöhlt und von Poljen und Dolinen durchsetzt. Viele Bäume wachsen aus schmalen Einbruchtrichtern, sodass ihre Kronen knapp über den Boden ragen. Manchmal entweichen Nebelschwaden aus Erdspalten, oder man hört ein Pfeifen. Dass man sich in dieser schönen und zugleich un-

heimlichen Landschaft von Geistern und Kobolden erzählt, ist nicht verwunderlich. Eine dieser Legenden kreist um Feen, die eine Höhle bewohnten, bevor der Mensch sie erforschte. Die Höhle, *Vilenica*, die kleine Fee, genannt, ist die älteste Schauhöhle Europas. Bereits 1633 wurde sie für Besichtigungen geöffnet, und 1660 empfing sie mit Leopold I. einen königlichen Besucher aus Wien. Heute treffen sich dort einmal im Jahr Dichter und Schriftsteller, um den Vilenica-Preis zu vergeben.

Geernteten mit in die Stadt, wo es Freunden mit dem besonderen Prädikat *domače*, also aus häuslicher Produktion, verehrt oder kredenzt wird. Ob Wein, Obstsaft oder Schnaps, ob Marmelade, Kompott oder Honig – den Slowenen schmeckt es auf jeden Fall besonders gut, wenn sie wissen, dass es zu Hause und nach alter Rezeptur hergestellt wurde.

Bei sportlichen Menschen äußert sich die Liebe zur Natur in einer Vielzahl von Aktivitäten im Freien.

lager meisterte 2000 der slowenische Skilehrer Davo Karničar; 2002 stellte Marko Baloh mit 452 Kilometern den Weltrekord im 12-Stunden-Radfahren auf. Im gleichen Jahr schwamm der Slowene Martin Strel in 58 Tagen 3004 Kilometer die Donau entlang bis ins rumänische Constanzia. Und weil er «im Namen des Friedens, der Freundschaft und des sauberen Wassers» nicht genug bekommen konnte vom Schwimmen, bewältigte er 2003 in 24 Tagen knapp 2000 Kilometer

Eine der schönsten Wanderrouten um Bled führt am Wildbach entlang durch die üppig bewachsene Vintgar-Schlucht.

Dabei beschränkt man sich gemeinhin nicht auf das Wandern allein, sondern probiert gerne aus, was die Funsportindustrie gerade zum neuesten Trend hochgejubelt hat, und stellt sich dabei dann so geschickt an, dass man bei internationalen Bewerben gut mithalten kann. Ob Eisklettern, Canyoning, Kajakfahren, Freeclimbing oder Höhlentauchen – unter den besten finden sich Slowenen stets an vorderster Front. Gerne versuchen sich die Extremsportler an Rekorden: Die schnellste Ski-Abfahrt vom Mount Everest zum Basis-

auf dem argentinischen Paranà. Alle drei stehen sie nun mit ihren erstaunlichen Leistungen im Guinness-Buch der Rekorde.

Einen ganz besonderen Rekord hält der aus Maribor stammende Milan Stiberc. Er besitzt eine Sammlung aus 14 000 vierblättrigen Kleeblättern, die er im Pohorje-Gebirge gesammelt hat. Glück hätten sie ihm nicht gebracht, erzählt er – aber Publicity.

Südlich des Vršič-Passes gurgelt die Soča durch dichte Nadelwälder.

SLOWENIEN: PLANEN · REISEN · GENIESSEN

INHALT

Unterhalb des Vršič entspringt die Soča in einem stillen, von den Gipfeln der Julischen Alpen eingerahmten Tal.

ALLGEMEINE INFORMATIONEN

Slowenien liegt zwischen Österreich, Italien, Kroatien und Ungarn, ist mit rund 20 000 Quadratkilometern halb so groß wie die Schweiz und besitzt einen 46,6 Kilometer langen Küstenstreifen an der Adria. Etwa die Hälfte der Landesfläche ist von Wald bedeckt, ein Anteil, mit dem nur wenige andere Staaten Europas konkurrieren können. Slowenien gehörte früher zu Jugoslawien und wurde 1991 unabhängig. Die zwei Millionen Einwohner sind überwiegend Slowenen; im Osten leben ungarische, im Westen italienische Minderheiten. Die meisten der früher zahlreichen deutschstämmigen Bewohner haben Slowenien nach dem Zweiten Weltkrieg verlassen; viele bosnische, serbische und kroatische Bürger haben Slowenien nach der Unabhängigkeit den Rücken gekehrt. Die meisten Slowenen gehören dem katholischen Glauben an.

Hauptstadt ist Ljubljana (Laibach, 300 000 Einwohner), zweitgrößte Metropole und Industriezentrum ist Maribor (Marburg/Drau, 100 000 Einwohner). Die meisten

Bäuerin aus den Haloze-Bergen.

Map: SLOWENIEN

ÖSTERREICH · UNGARN · ITALIEN · KROATIEN · ADRIA

Feldbach · Wolfsberg · Leibnitz · Sv. Jurij · Mačkovici · Moravske Toplice · Dobrovnik · Gornja Radgona · Radenci · Murska Sobota · Lendava · Klagenfurt · Brezno · Dravograd · Gradišče · Ljutomer · Poljana · Slovenj Gradec · Pohorje · Maribor (Marburg) · Juršinci · Jeruzalem · Drau · Meža · Mislinja · Slovenska Bistrica · Ptuj · Šikole · Ormož · Čakovec · Gozd-Martuliek · Tarvisio · Kranjska Gora · Jesenice · Bad Vellach · Zg.-Jezersko · Šoštanj · Radmirje · Slovenske Konjice · Rogaška Slatina · Varaždin · Triglavski Narodni Park (Triglav-Nationalpark) · Julijske Alpe / Julische Alpen · Bled · Tržič · Velenje · Šmarje · Bohinjska Jez. · Savinja · Kamniško-Savinjske Alpe · Celje · Sentrupert · Žaga · Savica · Podbrdo · Kranj (Krainburg) · Stahovica · Kamnik · Krasnj · Zagorje · Radeče · Soča · Tolmin · Škofja Loka · Ljubljana (Laibach) · Sava · Litja · Želin · Vrhnika · Krško · Brežice · Kanal · Idrija · Godovič · Turjak · Krka · Trebnje · Novo Mesto · Nova Gorica · Ajdovščina · Planina · Žužemberk · Dolenjske Toplice · Gorica · Vipava · Postojnska jama · Postojna · Ribnica · Kot · Štanjel · Dutovlje · Razdrto · Škocjanske jame · Pivka · Pudob · Kočevje · Metlika · Sežana · Lipica · Snežnik · Prezid · Bela Krajina · Triest · Múggia · Kozina · Ilirska Bistrica · Banja-Joka · Črnomelj · Piran · Izola · Koper · Portorož · Obrov · Rupa · Brod · Savudrija · Zagreb · Kupa · Reka

0 — 20 km
Schloss
Höhle

---

anderen Städte haben zwischen 30 000 und 40 000 Einwohner und damit klein-städtischen Charakter.

Die vielfältigen Landschaftsformen zwischen alpiner Hochgebirgswelt und mediterraner Küste, der Charme seiner alten, teils noch hervorragend erhaltenen Städte, Klöster und Burgen, die intakte Natur und das große Sport- und Freizeitangebot haben das Land für eine steile Tourismuskarriere prädestiniert. Bereits Ende des 19. Jahrhunderts kurten Adel und Prominenz in Sloweniens Thermalbädern, in den siebziger Jahren des 20. Jahrhunderts erlebte die Küste dann einen Ansturm des Massentourismus. Dennoch ist Slowenien ein Reiseziel für Individualreisende geblieben. Wer ein Land gerne aktiv erforschen und seine Kultur, Bräuche und Architektur ebenso genießen möchte wie die Küche und die köstlichen Weine, ist in Slowenien sicherlich am richtigen Ort.

AUSKUNFT

Auskunft, Prospekte und Informationen für die Reise erhält man beim *Slowenischen Fremdenverkehrsamt*: Maximiliansplatz 12 a, 80333 München, Tel. 089/29 16 12 02, Fax 29 16 12 73; Hilton Center, Landstrasser Hauptstraße 2, 1030 Wien, Tel. 01/7 15 40 10, Fax 7 13 81 77; Löwenstraße 54, 8001 Zürich, Tel. 01/2 12 63 94, Fax 2 12 52 66 und auch im Internet unter www.slovenia-tourism.si.

Auf der Homepage findet man auch die Anschriften, Telefonnummern und E-Mail-Adressen der lokalen Tourismusverbände vor Ort. In Slowenien gibt es die offiziellen Tourismusverbände (meist mit dem Kennzeichen TIC) und private Reiseagenturen, die sich oft *Turist-Biro* oder *Turist-Centar* nennen, aber keine Informationsstellen sind, sondern vor allem Unterkünfte und Ausflugsfahrten vermitteln.

Kaffeepause am Fluss in Ljubljana.

ANREISE

Der internationale *Flughafen* Ljubljana/Brnik wird von der Gesellschaft *Adria Airways* von Frankfurt, München, Wien und Zürich aus angeflogen (mindestens zwei Flüge pro Tag, Flugplan erhältlich unter www.adria.si). Mit der *Bahn* erreicht man Ljubljana über München, von Österreich gibt es zusätzlich Verbindungen von Graz

Die Bucht von Portorož mit Sloweniens einzigem Sandstrand bietet Hotels, Restaurants und Freizeitmöglichkeiten.

nach Maribor, von der Schweiz reist man über Mailand und Triest nach Koper/Slowenien. Mit dem *Auto* hat man die Wahl zwischen den serpentinen- und steigungsreichen Alpenpässen zwischen Österreich und Slowenien (Wurzenpass, Loiblpass) und dem Karawankentunnel (Strecke Villach–Jesenice). In den Osten Sloweniens kommt man am besten von Graz über den Grenzposten Spielfeld, den Westen (Istrien) kann man auch über Italien (Udine, Triest) ansteuern.

REISEZEIT

Slowenien hat Anteil am alpin-kontinentalen Klima Mitteleuropas und am mediterranen des Südens. Entsprechend ist das

Nostalgie-Express am Bahnhof von Bled.

ganze Jahr über Reisezeit, natürlich abhängig von den Interessen und geplanten Aktivitäten. Die schönste Zeit für Wanderungen sind das späte Frühjahr, der Frühsommer und der Herbst. Hochgebirgstouren sind je nach Schneelage erst ab Mitte Juni möglich; Wanderungen in mittleren Lagen dagegen bereits im April und bis in den November hinein. Im Hochsommer

kann es an der Südseite der Alpen auch in hohen Lagen sehr heiß werden; die Kraft der Sonne sollte man keinesfalls unterschätzen und für entsprechenden Sonnenschutz sorgen. Ähnliches gilt für Fahrradtouren; Juli und August sind wegen der großen Hitze besser zu meiden.

Die Badesaison beginnt an der Adria oft schon im Juni und dauert bis weit in den

Kaffeehaus-Atmosphäre im Kurpavillon des Heilbades Rogaška Slatina.

Bei den Original Oberkrainern in Begunje.

Oktober hinein, das Meer kann sich auf über 25 Grad Celsius erwärmen. Im Winter ist es im küstennahen Slowenien hingegen eher ungemütlich, denn der Nordwind Burja pfeift oft tagelang mit unbarmherziger Wucht und geht jedem durch Mark und Bein.

Dass Slowenien auch ein Wintersport-Reiseziel sein kann, hat sich noch nicht herumgesprochen. Kranjska Gora, Bled, Bohinj, die Steiner Alpen, aber auch das Mittelgebirge Pohorje besitzen gut ausgebaute Skipisten und Loipen mit modernen Liftanlagen und meist auch genug Schnee.

UNTERWEGS IN SLOWENIEN

Slowenien verfügt über ein sehr gutes *Verkehrsnetz* mit einigen Engpässen, die in den nächsten Jahren überwunden werden sollen. Die Autobahn reicht augenblicklich vom Grenzübergang Šentilj über Maribor bis etwa 25 Kilometer hinter Celje und fängt in Domžale (vor Ljubljana) wieder an, wo der Verkehr auf einer Art Schnellstraßenring um die Stadt geleitet wird. Vom Grenzübergang am Karawankentunnel reicht die Autobahn bis kurz hinter die Abfahrt nach Bled. Das weitere Teilstück bis Ljubljana ist vor allem an den Wochenenden meist eine einzige Stauzone. Von Italien kommend erreicht man Slowenien entweder bei Nova Gorica und hat dann Autobahn bis Vipava oder man reist über Triest ein und muss die Karsthügel des Hinterlandes auf einer viel befahrenen Landstraße überwinden. Von Ljubljana geht es in Richtung Meer auf der Autobahn bis kurz hinter Kozina. Das folgende serpentinenreiche Teilstück von der Karsthochebene hinunter ans Meer ist ebenfalls notorisch Stauzone; die Autobahn wird hier durch Tunnels und über Brücken geführt und soll 2005 fertig sein. Von Ljubljana nach Südosten, in Richtung Novo Mesto und Zagreb, führt eine Autobahn bis Zagorica und weiter eine gut zu befahrende Schnellstraße.

Der Straßenzustand ist so gut wie überall sehr gut, es wird allerdings oft recht flott und drängelnd gefahren und riskant überholt. Man sollte auf jeden Fall die Grüne Versicherungskarte dabeihaben und bei einem Unfall unbedingt die Polizei hinzuziehen. Eventuell empfiehlt sich für die Urlaubsreise der Abschluss einer Vollkaskoversicherung, denn die Haftungssummen sind deutlich niedriger und das Prozedere ist ansonsten umständlicher. Die Promillegrenze liegt bei 0,5; Tankstellen mit bleifreiem Benzin gibt es überall, man kann allerdings nicht immer mit Maestro- oder Kreditkarte bezahlen.

Auch die *Bus-* und *Bahnverbindungen* sind sehr gut ausgebaut und recht preiswert, sodass sich Slowenien mit öffentlichen Verkehrsmitteln einfach bereisen lässt. Die meisten örtlichen Fremdenverkehrsbüros halten die Fahrpläne der lokalen Linien bereit oder geben sie gegen eine geringfügige Gebühr ab.

THERMALBÄDER ZUM HEILEN UND ERHOLEN

Die Heilkraft der slowenischen Thermalquellen ist seit Jahrhunderten bekannt. Im Zuge der Zeit sind zusätzliche attraktive Verwöhn- und Wellness-Angebote entstanden und locken viele Badegäste an.

Die östliche Hälfte Sloweniens besitzt ein ganz besonderes Geschenk der Natur. Aus teils 1000 Meter Tiefe sprudeln hier heilende Wasser an die Oberfläche, angereichert mit wertvollen Mineralien und bis zu 70 Grad heiß. Von den römischen Kolonisatoren weiß man, dass sie bereits einige dieser Thermalquellen, so

die von Ptuj, kannten und sie in ihre aufwändigen Wellness-Landschaften, damals Thermen genannt, integrierten. Aber den richtigen Durchbruch erlebten die slowenischen Thermalquellen erst wesentlich später. Graf von Auersperg ließ im heutigen Kurbad Dolenjske Toplice bei Novo Mesto im 17. Jahrhundert ein Hallenbad errichten und begründete damit die Kurtradition. Natürlich kamen nicht Normalsterbliche, sondern gekrönte Häupter; im 19. Jahrhundert erlebten die Thermalorte einen wahren Ansturm von Rüschenröcken und bunten Uniformen. Bad Tüffler, heute Laško in der Nähe von Celje, war so beliebt beim österreichischen Kaiser, dass es im Volksmund Franz-Joseph-Bad genannt wurde. In dieser Epoche erhielten Orte wie Rogaška Slatina und Laško ihre Kurhäuser und Hotels.

In der sozialistischen Ära war dann Schluss mit dem exklusiven Gehabe und der Eleganz; ebenso zweckmäßige wie preiswerte Unterkünfte empfingen die Werktätigen. Als nach der Unabhängigkeit auch dieser Besucherstrom ausblieb, wurde auf Modernisierung gesetzt. Die alten Hotelpaläste wurden renoviert, die sozialistischen Bettenburgen entstaubt, und so gut wie jeder Kurort erhielt ein Beauty-Center und eine Wasserlandschaft. Das Kuren mit den Heilwassern von Zreče und Moravske Toplice steht nicht mehr allein

im Mittelpunkt; man entspannt sich mit Tai-Chi, entschlackt mit Thalasso, lässt die Fußreflexzonen stimulieren und rückt Allergien in Kräutersaunen zu Leibe.

Zurück zum Wasser: Bereits im 19. Jahrhundert haben Radenci und Rogaška damit angefangen, ihr Heilwasser abzufüllen und zu verkaufen. Abnehmer war der Hof zu Wien, und weil man Flaschen brauchte, entstand in Rogaška neben dem Kurbad eine Glasbläserei, die heute Sloweniens berühmtestes Kristall herstellt. Nach der Unabhängigkeit lieferten sich die beiden Mineralwasser Radenska und Rogaška Slatina einen verbissenen Kampf um Marktanteile, den Radenska, die flot-

1. Frisch renoviert erstrahlen Kurhaus und Hotels in Rogaška Slatina und erinnern an die Blütezeit im 19. Jahrhundert. – 2. und 3. Wasserfreunde und Wellness-Liebhaber kommen in den vielen slowenischen Thermalbädern ganz auf ihre Kosten.

tere, modernere Linie mittlerweile gewonnen hat. Dafür kann sich der Kurort Rogaška mit dem Etikett des schönsten und nostalgischsten Thermalbades Sloweniens schmücken.

SCHLOSSHOTEL ODER BAUERNHOF

Die Slowenen haben schon immer ihr Einkommen durch die Vermietung von *Privatzimmern* aufgebessert, und deshalb ist das Angebot an Privatzimmern, Ferienwohnungen und kleinen Pensionen riesengroß. Verglichen mit den Hotels wohnt man privat oft netter und günstiger, denn die Slowenen sind herzliche Gastgeber, die auch Wert auf persönlichen Kontakt legen. Privatzimmer werden meist durch die örtlichen Touristenbüros und durch die Reiseagenturen vermittelt. Es gelten festgesetzte Preise (nach Lage und Standard), die von den Tourismusverbänden kontrolliert werden. Einziger Nachteil beim privaten Wohnen ist, dass man nicht immer und überall mit einer Maestro- oder Kreditkarte bezahlen kann.

Ferien auf dem Bauernhof, also *Agritourismus*, ist eine noch junge Bewegung, der sich allerdings von Jahr zu Jahr eine zunehmende Anzahl von ländlichen Betrieben anschließt. Nicht immer kann man dabei einen idyllisch gelegenen, historischen Bauernhof erwarten; viele Häuser sind modern und haben womöglich keine Tiere. Eine genaue Beschreibung der Betriebe findet man im Internet unter www.slovenia-tourism.si.

Neben den ehemals staatlichen und inzwischen privatisierten *Hotels* in den Ferienorten gibt es immer mehr private Initiati-

In Kranjska Gora locken gute Sportmöglichkeiten und Hotels mit Wellness-Angeboten.

ven, Häuser mit ganz besonderem Flair zu eröffnen. Die zauberhafteste, allerdings auch teuerste Variante sind Schlosshotels wie das «Wasserschloss Otočec» bei Novo Mesto, «Burg Mokrice» bei Brežice oder das «Schloss Kendov dvorec» bei Idrija. Historische Möblierung, romantisches Ambiente und zumeist exzellente Restaurants machen den Aufenthalt in diesen Häusern zu einem unvergesslichen Erlebnis.

SOUVENIRS

Zu den wertvollsten und teuersten Souvenirs aus Slowenien zählen Klöppelspitze und Bleikristall. Geklöppelt wird in der Region um Idrija, wo man die wertvollen Spitzen in vielen Geschäften kaufen kann. Aber auch im übrigen Slowenien wird Spitze aus Idrija verkauft, meist zu kaum höheren Preisen als am Herstellungsort. Das Angebot reicht von feinen Spitzendeckchen über leinerne Tischdecken und Servietten mit Klöppelschmuck bis hin zum geklöppelten Brautkleid.

Bleikristall wird in Rogaška Slatina mundgeblasen. Wer sich für die Herstellung interessiert, kann eine Führung durch die Glasbläserei mitmachen. Verkauft wird Kristall aus Rogaška überall in Slowenien und in verschiedensten Dessins, vom klassisch-konservativen bis zu ganz modernen Kreationen. Günstiger bekommt man Kristall in dem fabrikeigenen Geschäft am

Das luxuriöse Schlosshotel «Grad Mokrice».

Ortsrand von Rogaška sowie im Laden der Glasbläserschule.

Andere originale Souvenirs sind bemalte Stirnbrettchen, wie sie an Bienenkörben verwendet werden, sowie Wachskerzen und Honig, denn in Slowenien ist die Imkerei ein wichtiger Nebenerwerb. Naturalien wie Schnaps, Käse, Schinken und deftige Wurstwaren eignen sich ebenfalls bestens als Mitbringsel.

Weinkenner werden sich über die qualitätsvollen Tropfen aus den verschiedenen Anbaugebieten freuen; entlang der eigens ausgewiesenen Weinstraßen kann man vielerorts Wein verkosten und kaufen. Im slowenischen Istrien pressen die Bauern sehr gutes, naturreines Olivenöl, in der slowenischen Steiermark wird schweres, dunkles Kürbiskernöl hergestellt; Schilder wie *med* (Honig), *olje* (Öl) oder *vino* (Wein) weisen auf den Verkauf von Naturprodukten hin.

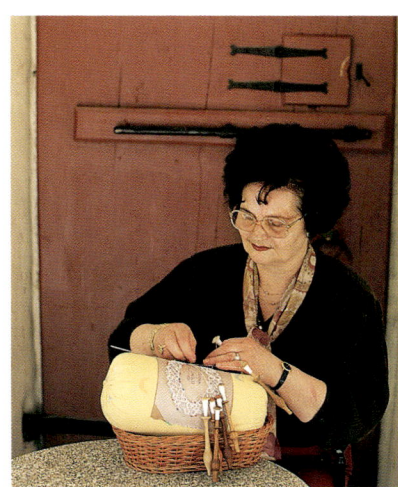

Für seine Klöppelkunst bekannt: Idrija.

SPORT UND GESUNDHEIT

Der Slowenen liebste Sportarten sind *Wandern* und Radfahren; das Netz an Wanderwegen ist groß, es gibt hervorragende Wanderkarten, und Touristenbüros wie Privatleute geben gerne Tipps für schöne Wanderungen. *Fahrradfahrer* sind dagegen zumeist auf die Straßen angewiesen, auf denen die Autofahrer nicht unbe-

gen, Informationen dazu finden sich auf www.slovenia-tourism.de.

Im Mutterland der Lipizzaner wird viel geritten. In Lipica dürfen erfahrene *Reiter* sogar auf den edlen Tieren ausreiten. Es gibt zahllose weitere Reiterhöfe, darunter auch das Gut Prestanek südlich von Postojna, das von einer Deutschen geleitet wird und Kinderkurse auf Island-Ponys veranstaltet (Grad Prestanek, Na gradu 9, SI-6258 Prestranek).

Einer der schönsten Golfplätze Sloweniens vor herrlicher Kulisse liegt bei Bled.

Die Thermik stimmt: Paraglider in Bohinj.

dingt rücksichtsvoll fahren. Eine schöne Fahrradregion ist das Pohorje-Gebirge bei Maribor und das Hinterland der Adriaküste. In vielen Hotels kann man gut gewartete Fahrräder und Mountainbikes leihen. Groß ist das Angebot an *Extremsportarten*: Rafting auf der Sava, Kajakfahren auf der Soča, Kanuwandern auf Krka und Kolpa, Canyoning, Höhlenforschung – die Liste ließe sich beliebig verlängern. Ein erfahrener und zuverlässiger Veranstalter von Sportausflügen ist Promontana in Bled (Pro Montana, Ljubljanska c. 1, Bled, www.promontana.si)

In den klaren Gewässern Sloweniens tummeln sich viele Süßwasserfische, darunter die seltene Regenbogenforelle. *Angelscheine* erhält man bei den Hotels und Agenturen vor Ort; sie sind allerdings relativ teuer. Auch *Jäger* kommen gerne nach Slowenien, denn neben der Jagd auf Rot- und Schwarzwild darf man unter bestimmten Bedingungen auch Bären beja-

Speläologen finden in Slowenien mit seinen 7000 *Höhlen* ein weites Betätigungsfeld. Anlaufpunkt für Fragen und Exkursionen ist das Speläologen-Camp in der Nähe von Postojna (Speleocamp Laze, www.speleocamp.com). Eine Broschüre des slowenischen Fremdenverkehrsamtes informiert über die Schauhöhlen, die Besichtigungszeiten und gibt Tipps (*Karst und Schauhöhlen*, zu beziehen über das Fremdenverkehrsamt).

Freunden des *Golfsports* stehen augenblicklich acht Golfplätze zur Verfügung. Die schönste Anlage ist die in Lipica. Durch die Karstlandschaft gewinnt sie einen ganz besonderen Reiz. Der älteste und traditionsreichste Golfclub befindet sich in Bled. Informationen über die Greens, Kosten und Öffnungszeiten finden sich auf der Homepage des Fremdenverkehrsamtes www.slovenia-tourism.si

Canyoning ist groß im Kommen.

und in der Broschüre *Golf in Slowenien*, die kostenlos erhältlich ist.

Die wichtigsten *Wintersportzentren* sind Kranjska Gora, Bled/Bohinj, der Kanin im Soča-Tal und das Pohorje-Gebirge. Ein Dorado für Langläufer ist das Pokljuka-

Island-Ponys sind geduldig und ideal für Anfänger.

Auch Kajakfahren will geübt sein: Boote am ruhigeren Teil der Soča bei Most na Soči.

EIN MAGISCHER STEINBOCK

Die Julischen Alpen mit ihren unheimlich gezackten, grauweißen Felsgipfeln wurden vor der Christianisierung der Slawen als Sitz der Götter angesehen. Die Gottheit *Triglav*, der Dreikopf, beherrschte mit ihren drei Köpfen den Himmel, die Erde und das unterirdische Reich Sloweniens, und die Insel Blejski otok im Bleder See war Sitz der Fruchtbarkeitsgöttin Slava. Damals lebte im Gebirge ein Steinbock mit goldenen Hörnern, *Zlatorog* (Goldhorn) genannt. Mit seinen magischen Kräften schenkte er allen Menschen Fruchtbarkeit und Wohlergehen. Wenn er sich verletzte, ließ das Blut aus seiner Wunde eine wundersame Blume, das Dolomiten-Fingerkraut, erblühen, die alle Krankheiten heilen konnte. Eines Tages aber trieb die grenzenlose Gier nach seinen goldenen Hörnern zwei Jäger so weit, dass sie den Zlatorog einfingen und ihn schließlich sogar schwer verletzten. Das tobende Tier zerstörte in seinem Todeskampf die üppigen Wiesen und grünen Wälder und ließ lediglich die unwirtlichen, unfruchtbaren Karstfelsen zurück. Für die Menschen begann damit eine Zeit tiefen Elends, und die Wunderblume hatte ihre heilende Kraft verloren.

Hochplateau bei Bled. Lifte und Pisten genügen höchsten Ansprüchen; die Kosten für Tageskarten und Skipässe liegen deutlich unter dem Niveau anderer Alpenländer (ausführliche Informationen unter www.slovenia-tourism.si).

Das Schlagwort *Wellness* hat die slowenischen Thermalbäder erobert. Alle großen Heilbäder wie Radenci, Moravske Toplice, Rogaška Slatina und Dolenjske Toplice wurden in den letzten Jahren saniert und den modernen Trends angepasst; großzügige Sauna- und Wasserlandschaften, asiatische Heil- und Massagebehandlungen ergänzen die traditionellen Kuranwendungen. Die Homepage des Fremdenverkehrsamtes informiert über das Angebot des Kur- und Gesundheitstourismus.

Knapp 140 Meter oberhalb des Sees von Bled thront die sehenswerte Burg.

SEHENSWERTE ORTE VON A BIS Z

Ziffern im Kreis verweisen auf die Karte auf Seite 59.

BLED ①. Der Luftkurort ist eines der wichtigsten touristischen Zentren des Landes. Eingebettet in die idyllische Szenerie des *Bleder Sees* mit seinem Inselchen und der auf einem Felsen darüber thronenden *Burg Blejski grad* aus dem 16. Jahrhundert sowie der Bergketten des Triglav-Nationalparks ist Bled auch ein idealer Standort für Wanderer und Skifahrer. Bei einem Spaziergang um den See passiert man die ehemalige Villa des jugoslawischen Königs, die später Staatspräsident Tito als Sommerresidenz diente und heute als Luxushotel «Villa Bled» illustre Gäste beherbergt. Im Hotelpark steht ein von dem slowenischen Architekten Jože Plečnik entworfener Pavillon. Ganz stilecht lässt man sich mit einem Pletnja-Boot vom Ufer zur Insel *Blejski otok* rudern: Die Marienkirche stammt aus dem 17. Jahrhundert, doch bereits im 8. Jahrhundert stand hier an dem alten slawischen Opferplatz ein christliches Gotteshaus.

Eines sollte kein Bled-Besucher versäumen, nämlich von den köstlichen Creme-schnitten zu kosten, die hier angeblich am besten schmecken. In der Umgebung lohnen das Imkerstädtchen *Radovljica* mit einem originellen Imkermuseum und das Dorf *Begunje* mit der Gaststätte «Avsenik» einen Besuch. Hier im elterlichen Gasthaus begannen die Avsenik-Brüder ihre musikalische Karriere, die sie schließlich als «Oberkrainer» weltberühmt gemacht hat.

BOHINJ-TAL ②. Die Region Bohinj, deutsch Wochein, umfasst die Umgebung des 4 Kilometer langen und rund 2,5 Kilometer breiten Gletschersees *Bohinjsko jezero* mit dem Ort *Ribčev Laz*, in dem Touristeninformation, Reiseagenturen, Hotels und Restaurants ihre Dienste anbieten. Hier befindet sich die romanische Kirche Johannes des Täufers mit schönen Fresken aus dem 14. Jahrhundert. Weiter nach Nordosten liegen drei alte Dörfer, in denen einige Häuser noch die typische Architektur dieser Region zeigen: *Stara Fužina*, *Studor* und *Srednja Vas*. An den Dorfeingängen stehen die Heuharfen, auf denen die Bauern das Heu trocknen und die mit Schnitzereien geschmückt sind. Im Sennereimuseum von Stara Fužina erfährt man Wissenswertes über die Almwirtschaft; die Ausstellung im Haus Oplenova hiša in Studor zeigt Trachten und Hausrat.

Perfekte Illusion in der Grafei in Celje.

Von Titos Residenz zum Hotel: «Villa Bled».

In den Orten um den See werden Zimmer vermietet; die Region ist ein Wanderparadies, und am 78 Meter hohen Savica-Fall startet eine der Wanderrouten auf den Triglav (s. S. 28).

CELJE ③ (40 000 Ew.) ist eine lebhafte Industriestadt mit alten Wurzeln. Illyrer, Kelten und Römer siedelten hier am Ufer

der Savinja. Im 14./15. Jahrhundert war die Cilli genannte Stadt Sitz eines bedeutenden Grafengeschlechts, dessen Einfluss weit über die Region und die heutigen Grenzen Sloweniens reichte. Die Cillier Grafen errichteten *Stari grad*, die alte Burg hoch über der Savinja, heute eine malerische Ruine, die nach und nach renoviert wird. Im Städtchen selbst lohnt das historische Zentrum mit der gotischen Kirche *Sv. Marija* und der Grafei (*grofija*) einen Besuch. In den historischen Räumen der Grafei zeigt das Museum von Celje keltische und römische Funde. Unbedingt sehenswert ist das illusionistische Deckengemälde eines polnischen Künstlers in einem der Säle, das den Blick des Betrachters durch Galerien, an denen Hofdamen und Ritter lehnen, hinaus zum Himmel zieht (1603 vollendet). Nicht weit von Celje finden sich die romantisch in

Die Alte Burg hoch über Celje.

Die Grafei war Sitz der Herren von Celje.

einem Talkessel vor sich hin bröckelnden Ruinen des *Kartäuserklosters Žiče*, das 1160 gegründet und 1782 stillgelegt wurde. Sehenswert ist die restaurierte gotische Kapelle und die romanische Kirche, von der nur Außenmauern stehen.

Fortsetzung Seite 71

AUF DEM VORMARSCH: WEINLAND SLOWENIEN

Wer sich für Wein interessiert, kann auf seiner Reise durch Slowenien drei große Anbaugebiete erforschen. Viele Weinkellereien laden dort zu einer Besichtigung ein und bieten in schönem Ambiente Verkostungen an und oftmals noch günstige Preise.

Ihr Freunde, hebt die Gläser, gefüllt mit neuem Rebensaft ...» – ein Land, dessen Nationalhymne einem Trinklied entlehnt ist, muss ein Weinland sein. Und ja, Slowenien ist ein Weinland, allerdings erst wieder seit einigen Jahren. Denn in der sozialistischen Ära zog und kelterte man

nicht für den feinen Gaumen, sondern für den Verschnitt und die Massenproduktion. Mit Weinen wie dem Amselfelder wurde Jugoslawien berühmt, und darunter leidet nun die junge und feine Winzerszene, die seit der Unabhängigkeit daran arbeitet, Sloweniens einstigen Ruf als Heimat edler Tropfen wieder mit Inhalt zu füllen.

Es gibt drei große Anbaugebiete: Im Westen die Region Primorska, ein karstiges Terrain mit hoher Sonnenstundenzahl und schweren, vollmundigen Tropfen. Weine wie *Teran* und *Refošk* kennt man ja auch im westlich angrenzenden italienischen Friaul; ähnlich schmecken die Roten, die im Vipava-Tal und im Hinterland von Koper gekeltert werden. Im Weinkeller von Sežana reift in Eichenfässern der *Teranton*, ein besonders voll-

mundiger Roter, heran. In der Kellerei von Vipava und in den Restaurants der Umgebung wird im Sommer ein lieblicher *Vipavski Rosé* ausgeschenkt, der hervorragend zur leichten Sommerküche passt.

Die Bergregion Goriška Brda nördlich von Gorica ist hingegen ein traditionelles Weißwein-Gebiet: *Beli Pinot* (Weißburgunder) und *Malvazija* (Malvasier) sind bekannte Sorten; neuerdings greifen die Winzer auf alte, fast ausgestorbene Trauben wie Pikolit und Zelen zurück. Unter den lokalen Weinen genießt der spritzige *Zlata rebula* einen hervorragenden Ruf. Sloweniens zweite Weinbauregion ist Posavje zwischen Celje und Novo Mesto in der südlichen Mitte. Entlang des Flusses Sava treffen feuchte Luftströmungen aus den Alpen und das strenge Klima des Südostens aufeinander und lassen leichte Weiß- und Rosé-Weine gedeihen. Welschriesling und Gelber Plavec, Sauvignon Blanc und Chardonnay erreichen hier Spitzenqualitäten; besonders stolz ist man auf die Spätlesen und den Eiswein. Wer in Dolenjsko unterwegs ist, sollte den roten

Cviček, verkosten. Es ist ein Hauswein mit hohem Säuregehalt, der ideal mit der deftigen Küche dieser Region harmoniert.

Podravje im Osten Sloweniens ist mit ihren Hügelketten und den zahllosen Kellereien die bekannteste Weinbauregion Sloweniens. Von Maribor aus reichen die Weinberge bis an die Mura im Osten und zur Grenze mit Kroatien im Süden. Hier huldigt man dem Weißwein wie dem Pi-

5

6

not, Welschriesling, Traminer und Muskateller. Spitzenweine gedeihen in der Region Ljutomer und Ormož. Als Hauswein beliebt ist der fruchtige *Lendavčan*. Sloweniens teuerster und wertvollster Wein wächst an der Alten Rebe, der *Stara trta*, im Mariborer Stadtteil Lent. Die Rebe, mit vierhundert Jahren die älteste Europas, wird im Oktober feierlich vom Bürgermeister persönlich abgeerntet und der daraus gepresste und gekelterte Saft dann in winzige Phiolen abgefüllt. Nur prominente Besucher Sloweniens kommen in den Genuss, dieses Unikum zu kosten.

1. Slowenien ist ein Land für Weinfreunde: Viele Vinotheken laden zu Verkostungen ein. 2. Um Vipavski Križ gedeiht der schwere Teran. – 3. Ein Klopotec hält hungrige Vögel von den Trauben fern. – 4 bis 6. Einige preisgekrönte Weißweine lagern in der bekannten Kellerei von Ormož.

IDRIJA ④ (6200 Ew.) hat eine lange Bergbautradition. Die Geschichte des Quecksilberbergwerks, die besondere Geologie der Region, die soziale wie medizinische Situation der Arbeiter werden in einem wunderbar aufgebauten Museum in der *Burg Gewerkenegg* erläutert. Ausgestellt sind auch die schönsten Stücke der hier beheimateten Klöppelei. Besichtigen kann man auch Teile des ehemaligen *Bergwerks* (*Antonijev row*). In der Umgebung sieht man Zeugnisse der Industriearchitektur des 18. und 19. Jahrhunderts wie die *Talsperre Klavže*. Im Nachbarort *Zgornja Idrija* befindet sich das zauberhafte Schlosshotel «Kendov dvorec» mit exzellentem Restaurant. Nicht weit entfernt ist das Partisanenkrankenhaus Franja, in dem verletzte Widerstandskämpfer Pflege und medizinische Versorgung fanden, und der Ort *Cerkno*, der für seine Faschingsbräuche der *laufarji* berühmt ist.

KAMNIK und die **STEINER ALPEN** ⑤. Das alte, romantisch im Tal gelegene Städtchen ist nicht wegen seiner Sehenswürdigkeiten (die Burgen *Stari grad* und *Mali grad*) berühmt, sondern wegen der einzigartigen Bergwelt der Kamniške Alpe (Steiner Alpen). Ausgangspunkt für die meisten Wanderungen ist das schmale, von hohen Bergen gesäumte Tal des Flusses Kamniška Bistrica. Hier befindet sich die Seilbahn hinauf auf das Plateau der Velika Planina (s. S. 28) mit zahlreichen einfachen Wanderwegen. Vom Talschluss und der Berghütte Dom v Kamniški Bistrici führen anspruchsvolle Wanderungen und Klettertouren zu den höchsten Gipfeln der Steiner und der dahinter liegenden Sanntaler Alpen (*Savinjske Alpe*). Wer genug hat vom Hochgebirge, kann im südlich von Kamnik gelegenen Arboretum *Volčji potok* spazieren gehen und im Frühjahr die Tulpenblüte genießen oder daneben den Golfschläger schwingen.

KOPER ⑥ (25 000 Ew.) Der alte Stadtkern der Hafenstadt lässt die venezianische

Seilbahn auf Velika Planina bei Kamnik.

Epoche wieder auferstehen. Eine zierliche *Loggia* und ein imposanter *Prätorenpalast* prägen zusammen mit dem *Dom* den Hauptplatz Titov trg. Erhalten ist auch der *Getreidespeicher fontik*, in dem Vorräte für Notzeiten gelagert wurden, das *Stadttor Vrata Muda* sowie viele alte *Bürger-* und

Kontrast zum Industriegebiet Kopers: die gemütliche Altstadt mit idyllischen Plätzen.

Burg Gewerkenegg in Idrija.

Fischerhäuser in den Altstadtgassen. Im *Palazzo Belgramoni-Tacco* zeigt das städtische Museum Exponate aus 2500 Jahren städtischer Geschichte. Neben dem großen *Industriehafen* besitzt Koper eine moderne *Marina*. Durch den regen Schiffsverkehr ist die Stadt als Badeziel nicht zu empfehlen. In der Umgebung

gibt es mehrere alte istrische Dörfer, so den Weiler *Pomjan*, dessen Marienkirche mit Fresken aus dem 15. Jahrhundert und glagolitischen Inschriften geschmückt ist. In *Sv. Peter* werden im Haus Tonina hiša Hausrat, Werkzeuge und Trachten des slowenischen Istrien gezeigt. Einen Höhe-

Café am alten Stadttor von Koper.

punkt mittelalterlicher Freskenkunst zeigt die Wehrkirche Sv. Trojica im Dorf *Hrastovlje*: In dem über und über mit Motiven aus dem Alten und Neuen Testament bemalten Gotteshaus findet sich das zu jener Zeit beliebte Motiv des «Totentanzes», bei dem Gevatter Tod Alt und Jung, Reich und Arm in sein Reich führt.

KRANJSKA GORA ⑦. Der beliebte Ferienort hat winters wie sommers Saison. In der kalten Jahreszeit locken Lifte und Pisten direkt am Ortsrand und natürlich auch in der Umgebung, und im Frühjahr, Sommer und Herbst ist Kranjska Gora Ausgangspunkt für schöne Wanderungen. Hotels und Ferienhäuser prägen deshalb

Alpenländisch: Kranjska Gora.

Vom Burgberg aus blickt man auf die alten Gassen und Dächer Ljubljanas.

AUF DEN SPUREN JOŽE PLEČNIKS

Der 1872 in Ljubljana geborene Jože Plečnik hat nicht nur seine Heimatstadt mit eigenwilliger Architektur geprägt, sondern auch zahlreiche Bauvorhaben in anderen Städten Sloweniens realisiert: Bei Bogojina, in der Nähe von Murska Sobota, steht beispielsweise seine grandiose Himmelfahrtskirche. Im Kern romanisch erhielt sie von Plečnik 1924 einen runden Turm und ein modernes Kirchenschiff, dessen Keramikdekor sich wunderbar zum romanischen Chor fügt. In Kranj errichtete der Architekt anstelle des zerstörten Stadttores einen Arkadengang aus vielfarbigen Bruchsteinen und ließ davor einen von Säulenstümpfen eingefassten Brunnen aufstellen. Der Künstler Plečnik arbeitete auch als Innenarchitekt und Designer; er entwarf Möbel, Schmuck und liturgische Objekte. Die umfassendste und beste Ausstellung seiner Werke ist in dem Architekturmuseum im Schloss Fužine bei Ljubljana zu sehen.

das Ortsbild, Historisches ist kaum noch erhalten. In der Umgebung zieht der *Jasna See* mit dem Denkmal des Steinbocks *Zlatorog* (s. S. 65) im Winter die Schlittschuhläufer, im Sommer Wassernarren an seine Ufer. Nicht weit ist es nach *Mojstrana*, wo ein Triglav-Museum über alles Wissenswerte informiert und von wo ein Bergsträßchen direkt an die gefürchtete Nordwand des Triglav heranführt. Im nahen Dorf *Porkoren* wird im alten Wirtshaus «Šerc» nach traditionellen alpenslowenischen Rezepten delikat gekocht.

KRKA-TAL ⑧. Die Krka verläuft auf einem langen Teilstück nahe der slowenisch-kroatischen Grenze und eignet sich bestens für Fahrrad- und Kanutouren (Wildwasser I–III). Beim Ort Krka entspringt der Fluss aus einer Karsthöhle, in die man bei niedrigem Wasserstand einfahren kann. Ein Stück weiter thront die imposante *Burg Žužemberk*, die wohl bereits um 1000 errichtet wurde. Die Umfassungsmauer mit den vier Wachtürmen

Barockbau: Franziskanerkirche in Ljubljana.

ist noch erhalten und wird restauriert. Die Altstadt von *Novo Mesto* ist fast völlig von einer Krka-Schleife umschlossen; hier ist ein Besuch des Dolenjski muzej mit einer Ausstellung illyrischer Waffen, Schmuck und Gefäße zu empfehlen. Dann umplätschert die Krka das *Wasserschloss Otočec* (heute Luxushotel) und erreicht schließlich *Kostanjevica na Krki*, ein von Kanälen durchzogenes Städtchen mit dem gleichnamigen Schloss bzw. ehemaligen Kloster; hier sind die Barockfresken sehenswert.

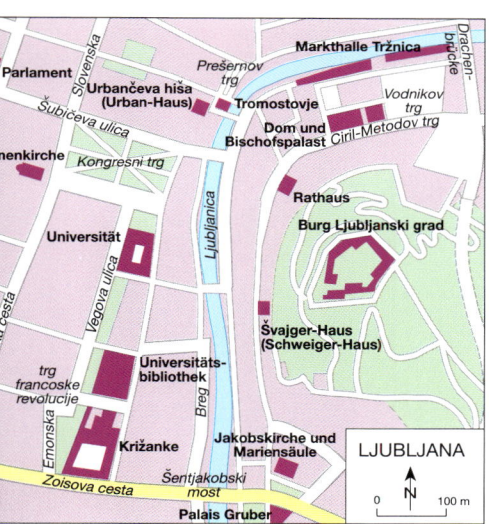

Kutschfahrten unternehmen und natürlich reiten. Zwei Hotels sind direkt auf dem Gestütsgelände eingerichtet, dazu ein Casino und der Golfplatz. In der Nähe

Sammlung von Exponaten aus illyrischer, römischer und keltischer Zeit sowie im volkskundlichen Teil eine Ausstellung von Bienenkorbbrettchen, die mit lustigen

Ein schicker Treffpunkt nicht nur für Börsianer: das Café an der Börse von Ljubljana.

befindet sich die *Tropfsteinhöhle Vilenica* mit besonders schönen, pastellfarbigen Tropfsteinen. Ein Ausflug in das Vipava-Tal führt zum Museumsdorf *Štanjel*, in den mauerbewehrten Ort *Vipavski križ* und nach *Vipava*, wo man das Schloss Zemono (1689 erbaut, herrliche Fresken) besichtigen und in dem darin befindlichen Restaurant exzellent speisen kann.

LJUBLJANA ⑩ (300 000 Ew.). Die slowenische Hauptstadt ist geprägt von der Architektur Jože Plečniks (1872–1957, s. S. 72), der im Großen wie im Kleinen stilbildend wirkte. Seine Meisterstücke sind das *Brückenensemble Tromostovje*, das von der Neustadt über die Ljubljanica in die Altstadt führt, die *Markthalle Tržnica* am Ljubljanica-Ufer und die *Universitätsbibliothek* mit ihrer unverwechselbaren Fassade aus grauem und rötlichem Karststein. In der Altstadt dominieren Barock (*Švajger-Haus*) und Rokoko (*Gruber-Palais*); in der Neustadt am anderen Ljubljanica-Ufer Jugendstil (*Urbančeva hiša*) und Klassizismus. Das *Slowenische Nationalmuseum* besitzt eine hervorragende

Motiven bemalt sind. In der *Moderna galerija*, dem Museum für moderne Kunst, wird die Graphische Biennale abgehalten. Junge Ljubljana-Besucher sollten abends einen Abstecher auf das *Hallengelände Metelkovo mesto* unternehmen, wo sich Ljubljanas Jugend in den Clubs bei jeder Art angesagter Musik von Punk bis Salsa, von Pop bis Techno amüsiert.

LJUTOMER ⑪. Das ländliche Städtchen ist der Ausgangspunkt für Fahrten durch die Weinberge der Umgebung. Unter den Weinstraßen, an denen man verkosten und kaufen kann, ist besonders jene über Jeruzalem nach Ormož zu empfehlen. Das slowenische *Jeruzalem* ist ein winziges Örtchen in den Weinbergen, bestehend aus einer Kirche, ein paar Bauernhöfen und dem Wirtshaus; hier oder ein paar Kilometer weiter im nächsten Gasthaus inmitten der Reben kann man, begleitet von dem monotonen Klappern der hölzernen *Klopotci* und vielleicht auch beschwipst von einem Dezi des weißen Landweins *Jeuzalemčan,* herrlich den Nachmittag verbringen.

LIPICA ⑨. Lipica heißt Linde, und im Frühjahr ist die Luft um das *Gestüt* erfüllt vom Duft der Blüten. In herber Karstlandschaft werden bereits seit römischer Zeit robuste Karströsser gezüchtet; im 16. Jahrhundert begann man mit verschiedenen Kreuzungen zu experimentieren und schuf so die Lipizzaner: Pferde, die ebenso belastbar und kräftig wie auch elegant waren (s. S. 54). Neben den Gestütsbesichtigungen und Reitvorführungen können Feriengäste in Lipica Golf spielen,

MARIBOR ⑫ (100 000 Ew.). Zwischen dem Fluss Drava und den Weingärten am Stadtberg Piramida breitet sich die *Altstadt* Maribors mit schönen barocken Häusern um den Glavni trg und den Theaterplatz Slomškov trg aus. Reizvoll ist am Samstag-

PIRAN ⑬. Das venezianische Hafenstädtchen besitzt ein ganz besonderes romantisches Flair. In den alten Gassen tischen Restaurants die Gaben des Meeres auf, auf dem *Hauptplatz Tartinijev trg* trifft sich abends die Jugend, und in der Sommersai-

Der Hafen von Piran war jahrhundertelang Umschlagplatz für das wertvolle Salz.

Brücke über die Drava in Maribor.

vormittag ein Besuch des *Marktes*, auf dem Bauern aus der Umgebung Obst, Gemüse und Blumen verkaufen. Das barocke *Stadtschloss* am Grajski trg birgt heute ein Museum zur Geschichte Maribors; der Platz davor ist bis zum Piramida-Berg unterkellert und wird seit bald hundert Jahren als *Weinkeller* benützt. Nach Voranmeldung darf man diesen größten Weinkeller Europas besichtigen und einige slowenische Tropfen verkosten.
Abends zieht es Alt und Jung an die *Lent*, die ehemalige Flößerlände, wo Restaurants, Szenekneipen und Bars mit kulinarischen Spezialitäten aus allen Teilen der Welt locken. Am ehemaligen Wirtshaus «Stara trta» wächst die angeblich älteste Weinrebe der Welt; gepflanzt wurde sie vor vierhundert Jahren. Das *Pohorje-Gebirge* auf der gegenüberliegenden Drava-Seite ist ein beliebtes Naherholungsziel der Mariborer. Eine Seilbahn führt hinauf auf 1020 Meter Höhe, wo es zahllose Wandermöglichkeiten gibt (s. S. 28).

son finden im Kreuzgang des *Minoritenklosters* klassische Konzerte statt. Ein berühmter Sohn der Stadt war der Komponist und Geigenvirtuose Giuseppe Tartini (1692–1770), an den ein Denkmal auf dem Hauptplatz erinnert. Hoch über dem Ort thront die *Kirche Sv. Jurij* mit einem Campanile und einem frei stehenden Baptisterium aus dem 17. Jahrhundert; im Stadtteil Marčana sind noch Reste der *Stadtmauer* und ein *Tor* erhalten. In der Nähe liegen die *Salinen von Sečovlje*, die den Reichtum Pirans begründeten. Heute wird hier kaum noch Salz gewonnen; dafür dienen sie See- und Zugvögeln als Quartier. Nicht weit entfernt können Badegäste im Seebad *Portorož* Sloweniens einzigen Sandstrand, hervorragende Hotels, Restaurants und zahlreiche Kureinrichtungen genießen.

POSTOJNSKA JAMA (Adelsberger Grotte) ⑭. Bereits im Mittelalter kannten die Menschen die vorderen Säle des Höhlensys-

Das alte Rathaus von Maribor.

tems, im 18. Jahrhundert drang man bis zum Großen Dom vor und Ende des 19. Jahrhunderts wurden die hinteren Säle entdeckt. Rund 23 Kilometer sind erforscht, etwa 4 Kilometer mit den schönsten und fantasievollsten Tropfsteinformationen werden auf dem Rundgang zu Fuß besichtigt. Eine Bahn bringt die Besucher zum Ausgangspunkt und wieder zurück ans Tageslicht. Etwa 10 Kilometer entfernt steht das Höhlenschloss *Predjamski grad*, eine richtige Raubritterburg aus dem 16. Jahrhundert, die geschickt vor einen Höhleneingang gebaut wurde. Dessen

Schloss Dornava bei Ptuj.

Stollen nutzten die Bewohner als Fluchtweg und Vorratskammern. Weitere Höhlen wie *Pivka jama* oder *Črna jama*, die Teil des Postojna-Systems sind, können auch besucht werden.

PTUJ ⑮. Vor der Besichtigung sollte man sich einen Blick vom Drava-Ufer auf die Altstadt gegenüber gönnen, deren rote Dächer hintereinander gestaffelt den Burgberg einrahmen. Unten am Fluss steht das *Dominikanerkloster* mit einer Sammlung römischer Funde aus der Region und einem nachgebauten Mithräum. Bergauf geht es zum Slovenski trg, einem historischen Ensemble mit einem *Stadtturm* (16. Jh.) und der *Kirche Sv. Jurij* (12.–15. Jh.), das gesäumt ist von *mittelalterlichen Häusern*. In seiner Mitte wurde eines der bedeutendsten römischen Fundstücke aufgestellt: das *Orpheus-Denkmal*, ein Grabstein aus dem 2. Jahrhundert. Die Burg (14.–16. Jh.) besitzt einen eleganten Arkadenhof und beherbergt ein sehenswertes Museum zu den Faschingsbräuchen in der Region.

ROGAŠKA SLATINA ⑯. Bereits im Mittelalter wussten die Menschen wohl um die

Sehenswert: Stadtschloss in Maribor.

Altes Brauchtum, das in anderen Teilen Sloweniens längst vergessen ist, wird im Dravsko polje südlich von Ptuj heute noch gepflegt. So hat dort auch das Kurentenlaufen an den Faschingstagen überlebt, und mittlerweile ist ein richtiges Revival zu beobachten. Allerdings nicht in den kleinen Dörfern, sondern nur in der Provinzhauptstadt Ptuj. Am Faschingssonntag ziehen die in Felle gekleideten und mit Ledermasken geschmückten *Kurenti,* wild die Kuhglocken an ihrem Gürtel schlagend, durch die schmalen Gassen der Altstadt und erschrecken Frauen und Kinder. Die mit Gänse- und Truthahnfedern oder Rinderhörnern geschmückten Masken und Kostüme lassen sie noch Furcht erregender aussehen. Manchmal taucht in ihrem Gefolge auch «Der Zigeuner mit dem Bären» auf, eine ebenfalls uralte Maske, oder die «Vier Rösser», junge, als Pferde verkleidete Männer. Bezahlt werden die Kurenten mit Schinken, Würsten, Brot und Wein, und wenn dieser so richtig geflossen ist, kommt man den angeheiterten *kurenti* besser nicht mehr vor die Füße. Zwei Handwerksfamilien pflegen in Ptuj noch die alte Kunst der Maskenherstellung. Das Tourismusbüro organisiert auf Anfrage eine Besichtigung ihrer Werkstätten.

Heilkraft der Quellen, im 19. Jahrhundert entstand ein prächtiger Kurort mit vornehmen Villen und der *Kuranstalt*. Nach Jahren der Vernachlässigung wurden die Gebäude renoviert und modernisiert, sodass man durch gepflegte Parks promenieren, Konzerten lauschen und sich verwöhnen lassen kann. Aus Rogaška stammt auch berühmtes *Bleikristall*, das direkt ab Fabrik verkauft wird. In der Nähe befindet sich *Olimje*, im 13. Jahrhundert als Schloss

ren Boden man nur noch erahnen kann; immer wieder dringt das Rauschen des Flusses Reka aus der Tiefe herauf. Nicht so sehr die Schönheit der Tropfsteine wie die Vielfalt der Karsterscheinungen ist hier faszinierend. Die Besichtigung dauert ungefähr eine Stunde.

ŠKOFJA LOKA ⑱. Die herrische Burg *Loški grad* (16. Jh.) wacht über ein zauberhaftes Ensemble mittelalterlicher Häu-

Osten wird es begrenzt von den Seen von Bled und Bohinj, im Westen vom Tal der Soča, im Norden grenzt es an das Sava-Tal und im Süden an die Karsthochebene. In einigen Tälern und Hochebenen wird noch Weidewirtschaft betrieben. Der vorherrschende Kalkstein ist zu schroffen Zacken, Poljen, Dolinen und Karrenfeldern erodiert. Gämsen, Mufflons und Steinböcke leben in höheren Lagen, man kann Auerhähne, Steinadler und Murmel-

Im Mittelalter lebhaftes Handelszentrum, heute ein gemütliches und liebenswertes Städtchen: Škofja Loka.

erbaut, im 17. Jahrhundert in ein Kloster umgewandelt und im 18. Jahrhundert geschlossen. Heute leben dort wieder Mönche und zeigen die 1663 in einem Schlossturm eingerichtete Apotheke, angeblich die älteste Europas.

ŠKOCJANSKE JAME

(Höhle von St. Kanzian) ⑰. UNESCO-Weltnaturerbe und eine einzigartig wilde unterirdische Welt. Das Höhlensystem wird zu Fuß besichtigt, teils läuft man auf Stegen und Brücken über Abgründe, de-

ser entlang des Mestni trg und des Spodnji trg. Sehenswert sind das *Honan-Haus* (1524), die *Kirche St. Jakob* (1471), der *Getreidespeicher* (1511) und die alten Häuser mit Tordurchgang und Innenhof. Die *Kapuzinerbrücke* über den Fluss Sora wurde im 14. Jahrhundert erbaut und gilt als älteste Bogenbrücke Europas.

TRIGLAV-NATIONALPARK ⑲. Das knapp 85 000 Hektar große Naturschutzgebiet um den *Berg Triglav* (2864 m) ist einer der schönsten Naturräume Sloweniens. Im

tiere sowie zahllose bunt gezeichnete Salamander beobachten. Wanderwege und Klettersteige erschließen die Region. Im Westen im Soča-Tal dienen Orte wie *Trenta*, *Soča* und *Bovec* als Ausgangspunkte für Touren in den Nationalpark. Hier findet man auch Zeugnisse der im Zweiten Weltkrieg geführten Schlachten um die Isonzo-Front, so die Russische Kapelle am Vršič-Pass, das Italienische Beinhaus bei Kobarid und im Gebirge zahllose Bunker, Schützengräben und teils sogar noch Uniform- und Waffenteile.

Wanderparadies um den Vršič-Pass.

Eine Fülle kleiner, karger Eilande: die Kornati-Inseln.

Rovinj, der stimmungsvolle Hauptort der Halbinsel Istrien.

KROATIEN

Fotos Ingolf Pompe · Rainer Hackenberg
Text Gabriele Walter

Blick auf das Fischerdorf Vinjerac.

VON DEN INSELN DER ADRIA
BIS ZU DEN WÄLDERN SLAWONIENS

Das Ferienparadies Kroatien ist für nonkonforme Globetrotter und Idealisten wie geschaffen. Im ersten Sommer des neuen Jahrtausends waren seit dem Kriegsende im Jahr 1995 endlich wieder fast alle Unterkünfte ausgebucht. Und trotzdem herrscht keine Enge – sogar im Hochsommer stehen jedem Urlauber an der östlichen Adria immer noch mehr als 10 Meter Küstenstreifen zur Verfügung. Hier ist das Wasser kristallklar und wohltemperiert wie nirgendwo sonst in Euro-

bernder Blick auf das verwitterte Rot der Ziegeldächer sowie auf die Fischerboote und Inseln in der strahlend blauen Adria. In den verwinkelten Städten hat sich jede Epoche ihre Denkmäler gebaut. Und wenn sich abends der Mond auf dem Wasser spiegelt, flaniert man am Kai entlang oder betrachtet das silbergraue Dämmerbild uralter Straßen. Und dann kehrt man in einer der vielen *Konobas* ein. In einem solchen Weinkeller erklärt der Besitzer meist in gutem Deutsch,

Alte Trachten werden in Kroatien geschätzt (links). – Beim Aperitif in Dubrovnik (Mitte). – Dalmatien gab der Hunderasse ihren Namen.

pa. In der Vor- und Nachsaison ist die Pro-Kopf-Fläche sogar doppelt so groß. Die Festlandküste beläuft sich auf 1777 Kilometer, und rechnet man die Länge der Küste auf den – sage und schreibe! – 1185 Inseln und Inselchen hinzu, kommt man auf genau 5836 Kilometer traumhafte Küstenlandschaften. Das mediterrane Klima verwöhnt die Badegäste mit vielen sonnigen Tagen. Mehr noch: Kroatien ist wie geschaffen für Urlauber, welche die sterile Reißbrettarchitektur vieler Ferienorte nicht mögen. Unvergesslich sind die kleinen Gässchen und Treppenwege, die emporsteigen zu Höfen mit duftenden Pflanzen und Gärten voll wunderbarer Blumen. Von oben bietet sich ein bezau-

welche Köstlichkeiten Keller und Küche bieten, dazu gehören Schinken und Käse.

Wer von seinem Sonnenbad Abwechslung sucht, der kann sich in das Tauch- und Segelrevier des Kornati-Nationalparks aufmachen oder sich ins Hinterland zurückziehen, das eine vollkommen andere Prägung aufweist als die Küstenregionen. In den kletterfreundlichen Dinarischen Alpen oder im Velebit-Gebirge lassen sich seltene Tiere und Pflanzen auf einsamen Wanderungen durch eine reizvolle Karstlandschaft beobachten. In aller Welt berümt ist der Nationalpark

Die neoromanische Kapuzinerkirche Gospe Lurdske in Rijeka.

Plitvicer Seen mit seinen Wasserfällen. Uralte Städte wie Split, Zadar oder Poreč erzählen von der Geschichte Kroatiens seit römischen Tagen bis hin zu den Zeiten Venedigs und der Donaumonarchie. Mit römischen Theatern und prächtigen Kathedralen, uralten Klöstern und herrschaftlichen Palästen erfreuen sie jeden, der durch ihre Gassen streift. Weniger besucht, doch lohnend sind die pannonischen Gefilde Kroatiens – eine fruchtbare, flache bis hügelige Landschaft – und die Hauptstadt Zagreb mit ihren barocken Kirchen und harmonischen Plätzen.

VIVA ISTRIEN!

Wie archaische Kulissen erscheinen die alten Berg- und Fischerorte auf der Halbinsel Istrien im Westen Kroatiens. Ein Ort ist romantischer als der andere, und überall haben die Venezianer ihre Baukunst hinterlassen. Der kleine Badeort Mošćenička draga an der istrischen Ostküste beispielsweise weist Pflastergässchen, spitzbogige Fenster mit bunten, hölzernen Klappläden, stuckverzierte Säulen und verschnörkelte, schmiedeeiserne Balkongeländer auf. Steil oben auf dem Berg hocken alte Dörfer wie Adlerhorste – umgeben von Weinbergen, roter Erde und grünen Eichenwäldern.

In Städten wie Umag, Poreč, Vrsar, Rovinj und Pula an der Westküste der Halbinsel gesellen sich Kathedralen, Palazzi und eine altrömische Flaniermeile zum Ensemble der Plätze und Gassen. In Poreč sind die

Im Hafen von Cres (oben). – Mildes Klima herrscht in Hvar (unten).

Marmorplatten von den vielen Spaziergängern so blank poliert, dass sich die glitzernden Schmuckboutiquen am Abend darin spiegeln könnten, wären die Gassen nicht so voller Menschen, dass man das Pflaster kaum noch sehen kann. Im Lauf der Jahrhunderte sind hier römische Legionen, venezianische Seeleute und österreichische Verwaltungsbeamte entlangspaziert. Es heißt, dass auch die Kreuzfahrer auf ihrer Reise von Venedig ins Heilige Land Halt machten.

Fährt man von Poreč auf einer der sowohl in kroatischer als auch in italienischer Sprache ausgeschilderten Landstraßen hinauf in die «Istrische Toskana», gelangt man in Bergdörfer, die verschlafen in der Mittagshitze dösen. In ihren holprigen, von Wäscheleinen überspannten Gässchen ist nur das Zwitschern eines Kanarienvogels oder leises Stimmengewirr zu hören. Ob Mošćenice, Brseć und Rabac, die südlich der mondänen Opatija-Riviera an der Ostküste Istriens hoch über dem Meer liegen, oder Buje, Pazin und Gračišće im Herzen Istriens – sie haben fast alle eine alte Stadtmauer mit Stadttoren, Paläste, Kapellen und Kirchen und einen Campanile zu bieten, dessen Glocke schon lange nicht mehr im Takt der Zeit schlägt, dazu eine

Zisterne, ein Lapidarium, in dem man steinerne Relikte vergangener Epochen bewundern kann, und eine elegante Loggia. Auch Hum, das manche für die kleinste Stadt der Welt halten, liegt romantisch in einer lieblichen grünen Landschaft auf einem Felsen. Ihre 17 Einwohner verfügen sogar über eine eigene Bahnstation.

Palmengeschmückt: Rovinj (oben). – Zadar bei Nacht (unten).

Der junge Musikant in Zadar hofft auf einen Obolus der Passanten.

Seit Jahrhunderten begehrt – Spitzen von der Insel Pag.

Mediterranes Flair bieten die Kaffeehäuser an der kroatischen Küste.

Istrien steckt voller Zeugnisse der Kulturgeschichte. Die schaudererregende Fojba-Schlucht in Pazin diente Dante Alighieri als Vorbild für das Inferno in seiner «Göttlichen Komödie». Aus dem malerischen Kastav bei Rijeka stammen die mittelalterlichen Maler Vincent und Ivan Kastav. Will man an einem Feiertag die berühmten Fresken in Beram besuchen, begegnet man auf dem vom Duft der Kiefern eingehüllten Waldpfad so vielen Menschen, dass man sich fragt, ob sie wohl alle in die winzige Kirche hineinpassen. Neben dem berühmten Totentanz über dem Haupteingang ist anschaulich naiv das Leben von Jesus und Maria dargestellt. Melancholische Erinnerungen an das Mittelalter weckt die Ruinenstadt Dvigrad (Due Castelli) im Westen Istriens, die seit einer Pestepidemie im 17. Jahrhundert in einen Dornröschenschlaf versunken ist und nicht wieder wachgeküsst wurde. Aus den Fugen der Festungsmauern wuchert an vielen Stellen wild der Efeu, und hier und da liegt ein Stück Fenstersturz oder ein steinerner Wassertrog zwischen den uralten Bausteinen aus weißem Kalk.

Bis heute beeindrucken in Pula der Augustus-Tempel, der Triumphbogen und das Amphitheater aus römischer Zeit. Etwa 30 000 Menschen lebten damals im Verwaltungszentrum des römischen Istrien, das schon um 30 v. Chr. ein beliebter Ferienort war. Ein Geheimtipp für eine Wanderung von der Bronzezeit bis in das 7. Jahrhundert ist das von einer spätantiken Mauer umgebene Nesactium bei Pula. In einer einmaligen Karstlandschaft über der Südostküste wandelt man auf den Spuren der Ureinwohner Istriens, die um 1200 v. Chr. die Region besiedelten. Die Legende berichtet, dass die stolzen Histrer – ein illyrisches Volk – lieber den Freitod wählten, als in die Sklaverei der römischen Eroberer zu geraten.

Fährt man von Grožnjan quer durch das Bergland Istriens nach Süden, gelangt man zum tiefblauen Limski-Fjord, in dem vorzügliche Muscheln gezüchtet werden. Oberhalb der nahe gelegenen Stadt Vrsar, einer römischen Gründung, befindet sich der ehemalige Marmorsteinbruch Montraker. Moderne Skulpturen erinnern an die jährlich dort stattfindenden internationalen Bildhauertreffen.

Pompöse Pracht des 19. Jahrhunderts, frisch renoviert: Zagreb.

Fortsetzung Seite 94

Manche stille Bucht auf Cres erreicht man nur mit dem Boot.

SCHLEMMEN À LA CROATE

Auf einer Terrasse hoch über der Küste oder in einem stimmungsvollen Weinkeller, an der mondänen Strandpromenade oder in einer Konoba: Die abwechslungsreiche, von vielen Völkern beeinflusste Küche Kroatiens bietet überall ihr Spektrum von einfachen bis raffinierten Genüssen.

Die Köche zahlreicher Länder haben an der Vielfalt der kroatischen Speisen mitgewirkt. Italien, Österreich und Ungarn, die Völker des ehemaligen Jugoslawien, Griechenland und die Türkei standen Pate für eine Küche, die sich die natürliche Fülle der Zutaten von Land und Meer zunutze macht.

exklusiven Restaurants Istriens spürbar. Dort können anspruchsvolle Genießer auch Risotto mit weißen Trüffeln aus den Eichenwäldern schlemmen.

Für Freunde landestypischer Fleischspeisen empfiehlt sich die auch bei uns wohlbekannte Balkanküche: *Pljeskavica*, *Čevapčiči*, *Ražnjiči* oder *Djuveč*, ein Eintopf,

Wer beim Essen preiswert auf seine Kosten kommen will und noch dazu Wert auf ein lauschiges Ambiente legt, wird an Kroatiens Küsten keine Mühe haben, ein schönes Plätzchen in einer Weinlaube oder unter einer Palme zu finden – vielleicht auch in einem romantischen venezianischen Hof oder in den Mauern einer ehemaligen Basilika. Dann bestellt man sich etwa Makkaroni mit vier Käsesorten oder eine Pizza, die mindestens genauso gut schmeckt wie in Italien, und zur Erfrischung eine Literflasche Mineralwasser, ein Glas Tafelwein und einen gemischten Salat der Saison, den man – wie hierzulande üblich – mit Essig und Olivenöl selber würzt. Die italienischen Wurzeln der Region sind in den einfachen *Konobas* und

bei dem sich der Einfluss Griechenlands besonders deutlich zeigt. Wer auf Vertrautes schwört, ist mit Wiener Schnitzel, Kalbsfilet mit Pilzen, Steak oder vielleicht dalmatinischem Schmorbraten gut beraten. Vor den Lokalen sieht man Spieße über Holzkohlenfeuern, an denen Lämmer oder Spanferkel gebraten werden. Ein rustikales Bauernmenü lässt sich aus luftgetrocknetem und geräuchertem Schinken – *pršut* – und Pager Käse zaubern. Er schmeckt salzig-würzig nach den duftenden Kräutern, mit denen sich die Milchschafe der kargen Insel ernähren. Dazu krosses Weißbrot, einen kräftigen Wein und vielleicht einen pikanten Tintenfischsalat? Gut aufgehoben ist der Gast auf alle Fälle in einer gemütlichen *Gostiona*, wo

1, 4 und 9. Fangfrische Fische und Meerestiere kann man in Kroatien vielerorts genießen.
2. Restaurant in Hvar. – **3.** Selbst angesetzt: Kräuterschnaps. – **5.** Feigen und danach ein Gläschen Raki, der würdige Abschluss nach einem reichhaltigen Essen. **6.** Schafmilchkäse aus Pag. – **7.** Wilder Frühlingsspargel und Olivenöl sind zwei Spezialitäten Istriens. **8.** Königin aller Speisekarten: weiße Trüffel aus dem Mirna-Tal.

4

5

6

7

8

9

die Wirtsleute einfache Speisen nach Art des Hauses zubereiten.

Reich sind die Gaben des Meeres an der Adriaküste, auf die sich die *Riblji Restoran* spezialisiert haben. Auf ein edles Fischessen kann man sich mit einem Spaziergang in der Abendsonne am Meer entlang einstimmen – etwa an der Strandpromena-

de von Mali Lošinj nach Veli Lošinj. Wenn sich die Möwen auf den Dächern versammeln und sich die Kirche mit ihrem Campanile kupfergolden im Hafenwasser spiegelt, lässt man sich einen herzhaft mit Knoblauch gewürzten Fisch auf der Zunge zergehen. Auf dem Teller liegen Goldbrasse, Zahnbrasse, Riesengarnelen, ge-

füllter Tintenfisch oder andere Meeresfrüchte wie Muscheln oder Hummer.

Die österreichische Kochkunst, die mit den Habsburgern ins Land kam, schlägt sich bei den Süßspeisen nieder, zu denen man in einer *Kavana* oder *Slastičarna* – einem Café oder einer Eisdiele – Cappuccino oder einen türkischen Mokka trinkt.

ENTLANG DER SEERÄUBERKÜSTE

Die Küstenstraße ist kurvenreich, aber wozu die Eile? Nach dem Passieren einiger Industrieanlagen in der Bucht von Rijeka genießt man das herb-schöne Panorama der Insel Krk, das die Fahrt bis nach Senj begleitet. Der Ort inspirierte den Schriftsteller Kurt Held zu seinem berühmten Jugendroman «Die rote Zora und ihre Bande», der von dem rothaarigen Waisenmädchen Zora und vier ebenso elternlosen Burschen erzählt. Sie hausten in der Burg Nehaj und nannten

Was die fruchtbare Umgebung bietet, landet auf Zagrebs Märkten.

Selbstbewusst gibt sich Zagreb, Kroatiens aufstrebende Hauptstadt.

sich nach einst gefürchteten Seeräubern Uskoken. Weithin sichtbar trägt ein Felsenhügel die alte Feste, vier Türme krönen ihre Ecken. Im 16. Jahrhundert beherbergte sie die Uskoken, die «Entsprungenen», bosnische und serbische Flüchtlinge aus den türkisch besetzten Gebieten. Als erfahrene Kämpfer wurden sie von den Habsburgern, denen Senj damals unterstand, gern zur Verteidigung der Grenze aufgenommen. Ihre Trutzburg eignete sich bestens, um von den Beobachtungsposten optische Signale über die Marschrichtung der Feinde zu geben. Als sich Venedig ihre Piratenzüge, zu denen sie inzwischen übergegangen waren, nicht länger gefallen ließ, kam es 1614 zu Kämpfen

zwischen Venedig und Österreich. Die Uskoken wurden nach dem Friedensschluss 1617 in das später nach ihnen benannte Uskoken-Gebirge (Žumberak) bei Zagreb umgesiedelt, damit wieder Ruhe an der Küste einkehrte. Senj hat den Ruf, nicht nur die älteste, sondern auch die kälteste Küstenstadt Kroatiens zu sein.

Zadar, die mittelalterliche Hauptstadt Dalmatiens, bietet ein römisches Forum, die Kathedrale St. Anastasia (Sv. Stošija), St. Donat – eine bedeutende altslawische Kirche –, Klöster und einen Bischofspalast mit frühchristlichen Ursprüngen. Ein Abstecher lohnt sich nach Nin, das auf einer Insel in der Lagune bei Zadar liegt. Rund um die Stadt wird Salz gewonnen. Der Ort steckt voller Ruinen und Bauwerke aus der Römerzeit. Im Jahr 846 begründete Fürst Trpimir die erste kroatische Herrscherdynastie und machte Nin zu seiner Residenz. Das Kirchlein St. Nikolaus (Sv. Nikola u Prahuljama) aus dem 11. Jahrhundert auf einem Hügel außerhalb der Stadt erhielt seinen Zinnenturm während der Türkenzeit und zeigt, dass man sich in Nin zu wehren wusste. Aber schließlich zerstörten die Venezianer die Stadt, nur damit die Türken nichts mit ihr anfangen konnten. Eines ihrer wertvollen Baudenkmäler ist die Heiligkreuz-Kirche (Sv. Križa). Der kleine Bau erstrahlt schneeweiß im Licht des heiteren blauen Himmels. Er ist Uhr, Kalender und Gotteshaus zugleich: Während der Winter- und Sommersonnenwende bzw. Tag- und Nachtgleiche fallen die Sonnenstrahlen durch die Fenster der Kirche auf bestimmte Punkte. Aus der Zeit um 800, als fränkische Missionare die slawischen Einwohner zum Christentum bekehrten, stammen das Višeslav-Taufbecken und eine zauberhafte Sammlung von Gold- und Silberschätzen in Nin.

Wasserreich – der Nationalpark Plitvicer Seen (oben, unten).

Am größten See Kroatiens, dem Vraner See, verläuft die Küstenstraße etwa 14 Kilometer auf einem schmalen Landstreifen zwischen See und Meer. Hier wird dem Reisenden klar, dass man in Dalmatien maßlos untertreibt, wenn man behauptet, es gäbe dort so viele Inseln wie Tage im Jahr. An der Krka-Mündung sollte man sich den Abstecher nach Šibenik und zu den Krka-Wasserfällen nicht entgehen lassen. Dann folgt höchst malerisch auf einem Inselchen Primošten, ein Schachtelwerk alter Häuser und Gassen, in denen man den Babić-Wein verkosten kann. Er wird an den Hängen entlang der Adria-Magistrale angebaut. In Karomustern aus Steinmauern wachsen knorpelige Rebstöcke. Verlockend ist eine bezaubernde Unterkunft auf dem Weg nach Trogir: Der mittelalterliche Festungsturm in Marina wurde zum Hotel «Kaštel» ausgebaut. Das überaus romantische Trogir, die griechische Gründung aus dem 4. Jahrhundert v. Chr., zieht durch ihr prächtiges mittelalterliches Stadtbild die Besucher an. Und dann wird ein Höhepunkt an der Küste erreicht – Split mit dem beeindruckenden römischen Kaiserpalast des Diokletian, der heute ein ganzes Stadtviertel einnimmt.

Stein war das bevorzugte Material des weltberühmten Bildhauers Ivan Meštrović (1883–1962), der sich auch als Architekt einen Namen machte. Um 1930 erbaute er in Split eine Villa unterhalb des Marjan-Walds und ließ einen mediterranen Garten anlegen. Heute ist in der ehemaligen Sommervilla des Meisters die Meštrović-Galerie untergebracht, die einen Querschnitt durch das Schaffen des kroatischen Bildhauers zeigt – von seinen ersten Arbeiten mit 16 Jahren, als er beim Schafehüten Holzfiguren schnitzte, bis hin zu den Spätwerken aus seiner Zeit in den USA. Vor allem die Werke Michelangelos und Auguste Rodins, mit dem er befreundet war, begeisterten ihn. Von Meštrović stammt die gigantische Bronzestatue des Kirchenreformators aus dem 10. Jahrhundert, Gregor von Nin, die vor dem Goldenen Tor des Diokletianspalasts in Split steht.

Von Split kann man zum Städtchen Klis hinauffahren, wo eingezwängt zwischen Mosor- und Kozjak-Gebirge eine alte türkische Festung trutzt und man die ganze Stadt und das Meer überblicken kann. An der Mündung der Cetina ins Meer wartet am Fuß des Mosor-Gebirges das nächste Piratennest und Bollwerk gegen die Türken: Von der Festung Starigrad in Omiš aus

kaperten die Seeräuber jahrhundertelang Handelsschiffe. Im Cañon der Cetina-Schlucht fallen die Felswände fast senkrecht ins Wasser. Alpenartig türmen sie sich im Biokovo-Gebirge von der Riviera zum 1762 Meter hohen Sveti Jure auf. In Makarska lag einst die Flottenbasis von Seeräubern, die ihre Verstecke in den

Insel Cres (oben). – Žumberak-Gebirge westlich von Zagreb (unten).

Dubrovnik: Kultur entspannt genießen.

Sümpfen des Neretva-Deltas hatten. Den Sveti Jure kann man auf einem Wanderweg durch den Naturpark Biokovo oder auf der höchstgelegenen Straße Kroatiens mit dem Auto erklimmen. Die 12 Kilometer lange Route verbindet den Pass Staza mit dem Gipfel.

DIE PERLE DALMATIENS

Bäuerliches Markttreiben herrscht in Dubrovnik zu Füßen des Gundulić-Denkmals, der imposanten Statue des großen Barockdichters. Plötzlich flattern Hunderte Vögel von den Dächern herab: Es ist kurz vor zwölf, und man füttert traditionell die Tauben. Früher hat man damit verhindert, dass sie das Getreide aus den Lochspeichern stibitzten. Unweigerlich denkt man an das Friedenssymbol Picassos. Von den starken Kriegsschäden ist in Dubrovnik nicht mehr viel zu sehen. Heute leuchten 70 Prozent der Dächer der Stadt in frischem Rot, und nur die neuen, makellos weißen Steine in den Mauern erinnern an die 2000 Granateinschläge in der Altstadt. Dubrovnik erstrahlt wieder im alten Glanz. Irgendwann wird sich der Farbton der

Der heilige Blasius übt überall in der Stadt sein Patronatsamt aus: Seine Statue prunkt an prächtigen Palästen, in denen schon immer Staat und Kirche regierten, am Pile-Tor und an den dicken Festungsmauern, die die gesamte Altstadt mit einem phänomenalen Panoramaweg umgürten. Im märchenhaften Blau des Himmels und des Meeres erstrahlt das rote Dächergewirr. In der goldschimmernden Schatzkammer der Kathedrale Mariä Himmelfahrt kann man die Gebeine des heiligen Blasius in ihrem kostbaren Schrein bewundern. Viele Heiligenreliquien wurden in der Stadt angehäuft. Das Gold und Silber für die Reliquiare, in die sie gefasst wurden, kam aus dem Kosovo.

Bereits im byzantinischen Ragusa lebten die Adligen im stolzen Bewusstsein, von römischen Familien abzustammen. Und man war schon immer auf der Hut. Für die beiden Tore zur Stadt gab es nur vier Schlüssel und je eine Brücke zum Festland, die abends hochgezogen wurde, sobald die Fremden die Stadt

Trogir erlebte sein «Goldenes Zeitalter» im 13. Jahrhundert.

restaurierten Baustoffe an die ursprünglichen Steine angleichen, als wäre nichts geschehen. Werden auch die Wunden in den Seelen ihrer Bürger heilen? Es scheint, als habe sie ihr Schutzheiliger Blasius erhört. So soll es auch im Jahr 1667 gewesen sein, als Dubrovnik von einem starken Erdbeben erschüttert wurde, und 1808, als Napoleon 15 Minuten vor sechs Uhr in die Stadt einmarschierte und alle Uhren stehen blieben. Er setzte der Souveränität der Republik Ragusa ein Ende und baute hier zwei Festungen – jene hoch über der Stadt, wo die jetzt zerstörte Seilbahn hinaufführte, und eine auf dem Felsenriff im Meer.

verlassen hatten. Wer im Rektorenpalast für jeweils einen Monat das Zepter führte, durfte in dieser Zeit das ehrwürdige Gebäude mit seinen zauberhaften Arkaden und Kapitellen und den wunderschönen Butzenfenstern nur zu Staatsgeschäften verlassen und keine Frauen empfangen.

Hochmütig waren die Bürger der Republik Ragusa oder Dubrovnik, die erst durch Napoleon ausgelöscht wurde, weshalb man ihn hier nicht besonders schätzt. Die Wahlurne mit der Wollkugel für die Wahl des

Fortsetzung Seite 104

NATURWUNDER
AUS WASSER UND FELS

Grüne, wasserrauschende Wildnis und die grandiose Kargheit von Fels und Meer, liebliche Inselparadiese und mythische Orte – in Kroatiens Nationalparks Plitvice und Krka, Kornati, Brijuni und Mljet inszeniert sich die Natur in reizvollen Spielarten.

Fast 4000 Jahre vergingen, bis aus einem einfachen Flusslauf die Seenlandschaft von Plitvice mit ihren tosenden Wassern, grünen Wäldern und Wiesen sowie blendend weißem Travertingestein entstanden war. Die 16 Seen des Plitvicer Nationalparks sind durch Wasserfälle und sprudelnde Kaskaden miteinander verbunden.

Brücken und kleinen Holzstegen das Wasser überqueren und die Geheimnisse der Natur bewundern.

Im Jahr 1979 wurden die Plitvicer Seen in das UNESCO-Verzeichnis des Weltnaturerbes eingetragen. Der höchste der zwölf oberen Seen, die in stiller Schönheit von dichten Buchenwäldern umgeben sind,

1. Die magische Farbe der unteren Plitvicer Seen entsteht durch Kalkschlamm am Grund und die Reflexion des Himmelsblaus. – 2. Überall plätschert das Wasser im Nationalpark Plitvice Seen. Auf Stegen wandert man durch die überwältigende Natur. – 3. Ein Höhepunkt des Krka-Nationalparks sind die Wasserfälle am Skradinski buk. – 4. Typische Holzhäuser der Region um Sisak und Nova Gradiška. 5. An den Klippen der Insel Mana am äußeren Rand der Kornaten. – 6. Eine Badebucht auf der Insel Levrnaka.

Ihr Wasser ist märchenhaft blau und kristallklar. Mühelos kann man bis auf den Grund sehen: Fische, Wasserpflanzen, Seerosen, Äste und Blätter schimmern in der Tiefe. Hier hat die Natur nicht nur ein Aquarium geschaffen, sondern aus den Stimmen des Wassers, Licht- und Farbspielen eine theatralische Vision inszeniert. Plitvice ist ein wahres Naturparadies.

Die Plitvicer Seen erstrecken sich zwischen Mala Kapela und Plješvica auf einer Länge von 8 Kilometern in den dichten Laubwäldern des gebirgigen Teils von Kroatien. Der gesamte Nationalpark hat eine Fläche von 19 479 Hektar. In dem grünen, plätschernden Landschaftslabyrinth kann man stundenlang wandern, auf

liegt 639 Meter über dem Meeresspiegel. Die oberen Seen entstanden durch Kalkablagerungen, durch die sich das fließende Wasser seinen Weg bahnte. Mit der Zeit wurden diese Hindernisse immer höher, bis sie eine Art Staumauer bildeten; sie erreichen bis zu 50 Meter.

Die vier unteren Seen liegen zwischen steilen Felswänden. Sie sind kleiner und anders als die oberen Seen entstanden. Sie befinden sich im Kalkgestein eingestürzter Höhlen, die sich nach und nach mit dem Wasser der oberen Seen füllten. Vom obersten See stürzt das Wasser über Kaskaden in den Kozjak, den letzten der oberen Seen, der mit fast 50 Metern auch der tiefste ist, und von dort in den Canyon

des Flusses Korana, dessen Quellgebiet der Plitvicer Nationalpark umfasst.

Das Seensystem unterliegt einem dauernden Wandel. Fortwährend setzt sich im Wasser gelöster Kalk ab und umhüllt Gräser und Böschungen, verfestigt sich zu Travertin und schafft Barrieren, durch die sich das Wasser von neuem seine Bahn suchen muss.

Ein ähnlich rauschendes Fest der Natur erlebt man im Krka-Nationalpark. Der Fluss Krka entspringt in der Nähe von Knin und windet sich durch das karstige Hochland bis Šibenik, wo er in die Adria mündet. An den Wasserfällen von Skradinski buk stürzt der türkisgrüne Fluss über 17 silberweiß schillernde Katarakte

insgesamt 46 Meter ins Tal hinab. Auch hier führen verschlungene Pfade und Bohlenstege zu Aussichtspunkten. Vom Skradinski buk wird gesagt, er sei der schönste Travertin-Wasserfall Europas.

Bis zu ihrer sagenumwobenen Mündung durchfließt die Krka 12 Kilometer Flachland, 40 Kilometer Schluchten und 20 Kilometer Seen, die mit dem Meer verbunden sind. Im Visovačko jezero können hartgesottene Nordländer auch im Winter ein erfrischendes Bad nehmen, er kühlt nur bis auf 16 Grad Celsius ab. Das Inselchen im See gleicht mit seinem Blütenmeer einem botanischen Garten. Raritäten im Kloster der Franziskaner sind die Inkunabeln der Fabeln Äsops und ein Säbel

von Vuk Mandušić, einem der beliebtesten Helden aus der Volksepik.

Bezaubernd ist der Blick auf das Dorf Skradin am Schilfufer des Prokljansko jezero. Von Skradin aus fährt ein Ausflugsschiff zum Wasserfall.

Wasser als eines der bedeutendsten Elemente der Natur setzt sich auch in anderen Landschaften Kroatiens effektvoll in Szene. Allein drei Nationalparks des Landes sind Inselparadiese: die Kornaten, die Brijuni-Inseln und Mljet (siehe auch Seite 111, 140 und 144).

Einzigartig im Mittelmeer ist die Inselgruppe der Kornaten: Auf einer Fläche von 250 Quadratkilometern liegen fast 250 Eilande und Klippen, die steil ins Meer

abfallen. Nur Hirten und Olivenbauern halten sich auf den karstigen Flächen auf, statt Dörfern gibt es einzelne Gehöfte. Hauptbewohner sind Schafe, die in Gehegen aus Steinmauern leben. Nachdem ein Brand im 19. Jahrhundert den Wald zerstört hatte, ist es eine Folge der Schafhaltung, dass in dieser Region keine Bäume mehr gedeihen. Die Flora ist spärlich, auf den karstigen Flächen sprießt kaum etwas. Doch gerade das macht den Reiz dieser Inseln aus: Sie wirken fast, als stünden sie noch ganz am Beginn der Schöpfung. Um so reicher ist die Flora und Fauna des Meeres: Über 300 Pflanzen- und Fischarten leben in dem blauen Wasser, das die Inseln umgibt. Sie sind deshalb ein Mekka für Taucher.

Titos Sommerresidenz Brijuni vor der istrischen Küste war bis 1983 für die Öffentlichkeit nicht zugänglich, dann wurden die 14 insgesamt etwa 7 Quadratkilometer großen Inseln mit dem umliegenden Meer zum Nationalpark erklärt. Schon reiche Römer verbrachten die Ferien im milden Klima und in der üppigen Vegetation der Brijuni-Inseln.

Markant: die vier Glockentürme von Rab.

Stadtoberhaupts, das immer dem Adel angehörte, ist im Museum des Dominikanerklosters zu sehen. Hier sind auch Grabsteine des Dubrovniker Adels zu finden. Die Franziskaner ließen sich am Nebeneingang der Stadt nieder, um sich um die Armen zu kümmern. Dort kann man die alte Klosterapotheke mit dem Giftschrank und dem Kräuterbuch aus Nürnberg bewundern. Noch heute bezeichnen sich die Bürger der

Stadt nicht als Kroaten – man kommt aus Dubrovnik. Den Namen gaben ihr die Slawen, die sich im 7. Jahrhundert hier ansiedelten. Sie nannten den Ort «dubrava», Eichenwald, nach den umliegenden Wäldern.

Die Menschen in Dubrovnik sind stolz darauf, dass es in ihrer Stadt die zweitälteste noch genutzte Synagoge in Europa sowie eine serbisch-orthodoxe Kirche gibt – und sie erzählen auch gern von der 14 Kilometer langen, historischen Wasserleitung, dem geschlossenen Abwassersystem und der intelligenten Hausbau- und Wohnphilosophie in der «Prijeko», der berühmten Restaurantgasse in der Altstadt. Dort locken die glitzernden Bestecke und die blitzblanken Teller und Weingläser auf den Mittagstischen die Schlemmermäuler an. Abends leuchten Windlichter und Laternen, und man hat Mühe, an den geschäftstüchtigen Gastwirten und ihren duftenden Speisen vorbeizukommen. Von hier steigen mehrere schummrige Quergassen hinauf zur Stadtmauer und hinunter zum Stradun, dem Hauptboulevard der Stadt. Er führt vom großen Onofrio-Brunnen direkt zum Uhrturm, vor dem eine Rolandsfigur mit der Dubrovniker Handeselle steht. Und dann geht es wieder in alte Gassen mit kleinen

Mondän: Opatija, das frühere Abbazia (oben). – Fischfang (unten).

Boutiquen, Galerien und Kneipen, und irgendwo ertönt Beifall für Blue Bossa oder ein paar Takte Chopin. Dubrovnik ist ein Kulturerlebnis ersten Ranges. Vielen gefällt die Stadt noch besser als Venedig.

Auch kleinere Stadtjuwele an der Adriaküste und den vorgelagerten Inseln ziehen mit ihrer Schönheit Tausende Weltenbummler in ihren Bann. Šibenik, Trogir, Zadar, Korčula, Hvar, Rab oder Krk sind durchweg Orte voller Kulturhistorie, in denen gewiss ein Gässchen oder Treppchen zu einer Festung oder auf einen Glockenturm emporsteigt, so dass man ihre malerischen Dächer und das blaue Meer überblicken kann.

ROBINSON LÄSST GRÜSSEN

Wer kann die vielen Inseln Kroatiens zählen? Allein vor der Küste Šibeniks sind es 250. Viele von ihnen sind unbewohnt oder autofrei. Krk und Rab, Cres und Hvar, Brač und Dugi otok, Lošinj und Vis gehören mit ihren Naturschönheiten und den Städten, Klöstern und Kirchen zu den Hauptattraktionen jeder Kroatienreise.

Natürlich hat Kroatien auch eine Blaue Grotte zu bieten. Sie befindet sich auf der Ostseite der kleinen Insel Biševo, die weit draußen im Meer liegt. Weil durch die sonderbare Sonneneinstrahlung im Sommer das Innere der Höhle in ein märchenhaftes Silberblau getaucht wird, steht sie in dem Ruf, ähnlich schön wie die Blaue Grotte auf Capri zu sein. Allerdings hat sie im Vergleich zu Capri ein Manko: Zu dem Inselchen Biševo verkehren nur wenige Schiffe, was sicher auch damit zusammenhängt, dass es bis vor einigen Jahren

Die «Lavendelinsel» Hvar (oben). – In der Kvarner Bucht (unten).

105

Ein glitzerndes Souvenir gefällig? Abendlicher Bummel in Rab.

Stolz präsentieren die kleinen Muschelsucher ihre Beute.

Porträtsitzung vor imposanter Säulenkulisse auf der Insel Rab.

noch zum militärischen Sperrgebiet der Inseln Vis und Lastovo gehörte. Die Insel Vis, wo Dionysos von Syrakus im 4. Jahrhundert v. Chr. die erste griechische Kolonie an der östlichen Adria gründete, ist mit seinen Weinbergen, dem goldgelben Sandstrand und der wildromantischen Gebirgslandschaft eine Oase der Ruhe. Auch Lastovo, das sich mit einem Kranz von 46 Inselchen und Klippen umgibt, erweist sich als idealer Ort für Urlaubstage fern jeder Hektik.

Wer an den nur 2 bis 3 Hektar großen Inselchen Jabuka und Brusnik bei Vis vorbeischippert, muss sich nicht wundern, dass die Kompassnadel nicht wie üblich nach Norden zeigt: Es handelt sich um Eilande vulkanischen Ursprungs, was sich an ihrem dunklen Bodengestein und einer relativ spärlichen, aber sehr interessanten Flora und Fauna bemerkbar macht.

Eine Besonderheit ist auch Susak bei Lošinj, das nicht wie alle anderen kroatischen Inseln felsig, sondern mit Sand, Weingärten und Schilf bedeckt ist. Es gibt hier – wie auf vielen Inseln Kroatiens – ein oberes und ein unteres Dorf, deren Bauweise bis in die Vorgeschichte zurückreicht. Die Menschen hier sprechen einen exotischen Dialekt, tragen minikurze Trachten und sollen sich angeblich sogar im Aussehen von den Bewohnern anderer Inseln unterscheiden. Dass das große romanische Holzkruzifix nach dem Umbau der Kirche nicht mehr durch die Tür passte, erinnert ein wenig an die Streiche der Schildbürger.

Auf der Blumeninsel Ilovik und auf Unije bei Lošinj gibt es betörend duftende Gärten und blumenbestandene Terrassen sowie hübsche Sommerhäuser, die auf Unije so intelligent gebaut sind, dass keines dem anderen den Meerblick verdeckt.

Die Inseln Kroatiens sind so schön, dass mehrere von ihnen zu Nationalparks avancierten. Andere wurden an private Besitzer verkauft. Die Katarina-Insel, eines der 22 Eilande des Rovinjer Archipels, sicherte sich im Jahr 1898 Erzherzog Karl Stephan von Habsburg. Den herrlichen Park ließ einige Zeit später der polnische Graf Milewski anlegen, der das Inselchen für 560 000 Kronen erstand. Heute betreibt dort ein Salzburger Hotelier ein Luxushotel vom Feinsten. Crveni otok wurde zur Trauminsel der Donaumonarchie, als 1890 der Triester Baron Ivan Georg von Hüttenrodt das heutige Nudisten-Inselchen Zlatni rt (Ivan-Insel)

Im autofreien Hafen von Bol auf der Insel Brač.

Hvar war einst eine reiche Handelsstadt.

erwarb. Auch die Brijuni-Inseln vor der istrischen Küste wurden vor 100 Jahren ein Ferienparadies für die oberen Zehntausend. Nach dem Zweiten Weltkrieg richtete sich hier Josip Broz Tito, der jugoslawische Staatschef, in der Weißen Villa und in seiner Residenz auf dem Inselchen Vanga feudal ein. Heute sind die Brijuni-Inseln als Nationalpark ausgewiesen. Eine römische Villa Rustica mit einer dem Meer zugewandten Säulen-Loggia und ein byzantinisches Castrum verraten, dass es sich hier schon im Altertum gut leben ließ.

Auf den Elaphiten ganz im Süden Kroatiens – 14 Inseln im Archipel von Dubrovnik – wuchern Palmen, Orangen- und Zitronenbäume. Nicht nur dank ihrer subtropischen Vegetation, sondern auch wegen ihrer architektonischen Reize sind die Inseln ein Dorado für Erholungsuchende, die wenigstens einmal im Jahr die Zeit zurückdrehen möchten. Die Inselorte sind mit kleinen Adelspalästen, Klöstern und hübschen altkroatischen Kirchlein geschmückt, die sich einst der Klerus und die Handelsherren aus Ragusa erbauen ließen.

Karg und vegetationsarm präsentiert sich dagegen die Mondlandschaft des Kornati-Nationalparks. Sogar aus dem All betrachtet zeigt sich das Meer dort noch im allertiefsten Blau. Das nur 7 Meter hohe Krapanj ist das kleinste der bewohnten Eilande Kroatiens mit einem Franziskanerkloster sowie einem Museum zur Unterwasserwelt und Schwammtaucherei. Auf der schönen Insel Iž wachsen rund 78 000 Olivenbäume, und es gibt 100 Hektar Wald. Hier leben 600 Bauern, Hirten und Fischer; einer von ihnen wird jedes Jahr im August zum Inselkönig gewählt.

Dort, wo die adriatische Inselwelt endet, wartet ein ganz besonderes Paradies – die legendäre Honiginsel Mljet. Mit 100 Quadratkilometern dichten Steineichen- und Kiefernwäldern ist sie nicht nur das grünste kroatische Eiland, sondern auch ein einzigartiger Naturpark, der vom Duft der Blüten durchzogen wird.

BIS ZUR BUCHT VON KOTOR

«Mit den Bewohnern der Herzegowina kommen wir wieder gut klar. Die machen hier Urlaub», sagt eine Frau aus dem Riviera-Ort Cavtat im Süden Dubrov-

Antike Säulen verschönern die Kirche des hl. Chrysogonus in Zadar.

Badebucht mit hervorragender Wasserqualität auf der Insel Hvar.

Die Insel Dugi Otok ist ein idealer Standort für Bootsfahrer.

Marienkirche in Zadar mit ihrer Fassade aus dem 16. Jahrhundert.

niks. Das war vor einigen Jahren noch ganz anders, denn es herrschte Krieg zwischen den Ländern des früheren Jugoslawien. Kriegsschiffe kreuzten vor der Küste von Cavtat. Sicher war es nicht der erste Angriff, den ihre Bewohner im Laufe der Jahrhunderte abzuwehren hatten. In der idyllischen Stadt verstecken sich die alten Steinhäuser mit ihren pittoresken Schornsteinen wie Festungen hinter den Mauern. Abends sind die steilen Gassen in das lauschige Licht der Laternen getaucht, tagsüber erfüllt sie der Duft von Bougainvil-

knabbern Eichhörnchen die Schalen ab, quieken leise und hüpfen raschelnd herum. Grillen zirpen, und irgendwann beginnt ein Käuzchen zu rufen. Dieser Frieden wird hoffentlich nicht noch einmal bedroht.

MÄRCHENSCHLÖSSER, STORCHENNESTER UND BAROCKSTÄDTE

Auf der Fahrt durch das weniger kurvenreiche Hinterland der Küste kommt man durch zerstörte Dörfer und

Goldglänzendes Apsismosaik in der Basilika von Poreč, die in der Blütezeit byzantinischer Kunst von Bischof Euphrasius erbaut wurde.

leen, Trompetenblumen und Hortensien, die vielleicht nirgendwo so üppig wie in Cavtat blühen. Wenn die Sonne die palmengesäumte Bucht in rotviolette Farbe hüllt, tuckern die Fischerboote hinaus. Von hier ist es nicht weit bis zum Fjord der Bucht von Kotor, wo heute die Grenze zu Montenegro verläuft und die dalmatinische Küste mit ihren vielen Inseln endet. Dort verzaubert am Abend ein silberblaues Lichterspiel die phänomenale Landschaft in ein märchenhaftes Arkadien. Wenn man in lauen Sommernächten auf einer Terrasse sitzt, flutet das Mondlicht über die Dächer und das Meer. Zart klingen die Töne der dalmatinischen Klampfe aus der Konoba herauf. Im Nussbaum

Städte. Die jugoslawische Armee hatte rund ein Drittel Kroatiens überrollt und war weit in die pannonische Region und nach Slawonien vorgedrungen. Städte wie Karlovac, Osijek und Slavonski Brod wurden weitgehend zerstört, wertvolle Kulturdenkmäler wie zum Beispiel das Schloss der Familie Eltz in Vukovar zusammen mit der ganzen Stadt schwer beschädigt. Nachdem die Kroaten eine schlagkräftige Armee aufgebaut hatten, eroberten sie ihre Gebiete wieder zurück. Die Weiten Ost- und Mittelkroatiens beherbergen nicht nur die Kornkammer des Landes, sondern hier befinden sich auch Erdölfelder und hundertjährige Eichenwälder.

Harmonie verschiedener Baustile: St. Jakob in Šibenik.

Die Altstadt von Primošten.

Anders als am Mittelmeer dominiert in den Städten des Binnenlandes die Baukunst des Spätmittelalters, des Barock und der Neuzeit. Mit einem sinnenfreudigen Ambiente hat sich die Stadt Varaždin geschmückt, wo im Herbst Barockmusikabende veranstaltet werden. Sie liegt in der Kroatischen Zagorje – einer lieblichen Landschaft mit malerischen Holzhäusern, sanften Hügeln, Weinbergen, Thermalquellen und zahlreichen

Weinkeller auf der Insel Brač (oben). – Bäuerin aus der Konavlje (rechts).

Das touristische Juwel Zentralkroatiens ist das Naturreich der Plitvicer Seen. Im viel besuchten Nationalpark von Plitvice plätschert das Wasser über natürliche Hindernisse, die durch Kalkablagerungen entstanden: eine faszinierende Karstlandschaft voller Seen und Wasserfälle. Im Mala-Kapela-Massiv in der Umgebung bieten sich auch gute Voraussetzungen zur Entwicklung des Wintertourismus. Slunj, die Stadt über der Schlucht des Flusses Korana, lockt ebenfalls mit einem Wasserlabyrinth.

Traubenernte in der Nähe von Vrbnik an der Ostküste der Insel Krk.

Vielerorts werden in der Landwirtschaft noch Pferde eingesetzt.

Weitere landschaftliche Höhepunkte des kroatischen Binnenlands sind die Sumpfgebiete Kopački rit und Lonjsko polje an der Donaumündung des Flusses Drava und an der Sava zwischen Sisak und Nova Gradiška. In diesem wasserreichen Vogelparadies gibt es viele Störche. Die Drava ist einer der wenigen Flüsse Europas, deren ursprünglicher Lauf erhalten ist. Deshalb wurde sie als Biosphärenreservat vorgeschlagen.

Burgen und Schlössern. Wenige Kilometer von Varaždin entfernt steht das romantische Märchenschloss Trakošćan mit Zinnen und Zugbrücke über den gleichnamigen See sowie einem Schlosspark. Die Festung Veliki Tabor ist ein Schmuckstück der Renaissance. In Kumrovec nahe der slowenischen Grenze befindet sich ein Freilichtmuseum mit originellen Bauernhäusern – und das Geburtshaus Josip Broz Titos, des kommunistischen Regierungschefs auf Lebenszeit, der von 1945 bis 1980 die Völkergemeinschaft Jugoslawien lenkte.

Auch die Flüsse Mrežnica und Dobra bei Karlovac haben imposante Schluchten und Sturzbäche zu bieten.

Noch weiter östlich warten im slawonischen Đakovo kunstvolle Stickereien, der monumentale Strossmayer-Dom sowie die üppigen Trachten, die man dort bei Volksfesten gern trägt, auf einen Besuch.

Auf der Hin- oder Rückreise zur Adria lässt sich leicht ein Besuch in der schmuck herausgeputzten kroatischen Hauptstadt Zagreb und ihrem reizvollen Naherholungsgebiet, dem bewaldeten Medvednica-Gebirge, einbauen.

KIRCHEN, KLÖSTER UND KATHEDRALEN

Ein Spiel von Sonne und Licht in der Form einer Säule brachte 1981 einige Kinder dazu, von einer himmlischen Erscheinung der Muttergottes auf dem Hügel vor dem Bergdorf Međugorje in Dalmatien zu berichten. Und auch der Ort Marija Bistrica an den nördlichen Ausläufern des Medvednica-Gebirges bei Zagreb ist eines der vielen «Kroatischen Lourdes», das jährlich

Altstadt von Split (oben) mit dem Diokletianspalast (unten) im Zentrum.

von Hunderttausenden von Pilgern besucht wird. Ihr Ziel ist dort eine schwarze Marienstatue aus Holz auf dem Kirchenaltar, die Wunder vollbringen soll.

Die Klöster in Kroatien waren von jeher Bollwerke des Glaubens, was wohl auch mit ihrer weltabgeschiedenen Lage zu erklären ist. Am Heiligtum der Seeleute, dem Kloster zu Orebić auf Pelješac, erlebt man die wohl schönsten Sonnenuntergänge der Adriaküste.

Altkirchenslawisch predigende Priester flohen bereits im 12. Jahrhundert auf die Inseln, als die Venezianer ihre Küstenstädte zerstörten. Auch vor den Türkeneinfällen fanden die Mönche dort eine Oase des Friedens und des Heils. Eine Inschrift am Eingang des Klosters auf dem 6,5 Hektar großen, kreisrunden Eiland Košljun in der Bucht von Punat auf Krk lautet: «Frieden und Gutes». Den Reisenden erwarten hier verträumte Idyllen und die Möglichkeit zur Kontemplation, wenn er sich mit einem Boot oder auf reizvollen Wanderpfaden zu den klösterlichen Gemäuern aufmacht. Höfe und Kreuzgänge aus der Zeit der Gotik oder Renaissance spenden kühlen Schatten. Ihre

Peristyl des Diokletianspalasts (oben). – Palais Sponza, Dubrovnik (unten).

wertvollen Bibliotheksbestände und kleinen Museen sind entzückende Sammelsurien mittelalterlicher und antiker Kostbarkeiten. In manchem Monasterium kann man sogar übernachten.

Kleinode der Kunst sind auch die vielen altslawischen Kirchlein in Kroatien, deren Erbauung bis ins 9. Jahrhundert zurückreicht – eine Zeit, in der sich die Slawen in die europäische Gesellschaft integrierten. Mit ihrer primitiven Bauweise und den groben, unbehauenen Steinen wirken sie oft archaisch wie geschuppte Urtiere in der Landschaft. Die Donatskirche aus dem 9. Jahrhundert liegt auf dem Weg von der Stadt Krk nach Punat, und auch die Kirche St. Pelegrin

Das Amphitheater in Pula (oben); Café am Diokletianspalast in Split (rechts).

zu einem Juwel der Kirchenbaukunst. Damit zeigen uns Meister Radovan und seine Gesellen deutlich die Stellung des Menschen in der Weltordnung: über dem Tier, aber weit unter der Gottheit. Die Johanneskapelle von Nikola Fiorentinac (Niccolò Fiorentino) im Innern der Kathedrale ist ein kostbares Gesamtkunst-

Rekonstruktionszeichnung des Diokletianspalast in Split.

werk aus Architektur und Bildhauerei. Sie gilt als das bedeutendste Renaissance-Bauwerk Dalmatiens.

Ein besonderes Schmuckstück in der Altstadt-Silhouette von Krk ist der Renaissance-Zwiebelturm der Quirinskirche aus dem 10. oder 11. Jahrhundert, der mit einem Posaune blasenden Engel bekrönt ist. Der Bau von Kirchen und Glockentürmen war der Stolz der Städte – so auch das grandiose Bauwerk des Doms in Šibenik mit seinem wertvollen Figurenschmuck.

Baumeister des 6. Jahrhunderts schufen in Poreč eines der schönsten frühbyzantinischen Bauwerke – die Euphrasius-Basilika mit ihren Edelstein-Mosaiken. Diese Kirche darf als absoluter Höhepunkt der Kirchenbaukunst Kroatiens gelten.

KULTURLAND KROATIEN

Nachdem die italienischen Bewohner des istrischen Bergdorfs Grožnjan ihre Heimat in den fünfziger Jahren des 20. Jahrhunderts verlassen hatten, kamen Künstler in den Ort, restaurierten die lauschigen Innenhöfe und Gassen und richteten Ateliers und Galerien ein. Ganz besonders romantisch ist es hier im August, wenn die klassischen Konzert-Etüden der Sommer-Jugend-Musikschule durch die Gassen klingen.

auf der Insel Dugi otok zählt zu den bedeutendsten altkroatischen Sakralbauten. Der älteste Teil des Gotteshauses, der von einer Kuppel überspannte Altarraum aus dem 9. Jahrhundert, hat Puppenstubenformat.

Auf Fresken und Steintafeln begegnet man in den Kirchen und Klöstern Kroatiens eigenartigen Zeichen: Es ist die für kirchliche Literatur und Dokumente verwendete Glagoliza. Diese nationale Schrift der Kroaten entwickelten wohl die Slawenapostel Kyrill und Method im 9. Jahrhundert bei ihrer Evangelien-Übersetzung.

In der Zeit der Romanik wurde mit dem Bau der Bischofskirche in Trogir begonnen. Sie ist vor allem wegen der Schönheit der Skulpturen am Hauptportal berühmt, die 1240 entstanden sind. Adam und Eva, die auf einem Löwen stehen, flankieren den Eingang

Dubrovnik, die «Perle der Adria».

Für kulturliebende Weltenbummler ist eine Reise durch Kroatien eine Überraschung. Die verwinkelten alten Städte bieten nicht nur Kunst aus vielen Jahrhunderten, sie haben sich auch die Künstler zu Freunden gemacht. Auf Rab – und nicht nur dort – kann man den Stadtbummel mit einem Rundgang durch unzählige Ausstellungen verbinden, sich entspannen und

Hinterglasmalerei, die sich 1929 aus der Begegnung des Malers Krsto Hegedušić mit Ivan Generalić entwickelte und aus der die Hlebiner Schule hervorging. Deren Werke sind heute z. T. in Hlebine zu sehen.

In fast allen Orten auf den Inseln und dem Festland finden im Sommer Kulturprogramme statt. Die alten Tänze und farbenprächtigen Trachten kann man auf

Gut befestigt überstand die Republik Ragusa, das spätere Dubrovnik, so manchen feindlichen Angriff.

genießen. Viele Maler verkaufen ihre Bilder unter freiem Himmel. Dass man hier mit Kitsch nicht viel im Sinn hat, mag an der tragischen Geschichte oder an der sonnigen Schönheit des Landes liegen. Die Gemälde des Fischers Cate Dujšin Ribar im Stadtmuseum von Trogir sind schon für sich eine Reise wert.

Die malenden Bauern in Slawonien schufen Bilder von wunderbarer Schlichtheit und ursprünglicher Poesie. Die Werke der naiven Autodidakten stellten weder eine Schule noch eine neue Richtung in der Kunst des 20. Jahrhunderts dar. Angeregt durch die bestickten Stoffe der Folklore entstanden in den kroatischen Dörfern Hlebine, Oparić, Kovačica, Uzdin und Novi Bečej farbenfrohe Gemälde. Schulbildend war dagegen die

Folkloreveranstaltungen bewundern. In Opatija bieten Festspiele im Juli und August Oper, Ballett und Konzerte, das Sommerfestival von Dubrovnik hat seinen Platz im Reigen europäischer Kulturereignisse ebenso wie das von Zagreb. Besonders stimmungsvoll sind Aufführungen an historischen Orten. Unvergesslich bleibt ein Konzert im säulengeschmückten Innenhof des Diokletianspalasts in Split oder die Begegnung mit altkroatischer Kirchenmusik in St. Donat in Zadar.

Kroatien bietet nicht nur landschaftliche Fülle von herbem Karst bis zu fruchtbaren Ebenen, Flüssen, Seen und riesigen Wäldern. Auch malerische Städte und Dörfer ziehen die Besucher mit Zeugnissen einer uralten, reichen Kultur in ihren Bann.

Festliche Trachten kommen nie aus der Mode.

Am «Goldenen Horn» auf der Insel Brač.

KROATIEN: PLANEN · REISEN · GENIESSEN

Badeurlaub auf der Halbinsel Istrien.

ALLGEMEINE INFORMATIONEN

Das Territorium des Landes erstreckt sich wie ein leicht gekipptes Hufeisen vom mitteleuropäischen Donaugebiet über Pannonien bis zur mediterranen Küste der Adria. Kroatien ist seit 1992 ein international anerkannter, eigenständiger Staat, der im Norden an Slowenien und Ungarn, im Osten an Serbien und Bosnien-Herzegowina und im Süden an Montenegro grenzt. Bei der Stadt Neum verfügt Bosnien-Herzegowina über einen schmalen Zugangsstreifen zum Meer. Die rund 4,8 Millionen Einwohner Kroatiens konzentrieren sich auf die größeren Städte. Im Durchschnitt leben 84,6 Menschen auf einem Quadratkilometer. Unter den nationalen Minderheiten in Kroatien sind Serben, Ungarn, Tschechen, Slowaken, Italiener und auch Deutsche. Die kroatische Sprache wird in lateinischer Schrift geschrieben. Der Großteil der Bevölkerung ist römisch-katholischen Glaubens.

Der Tourismus in Kroatien begann 1844, als Opatija auf der Halbinsel Istrien zum Seebad der österreichisch-ungarischen Monarchie avancierte. Noch heute trägt Istrien ein Drittel zu den Einnahmen des kroatischen Fremdenverkehrs bei. Nach der norwegischen Küste gilt die kroatische Adria als die am stärksten zergliederte Küste Europas. Im Meer gibt es reiche Erdölvorkommen.

AUSKUNFT

Kroatische Zentralen für Tourismus in Frankfurt, München, Wien und Zagreb: Kaiserstraße 23, D-60311 Frankfurt Tel. 069/238 53 50, Fax 238 55 20

Fährschiff im Hafen von Rijeka.

E-mail: kroatien-Info@gmx.de

Rumfordstraße 7, D-80469 München

Tel. 089/22 33 44, Fax 22 33 77

E-mail: kroatien-tourismus@t-online.de

Operngasse 5, A-1010 Wien

Tel. 01/585 38 84, Fax 585 38 84 20

E-mail: office@kroatien.at

Hrvatska turistička zajednica, Iblerov trg

10/IV, p.p. 251, HR-10000 Zagreb

Tel. 00385/1/469 93 33 Fax 455 78 27

Website: www.kroatien.hr oder

www.mint.hr, E-mail: info@htz.hr

ANREISE

Bei einem Aufenthalt von bis zu 90 Tagen benötigt man einen Reisepass. In den Sommermonaten genügt der Personalausweis. Für die Anreise mit dem Auto empfiehlt sich die Strecke von München via Salzburg auf der Tauernautobahn nach Villach und über Udine und Triest; sie ist gut ausgebaut, relativ wenig befahren und landschaftlich sehr schön. Die kürzere, aber nicht unbedingt schnellere Variante führt durch den Karawankentunnel über Lubljana und Postojna nach Rijeka. Urlauber aus Sachsen wählen die Route über Prag, Graz, Maribor und Zagreb. Aus der

REISEZEIT

Mit etwas Glück kann man in Kroatien am selben Tag im warmen Adriawasser baden und in der nur wenige Kilometer entfernten Gebirgsregion Ski fahren. Im Küsten-

Gute Fährverbindungen führen zu Kroatiens vielfältiger Inselwelt.

Das Mittelalterstädtchen Vrsar in Istrien.

Schweiz kommend benutzt man den Gotthard- oder Bernardino-Tunnel und fährt über Chiasso und Triest. Neben attraktiven Pauschalreisen diverser Veranstalter mit Bus, Schiff und Flugzeug werden von Mai bis Oktober von der kroatischen Fluggesellschaft Croatia Airlines Ferienflüge nach Pula, Zadar, Split und Dubrovnik angeboten. Auch die slowenische Fluggesellschaft Adria Airways, Aero Lloyd und andere Reiseveranstalter offerieren Charterflüge. Je nach Reisezeit kosten die Tickets zwischen 200 und 300 Euro.

Mit dem *Fährschiff* zu reisen lohnt sich vor allem, wenn das Ferienziel im südlichen Dalmatien liegt. Die Küsteneilfähre der staatlichen Gesellschaft «Jadrolinija» verkehrt von Rijeka über Küsten- und Inselhäfen bis nach Dubrovnik. Auf dem Schiff kann man übernachten. Außerdem gibt es Fährverbindungen von Italien (Venedig, Ancona, Bari) und Griechenland.

Der *Euro-City* München–Rijeka bietet Liege- und Schlafwagen. *Autoreisezüge* verkehren von Deutschland bis Villach. Von dort sind es nach Rijeka 230 Kilometer.

und Inselbereich des Landes herrscht mediterranes und im Hinterland kontinentales Klima. Von November bis April schneit es häufig in Höhen über 1000 Metern. Die Adria ist ein sehr warmes Meer, so dass die Badesaison von Ende Mai bis Mitte Oktober dauert. Aufgrund des gesunden Klimas bietet die Küste auch in der Vor- und Nachsaison Erholung. Im Winter werden Heilkuren angeboten, zum Beispiel in den Seebädern Opatija, Crikvenica und auf der Insel Lošinj mit ihrem besonders warmen Klima.

Die Sonneneinstrahlung in Dalmatien kann fast die gleichen Werte vorweisen wie Andalusien, das bewölkungsärmste Gebiet der Erde. Die Sommer an der Adria sind heiß, die angenehmsten Temperaturen herrschen im Mai, Juni und September.

Das Küstenklima wird von drei Winden geprägt: dem Nordostwind *Bora*, der im Winter eiskalt vom Festland zum Meer weht und mit Unterbrechung ein bis zwei Wochen anhalten kann. Er ist ein trockener, kalter Wind, der plötzlich auftritt, rasch zum Sturm anschwillt und im Som-

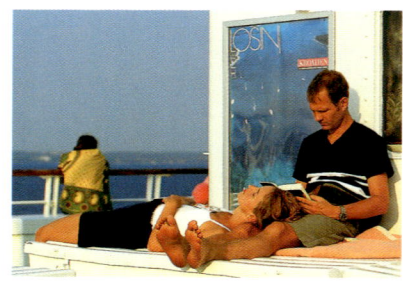

Reine Erholung – eine Fahrt mit der Fähre.

mer für strahlende Sonnentage sorgt. Der warme und träge Südwind *Jugo* bringt oft Regen und aufgewühlte See. Angenehm ist der *Maestral*, von April bis Oktober die erfrischende Brise am Nachmittag.

UNTERWEGS IN KROATIEN

Bis Ende 2005 soll die Autobahnverbindung Zagreb–Split im wesentlichen fertig sein, bis 2008 die Autobahn bis Dubrovnik. Die Gebühren für Autobahnen sind in Kroatien nicht sehr hoch. Für den Učka-Tunnel und die Brücke nach Krk muss jedoch Maut entrichtet werden. Nähe-

Badefreuden «mit» und «ohne» garantiert.

Die Tickets werden 30 Minuten vor Abfahrt am Hafen verkauft. Für längere Fahrten ist eine Reservierung zu empfehlen: Jadrolinija, Riva 16, 51000 Rijeka Tel. 051/ 66 61 11, Fax: 21 31 16 Website: www.jadrolinija.hr

re Auskünfte über: www.croatia-1a.de, www.mppv.hr und bei den Kroatischen Tourismuszentralen. Auf der Adria-Küstenstraße besteht bei Regen erhöhte Schleudergefahr, auch die Fallwinde der Bora erfordern einen vorsichtigen Fahrstil. Beim Überholen auf Landstraßen muss man während des gesamten Vorgangs blinken. Bei Touren durch den bosnischherzegowinischen Küstenstreifen Neum müssen die Personaldokumente vorgezeigt werden. Dort sollte man wegen der häufigen Kontrollen unbedingt die vorgeschriebene Geschwindigkeit einhalten.

Der ADAC empfiehlt neben der grünen Versicherungskarte auch den Abschluss einer Kurzkasko- und Insassenunfallversicherung, denn die Mindestdeckungssummen in Kroatien liegen deutlich unter deutschem Standard. Die Alkoholgrenze beträgt 0,5 Promille. Jeder Verkehrsunfall muss der Polizei gemeldet werden (Tel. 92), auch wenn nur am eigenen Auto Schaden entstanden ist.

Die Preise für Mietautos internationaler Anbieter liegen relativ hoch, günstiger sind einheimische Autovermieter. Man sollte allerdings die Funktionstüchtigkeit des Fahrzeugs überprüfen. Jadrolinija und private Schiffsgesellschaften bieten Autofährverbindungen zu fast allen bewohnten Inseln an. Auf kurzen Strecken sind Nonstop-Schiffe bis in die Nacht im Einsatz.

Supetar, der wichtigste Hafen auf Brač.

WO NACKTSEIN TRADITION HAT

Wer in Kroatien einen ruhigen und schön gelegenen Campingplatz sucht, dem kann es durchaus passieren, dass er am Eingang höflich gebeten wird, seine «Hüllen fallen zu lassen» und sich unter Pinien und Feigenbäumen wie Adam und Eva im Paradies zu bewegen. Nacktbaden hat hier Tradition: Der englische König Edward VIII. und seine bürgerliche Ehefrau Wallis Simpson waren die Vorreiter der Naturisten-Bewegung an der kroatischen Adriaküste. Im Sommer 1936 besuchten sie die Insel Rab, um mit Genehmigung der Stadt hüllenlos zu baden. Auf Rab entstand dann um 1950 der erste FKK-Strand. Heute gibt es 20 reine FKK-Campingplätze und viele FKK-Hotels. Außer den textilfreien Stränden finden sich außerhalb der Badeorte meist noch stille Buchten, wo auf den Felsen das Wort «FKK» oder «Nudist» geschrieben steht. Taxiboote befördern die Urlauber zu Nudisten-Eilanden. Zudem werden FKK-Kreuzfahrten angeboten.

DATEN ZUR KROATISCHEN GESCHICHTE

Um 1000 v. Chr. Illyrische Stämme lassen sich in der Adriaregion nieder.

4. Jh. v. Chr. Im Norden siedeln Kelten, im Süden gründen Griechen Kolonien.

33 v. Chr. Die Römer erobern Illyrien.

395 n. Chr. Die Trennungslinie zwischen dem Ost- und dem Weströmischen Reich verläuft von der Save entlang der heutigen serbisch-bosnischen Grenze bis zur Bucht von Kotor. Dies ist heute noch die Scheidelinie zwischen dem von der katholischen Kirche (lateinische Schrift) und dem von der Orthodoxie (kyrillische Schrift) gekennzeichneten westlichen und östlichen Kulturkreis.

Um 600 Das Volk der Kroaten besiedelt das Gebiet des heutigen Kroatien.

879 Kroatien wird unter Fürst Branimir unabhängig vom Frankenreich.

925 Krönung des ersten kroatischen Königs Tomislav.

Fußbodenmosaik aus dem 2. Jh. in Pula.

1102 Vereinigung Kroatiens mit Ungarn.

1433 Beginn des Abwehrkampfs gegen die Türken, die seit 1354 immer größere Teile des kroatischen Gebiets erobern.

1527 Mit Einsetzung von Ferdinand I. durch das kroatische Parlament beginnt die Herrschaft der Habsburger.

1699 Kroatien ist fast ganz von den Osmanen befreit. Der kontinentale Teil Kroatiens bleibt unter Habsburgs Vormacht, während der größte Teil der dal-

Denkmal des Banus unter den Habsburgern, Josip Jelačić (1801–1859), in Zagreb.

matinischen Küste und die Inseln an Venedig fallen. Ausgenommen ist nur die Republik Ragusa (Dubrovnik).

1809–1815 Nach der kurzen Herrschaft Napoleons, der Venedig verdrängte und die Republik Dubrovnik abschaffte, kommt fast das gesamte heutige Territorium Kroatiens zu Österreich-Ungarn.

1847 Kroatisch wird Amtssprache.

1918 Nach dem Zerfall der k.u.k.-Monarchie wird Kroatien Teil des Königreichs der Serben, Kroaten und Slowenen, woraus 1929 das «Königreich Jugoslawien» wird.

1941 Deutsche, italienische, bulgarische und ungarische Truppenverbände besetzen das damalige Jugoslawien. In Restkroatien wird das faschistische Ustascha-Regime etabliert, es kommt zum Bürgerkrieg.

1943 Der organisierte Partisanenwiderstand, von den jugoslawischen Antifaschisten unter der Führung des Kroaten Josip Broz, genannt Tito, geleitet, erstarkt.

1945 Die Föderative Volksrepublik Jugoslawien wird ausgerufen, in der Kroatien eine eigenständige Republik bildet.

1990 Die Wende in Osteuropa führt auch in Kroatien zum Untergang des kom-

munistischen Systems, zu ersten freien Wahlen sowie zur Ablehnung eines «Großserbien». Erster kroatischer Präsident: Franjo Tudjman.

1991 Slowenien und Kroatien erklären ihre Unabhängigkeit. Die jugoslawische Armee besetzt ein Drittel Kroatiens.

1992 Die Republik Kroatien wird u.a. auf Initiative Deutschlands Mitglied der Vereinten Nationen.

1995 Die kroatische Armee erobert die okkupierten Gebiete um Knin zurück. Der Krieg fordert etwa 10 000 Opfer auf kroatischer Seite. Ostslawonien wird mit Hilfe der UN auf friedlichem Weg integriert. Unterzeichnung des Daytoner Abkommens, wonach vertriebene Serben in ihre Heimat zurückkehren können. Die Partei Franjo Tudjmans, HDZ, wird bei den Wahlen bestätigt. Sein autoritärer Führungsstil und Nationalismus bringen ihn zunehmend in die Kritik; er stirbt im Dezember 1999.

2000 Bei den Wahlen im Januar siegt die Koalition aus Sozialdemokraten und Soziaalliberalen mit überwältigender Mehrheit. Neuer Präsident wird Stipe Mesič.

Augustustempel am Forum in Pula.

2001 Dubrovnik wird als Tagungsort 2002 des Deutschen Reisebüro- und Reiseveranstalterverbandes ausgerufen. 2001 Unterzeichnung des Stabilitäts- und Assoziierungsabkommens mit der EU.

21.02.2003 Antrag für den Beitritt in die Europäische Union.

23.11.2003 Parlamentswahl führt zu neuer Regierung unter der Führung der HDZ.

2005 Erste Verhandlungen über den Beitritt Kroatiens in die EU.

WOHNEN IM GRÜNEN

Ganz im Trend der Tourismusphilosophie des jungen kroatischen Staates liegen die *Landhäuser* in Istriens schöner Natur. Man will weg vom «Bettenburgen-Charme» der siebziger Jahre, hin zu sanften Lösungen wie Ferienwohnungen, Gästevillen und Privatpensionen. Die *Hotels* wurden mitten im Grünen erbaut und überragen kaum die Schatten spendenden Pinien- und Zypressenhaine. Den Badestrand findet man in der Regel direkt vor der Tür. Den nächsten Ort erreicht man über einen Fußweg am Meer entlang. Fleißig wurde begonnen, die alten Badehotels umzubauen oder zu renovieren. Besonders in der heißen Saison sind die modernen, vollklimatisierten Hotels sehr zu empfehlen. Die lebhaften Stadthotels eignen sich meist nur für Urlauber, die die Nächte durchtanzen wollen.

Nach wie vor sind die vielen Privatquartiere an der kroatischen Küste sehr beliebt. Die überaus freundlichen Gastgeber sind gern bereit, ihre Zimmer und Appartements zu zeigen. Auf den Inseln und in Dalmatien kostet ein Zweibett-Zimmer mit Frühstück knapp 25 Euro, auf Istrien liegen die Preise etwas höher. Außerdem ist Kroatien ein Campingparadies. Die *Campingplätze* wurden in den letzten Jahren

In den Sommermonaten verwandelt sich die einsame Insel Pag in ein Ferienparadies.

vielfach renoviert und mit modernen Sanitäranlagen ausgestattet, darunter sind auch liebevoll geführte Privatcampingplätze. Sie befinden sich fast alle direkt am Strand. *Jugendherbergen* gibt es in Dubrovnik, Korčula, Pula, Punat auf Krk, Šibenik, Zadar und Zagreb.

SOUVENIRS

Geschickt rückt uns der charmante junge Mann an der Strandpromenade in Poreč in Pose und schnippelt im Handumdrehen einen *Scherenschnitt* mit unseren Profilen. Auf diese Weise erstehen wir ein zwar nicht gerade billiges, aber unwiderstehliches Souvenir. An der gesamten Küste

Puppen in dalmatinischer Landestracht.

Kroatiens herrscht Jahrmarktatmosphäre: Es gibt eine Vielzahl von Tätowierstudios, und verschiedene Künstler und Spaßvögel zeigen ihr Können.

Entlang der Promenaden der Badeorte reihen sich zahlreiche Stände, an denen es neben dem üblichen Kitsch und Krimskrams auch ganz spezielle Souvenirs zu kaufen gibt. Beliebt sind die *Miniaturen antiker Amphoren* und landestypischer *Kuppelhäuschen* (*kažuni*) oder die kleinen historischen *Steintafeln* mit der altkroatischen Glagoliza-Schrift. Ähnlich wie in Italien überwiegen in Touristenorten *Schmuckboutiquen* mit Gold und Silber. Überraschend viele Verkaufsgalerien bieten *moderne Kunst* aus der südosteuropäischen Region an.

In den Städten und auf den überaus stimmungsvollen und preiswerten Bauernmärkten sitzen alte Frauen und häkeln *Spitzendecken*. Besonders wertvoll ist *Klöppelspitze*, die man nur auf der Insel Pag kaufen kann. Sie kann sich mit der Brüsseler Spitze messen und ist entspre-

Spitzen anfertigen können nur mehr wenige Bewohnerinnen der Insel Pag.

chend teuer: je nach Größe 500 bis 900 Kunar, umgerechnet etwa 60 bis 110 Euro. Der pikante Pager *Käse aus Schafmilch* ist ein äußerst delikates Mitbringsel. Wer kein Geld ausgeben will, der kann für seine

IM KARST

Entlang der Küste Dalmatiens erstreckt sich der Dinarische Karst, ein Kalkgebirge mit bizarren Felsgebilden, Cañons und wilden Schluchten. Ein Teil der schönen Bergwelt gehört zum Nationalpark Paklenica – ein Dorado für Klettersportler, das sich in der Nähe von Starigrad befindet. Ursprünglich war dieses Gebirge mit Bäumen bedeckt. Doch bereits die Römer und später die Venezianer schlugen die Karstwälder kahl. Heftige Winde, die Bora, fegten die bloßgelegte Krume davon, und Regen wusch den Felsgrund blank. Zwischen Baške Oštarije und dem Velebiter Botanischen Garten verläuft durch das menschenleere Gebirge ein 50 Kilometer langer Wanderpfad. Auch der Naturpark Biokovo ist ein traumhaftes Gebiet für Kletterer, Wanderer und Naturliebhaber. Felsen türmen sich über der Riviera von Makarska auf. Im Risnjak-Nationalpark bei Rijeka durchwandert man ein wildes Berggebiet mit Nadelurwäldern und fischreichen Bächen und Seen. Auf einem 3,8 Kilometer langen Lehrpfad werden Karstphänomene sowie die subalpine und alpine Flora und Fauna erklärt. Auf dem Gipfel Veliki Risnjak gibt es noch Gemsen.

Freunde daheim einfach ein Sträußchen würziger Kräuter pflücken, die überall an der Küste und den Karsthängen wachsen. Himmlisch duften auch das *Lavendelöl* und der *Blütenhonig* aus Dalmatien. *Obst- und Kräuterschnäpse*, *Liköre*, *Zöpfe aus Knoblauch* oder *Feigen mit Lorbeerblättern* sind weitere kulinarische Souvenirs. Die urtümlich schlichten *Töpferwaren* von

Einsamkeit wird auf der dünn besiedelten Insel Cres groß geschrieben.

Iž lohnen einen Besuch der schönen Insel; in Slawonien werden *Kürbisse* mit traditionellen Mustern verziert.

SPORT UND GESUNDHEIT

Die Männer in den alten Natursteindörfern Kroatiens spielen *Boća*, das dem Boule-Spiel sehr ähnlich ist. Überall findet man Spielbahnen und Clubs. Auch *Tennis* ist ein Volkssport. Die meisten Hotels an der Adria verfügen über Tennis-, Basket- und Volleyballplätze. An vielen Orten kann man *Fahrräder* und *Mountainbikes* leihen. Mit Badeschuhen an den Füßen ist *Schwimmen* an den meist felsigen Kiesstränden kein Problem, zumal das Wasser der Ostadria als das sauberste des gesamten Mittelmeers gilt. Eine Lizenz zum *Angeln* erhält man bei der Gemeinde oder auf dem Hafenamt. In den größeren touris-

Interessantes Neuland für Mountainbiker.

tischen Zentren kann man Boote, Angel- und Tauchausrüstung mieten. Es werden zudem *Tauch- und Surfkurse* angeboten. Auf den Flüssen Dobra und Cetina ist *Rafting* möglich, zu *Kajak- und Kanufahrten* eignen sich die Flüsse Kupa, Korana, Mrežnica, Cetina und Una. Kräftige Winde zum *Surfen* bieten zum Beispiel das Goldene Horn bei Bol auf der Insel Brač und der Kanal zwischen der Halbinsel Pelješac und der Insel Korčula.

Zum *Wandern* und *Trekking* finden sich wunderschöne Gebirgs- und Inselpfade, wie etwa der 120 Kilometer lange Höhenwanderpfad Dalmacija oder der Höhenwanderweg Biokovo, den man in vier Tagen zurücklegen kann. Im malerischen Bergdorf Kastav bei Rijeka beginnt der europäische Fernwanderweg E 6, der über 1300 Kilometer vom Baltikum bis an die Adria führt. Bequem wandern lässt es sich beispielsweise auf dem «Liebespfad» von Crikvenica zur romantischen Burg Badanj oder auf dem «Paradiesweg» auf Krk von Malinska nach Njivice.

Die drei wichtigsten *Skigebiete* Kroatiens sind Medvednica bei Zagreb, Platak bei Rijeka und Bjelolasica bei Ogulin.

In Zentralkroatien und in Slawonien gibt es traditionelle *Jagdreviere*. In der Umgebung von Zagreb und in Slawonien befinden sich mehrere *Kurorte* mit Mineral- und Thermalquellen, wie zum Beispiel Tuheljske toplice, Krapinske toplice, Stubičke toplice, Varaždinske toplice, Ivanić Grad (Naftalan). *Thallassotherapie* bieten die Küstenorte Opatija, Crikvenica, Veli Lošinj, Hvar und Makarska.

MAGIE DES MEERES

Vor einsamen Eilanden kreuzen, die Wunderwelt unter Wasser erkunden oder von Insel zu Insel hüpfen – Kroation ist ein Refugium für alle, die Wind und Wellen lieben.

Silbern glitzert das Meer, leise plätschern die Wellen am Schiffsbug. Sie spüren die salzige Brise auf der Haut, atmen den würzigen Pinienduft ein, der über die Bucht weht, und geben sich der Ruhe hin. Vielleicht springen Sie aber noch kurz in das kristallklare Wasser, bevor die Glocke aus der Kombüse zum Frühstück ruft…» So könnte der Werbe-

lang. Deutlich leuchtet das Sternzeichen des Schwans, welches das Schiff begleitet – bei den vielen Sternschnuppen bleiben keine Wünsche offen.

Allein die Kornaten bilden mit mehr als 140 Inselchen und Riffen die dichteste Inselgruppe im Mittelmeer. Kroatien verfügt über 40 Marinas mit rund 12 300 Liegeplätzen auf See und 4200 an Land. In den meisten Marinas kann man Jachten chartern, es finden Segelkurse statt wie in Biograd, wo sich die erste private Marina und der größte Jachthafen Kroatiens mit Restaurants, Supermärkten, Post, Tankstelle, Apotheke und Hafenamt befindet.

Taucher kommen in den Gewässern um die Insel Dugi otok voll auf ihre Kosten (oben). Segeln von Insel zu Insel: Vielleicht trifft man ja auf eine unbewohnte (unten)?

text eines Kreuzfahrt-Anbieters in der Adria lauten. Man kann sich kein reizvolleres Inselhüpfen als mit einem Motorsegler vorstellen. Jeden Tag eine andere Insel – ohne Auto und ohne das Hotel zu wechseln! Es wird dort angelegt, wo es am schönsten ist. Die Zweimaster mit histori-

schem Ambiente werden in Schiffswerften an der Adria aus slawonischem Eichenholz gebaut und sind mit allem erdenklichen Komfort ausgestattet.

Man setzt die Segel, wann immer es das Wetter erlaubt. Rad- und Wandertouren können kombiniert werden. Faszination pur: unter dem glitzernden mediterranen Sternenhimmel auf Deck zu schlafen!

Auf der Nord-Südroute segelt man im Sommer genau unter der Milchstraße ent-

Die größte Muschel- und Schneckensammlung der Welt besitzt das Malakologische Museum des Franziskanerklosters in Makarska. Das Korallenmuseum auf Zlarin, wo bis heute nach Schwamm getaucht wird, bringt jeden Urlauber dazu, sich zumindest eine Schnorchelausrüstung zuzulegen. Wegen ihrer reichen Meeresfauna und -flora sind die Küsten Kroatiens ein Taucherparadies ersten Ranges, wozu auch die vielen Tauchbasen beitragen.

Dubrovnik ist von nahem (der barocke Dom) und von ferne reizvoll.

Einladend – das Restaurant «Orhan» unter den Befestigungsanlagen von Dubrovnik.

SEHENSWERTE ORTE VON A BIS Z

Die Ziffern im Kreis verweisen auf die Übersichtskarte Seite 129.

DUBROVNIK ① (49 700 Einwohner). Die «Perle der Adria» ist architektonisch und kulturhistorisch das absolute Highlight an der kroatischen Küste (siehe Seite 98). Dank einer ausgeklügelten Verfassung und einer raffinierten Diplomatie hatte sich die Republik Ragusa zu einer Großmacht entwickelt – bereits im 14. Jahrhundert gab es hier eine staatliche Krankenversorgung. Das Territorium der Republik umfasste einst auch die Inseln Mljet und Korčula sowie die Elaphiten, die Halbinsel Pelješac und das Neretva-Delta. Im Heimathaus in Ćilipi gibt es eine interessante *Ethnografische Sammlung* und folkloristische Veranstaltungen.

HALBINSEL PELJEŠAC ②. Sie ist 70 Kilometer lang und misst an ihrer breitesten Stelle nur 7 Kilometer. An der Promenade in dem kleinen mondänen Badeort Orebić reihen sich prächtige Kapitänsvillen mit üppigen Palmengärten auf. Im Zentrum des Ortes dokumentiert das *Seefahrtsmuseum* die Blütezeit von Orebić. Zum Zeichen ihrer Dankbarkeit und mit der Bitte um Schutz begrüßen die Seeleute mit Sirenenschall und Fahnenschwenken das *Kloster* und die *Wallfahrtskirche*, die an diesem herrlichen Ort hoch über dem Meer liegen. Die weißen Kiesstrände und die gigantische Berglandschaft sind ein Geheimtipp für Erholungsuchende. Beim Dorf Potomje wachsen an steilen Hängen die Reben des rubinroten Dingač (siehe auch Seite 146).

INSEL BRAČ ③. Kurios ist das Goldene Horn (Zlatni rat) an der kaum besiedelten Südseite der «Marmorinsel»: eine sandige Landzunge, die 500 Meter ins Meer ragt und deren Spitze durch die Kraft von Wellen und Wind mal zur einen, mal zur anderen Seite züngelt. Ein Badeparadies erster Klasse! Der auf Brač geborene Dichter Vladimir Nazor beschreibt seine Heimat als «Insel ohne Geschichte, ohne Paläste und Denkmäler, ohne Wege, ohne Reben und Ölbäume, ohne Brot und Wasser». Kein Wunder, dass auf Brač viele Eremiten ihr Heil als Asketen fanden. Reizvoll steht das *Dominikanerkloster* auf einer Landzunge bei Bol, wo die Mönche ein paar einfache Zimmer vermieten. Das venezianische Altarbild «Madonna mit Kind und Heiligen» von 1563 stammt aus der Schule Tintorettos. Das *Höhlenkloster* Blaca wurde in wilder Einsamkeit in den Fels gebaut. Man kann es zu Fuß oder mit dem Boot erreichen, das bis zur Bucht Dračeva luka fährt. Der schneeweiße Kalkstein der Insel

INSEL CRES ④. Die Inselhauptstadt *Cres* am Bootskanal Mandrač hat einen sehr schönen Altstadtkern. Sie wird mit Trinkwasser aus dem *Vraner See* versorgt, dessen Grund rund 74 Meter tiefer und seine

INSEL DUGI OTOK ⑤. Die «Lange Insel» in der zweiten Reihe des Archipels von Zadar erreicht man in 190 Minuten mit der Autofähre Zadar–Brbinj. Von hier aus kann man sich auf der 52 Kilometer lan-

Im Rektorenpalast wurden die Geschicke der Republik Ragusa (Dubrovnik) gelenkt.

ist seit der Antike ein begehrter Baustoff – vom Diokletianspalast in Split bis hin zum Reichstag in Berlin und dem Weißen Haus in Washington. Hinter der hübschen Inselhauptstadt *Supetar*, in der die Fährschiffe vom nur 7 Kilometer entfernten Festland anlegen, steigt das Binnenland zur bewaldeten Hochebene Vidova gora mit dem Gipfel *Vidovica* auf 778 Meter an.

Oberfläche etwa 13 Meter höher als der Meeresspiegel liegen. Im bewaldeten Nordteil der Insel erhebt sich der *Berg Gorice* mit 648 Metern, der Mittelteil der Insel fasziniert mit seiner herben Kahlheit, im Süden fällt das Inselrelief bis auf 100 Meter ab. In der Nähe von *Beli*, das romantisch auf einem Steilhang über der Nordküste thront, ist eine vollkommen erhaltene *römische Brücke* zu sehen. Dort kann man eine Kolonie von weißköpfigen Gänsegeiern beobachten. Das Öko-Zentrum in Beli informiert auch über die Delfine im Kvarner Golf.

In der Kirche des pittoresken Fischerdorfs *Valun* befindet sich die «Tafel von Valun», das älteste Denkmal in glagolitischer Schrift. In der Bucht von Valun ist das Wasser im Hochsommer warm wie in einem Thermalbad. Am künstlichen Kanal zwischen Cres und Lošinj liegt *Osor*, ein Kleinod für Kunst- und Musikfreunde. Die schönen Bronzestatuen in den Gassen stammen von dem bedeutenden Bildhauer Ivan Meštrović.

Bucht von Ustrine auf der Insel Cres.

AUF WINNETOUS SPUREN

Genauso fantasievoll wie die Romane von Karl May sind die Legenden, die sich in Kroatien um die Filmdrehorte seiner Bücher ranken. Viele Besucher durchschwimmen den türkisgrünen See Mir auf Dugi otok in dem Glauben, hier sei «Der Schatz im Silbersee» gedreht worden. Die jugoslawisch-deutsche Koproduktion von 1962 wurde zum Kassenerfolg und löste die romantische Winnetou-Welle aus. Als Silbersee-Kulisse diente jedoch in Wahrheit der Kaloderovac im Nationalpark Plitvice. Auch in der Paklenica-Schlucht im Velebit-Gebirge lässt sich nachempfinden, warum die fantastische Felsenkulisse die Filmemacher begeisterte. Hier wurde der Karl-May-Film «Old Surehand» gedreht. Weitere ideale Wildwest-Landschaften bieten die Krka-Wasserfälle und die Zrmanja-Cañons.

Einer der schönsten Campanile Dalmatiens ziert die Kathedrale St. Stefan in Hvar.

EIN MUSEUMSTAG AUF DER INSEL HVAR

An den Verkaufsständen am Hafen von Hvar duftet es nach Lavendel, der auf der Insel angebaut wird. Steile Treppen führen zu einem Weg, der von blühenden Feigenkakteen und prächtigen Agaven gesäumt wird. Er endet über den Dächern der Stadt am märchenhaften Fort Španjol mit seinen hohen Mauern und Zinnen. Dem Konzert der Zikaden entronnen, kann man im Festungsmuseum altertümliche Amphoren bestaunen.

Im Museum des Benediktinerklosters sollte man sich neben Ikonen, Gemälden, alten Münzen und hübschem Kleinkram aus vergangenen Tagen die Spitzendeckchen ansehen, welche die Nonnen aus den Fäden der Agaven vom Burgberg klöppeln. Unten, neben dem historischen Theater aus dem Jahr 1612, das besichtigt werden kann, warten wunderschöne Gemälde in der Galerie für zeitgenössische kroatische Kunst. Und auch das Dominikanerkloster in Starigrad auf Hvar birgt interessante Kleinode, zarte Tränengläser etwa, die für die Trauer der hinterbliebenen Seemannsfrauen gedacht waren.

Ob gehäkelt oder geklöppelt – feine Spitzen geben Kroatiens Trachten besonderen Chic.

Auf der blütenduftenden Insel Hvar scheint die Sonne am häufigsten in ganz Kroatien.

gen Panoramastraße einen guten Überblick über das Inselparadies Mitteldalmatiens verschaffen. In der Ferne sind die Kornaten zu sehen. Im Fischerstädtchen *Sali* an der Südspitze von Dugi otok befindet sich in idyllischer Lage am Meer ein vollklimatisiertes Hotel, das in mediterranem Stil eingerichtet ist. Unweit des Ortes beginnt der *Naturpark Telašćica*, in dem ein Wanderweg zum «Silbersee» und zu den berühmten *weißen Klippen* führt. Sie stürzen an der Außenküste der Insel mehr als 160 Meter senkrecht ins Meer. Im Norden der Insel locken kleine Weiler mit alten, zum Teil verlassenen Natursteinhäusern in reichhaltiger, urwüchsiger Natur. Trampelpfade führen zu einsamen Strän-

den wie die lange *Saharun-Sandbucht*, ein idealer Badeplatz für kleinere Kinder.

INSEL HVAR ⑥. Von der Hauptstadt der wunderschönen Lavendelinsel Hvar führt eine neue, breite Straße mit modernen Tunneln nach *Starigrad*. In der Antike gründeten dort die Griechen die Siedlung Pharos, von der die Insel ihren Namen hat. In *Hvar* wird die elegante Hafenpromenade von prächtigen Grandhotels gesäumt. Hinter ihnen verstecken sich venezianische Villen. Und auch an den Jachten im Hafen merkt man, dass auf der sonnigsten Insel der Adria ein Hauch von Bohème weht. Der italienische Baumeister Giangirolamo Sanmicheli errichtete in

Korčula ist reich an Palästen und Kirchen.

Hvar die wohl schönste *Stadtloggia* der Küste im Stil der Spätrenaissance. Sie ist verglast und gehört heute zum Luxushotel «Palace». Am Hafen mit dem alten Kai aus dem 16. Jahrhundert steht das ehemalige *Arsenal*, eine Werft für Kriegsgaleeren und später ein Theater. Die *Kathedrale St. Stefan* (Sv. Stjepan) wird von der Festung *Španjol* überragt. Ein ungewöhnliches Bauwerk ist die Wehrkirche in dem Fischerdorf *Vrboska* auf Hvar, die türkischen Angriffen trotzen sollte.

INSEL KORČULA ⑦. Die schmucke Kulisse der *Altstadt von Korčula* ist für das Säbeltanz-Festival und die alljährliche Inszenierung der Seeschlacht zur Zeit Marco

Polos wie geschaffen. Zwar streiten sich die Gelehrten über die Herkunft des berühmten Asienreisenden, aber einen Besuch seines angeblichen Vaterhauses in den romantischen Gassen sollte man sich nicht entgehen lassen. Der hübsche Ausblick vom Turm des Hauses lohnt den Weg allemal. Der Grundriss der Altstadt stellt eine baubiologische Meisterleistung dar. In Form eines Fischgrätmusters angelegt, funktioniert das System wie eine Klimaanlage: Die kalten Nordwinde werden in den Straßen gebrochen, während die milden Winde durchstreichen können. So kann man in aller Ruhe zu den Baudenkmälern und Museen spazieren: zu den Kunstschätzen im *Bischofspalast* etwa, zur *Markus-Kathedrale* mit den Löwenfiguren am Portal und einem Altargemälde von Tintoretto, dem *Stadtmuseum* im Gabrieli-Palast, zur Ikonensammlung in der *Allerheiligenbruderschaft*, zum *Rathausplatz* mit der markanten Säule und den *Stadtmauern* mit ihren Türmen. Eine Inselrundfahrt durch grüne Bergdörfer und Weinanbaugebiete endet entweder in der Hafenstadt *Vela Luka* oder in *Lumbarda*, wo sich die Adligen früherer Zeiten ihre Sommersitze erbauen ließen.

Palmen zeugen vom milden Klima auf Hvar.

INSEL KRK ⑧. Die größte Insel der Adria ist seit 1980 mit dem Festland durch eine Brücke verbunden. Sie steckt voller Naturkontraste. Der Norden ist flach und steinig, der Mittelteil bewaldet und fruchtbar, der Süden ausgesprochen karstig und weist mit dem 568 Meter hohen *Obzova* die höchste Erhebung der Insel auf. Im Südteil liegt das Luft- und Seebad *Baška* mit einem der längsten und schönsten Sonnenstränden der Adria, der sich gut für Kinder eignet. Die nackte *Felseninsel* vor der Küste von Baška erinnert an das Atlas-Gebirge in Marokko. In der Nähe fand

Käse aus Pag (oben). – In einer sanft geschwungenen Bucht liegt Baška auf Krk (unten).

man in einer Kirche die berühmte glagolitische Tafel von Baška.

In der von engen Gassen durchzogenen Altstadt der *Inselhauptstadt Krk* mit der hübschen Geschäfts- und Flaniermeile Strossmayera setzt das Zwiebeltürmchen der romanischen *Quirinskirche* einen bezaubernden Akzent. Ein Fußweg am Meer führt zu den Hotels, die in einem grünen Kiefernwald außerhalb des Ortes liegen. Juwele der Insel sind der *Weinort Vrbnik* und die *Klosterinsel Košljun* in der Bucht von Punat, wo die Kirche St. Donat aus dem 9. Jahrhundert steht.

INSEL LOŠINJ ⑨. Im Altertum war die Insel Cres an der Meerenge Osor mit Lošinj verbunden. Damals nannte man die

lang gezogenen Schwestereilande «Inseln von Osor». Mit einer jährlichen Sonneneinstrahlung von 2580 Stunden zählt *Mali Lošinj* zu den sonnigsten Orten Europas. Auch die gleich bleibende Luftfeuchtigkeit trug Mali Lošinj und *Veli Lošinj* schon 1885 den Ruf von Luftkurorten ein – vor allem zur Heilung von chronischen Krankheiten der Atmungsorgane und von Hautekzemen. Die beiden idyllischen Hafenorte verbindet ein schöner Spazierweg am Meer. Den *Park von Veli Lošinj* ließ Karl von Habsburg (1887–1922) anlegen. Dort wachsen über 200 Arten von Bäumen aus aller Welt. Auf Lošinj gedeihen viele Pflanzen, die von Seefahrern aus fernen Ländern mitgebracht worden sind. Auch auf der Hotelsiedlung Čikat in Mali Lošinj ruht

der heitere Zauber mediterraner Flora. Der Aufstieg vom Gartenort *Nerezine* auf den 572 Meter hohen *Berg Televrina*, der wie ein grüner Zuckerhut aussieht, dauert etwa zwei Stunden.

INSEL MLJET ⑩. Auch wenn auf Mljet ein größerer Ort mit einem Altstadtkern wie auf den anderen Inseln fehlt, würde die Honiginsel bei einem Schönheitswettbewerb den ersten Platz belegen. Ihre Urwüchsigkeit hat sie zum Elysium für Aussteiger und Individualisten gemacht. Das

Die Kathedrale beherrscht den Ort Krk (links). – Veli Lošinj, ein beschauliches Städtchen (oben).

Bei einem Gläschen Wein in der «Konoba» fühlen sich Einheimische und Feriengäste wohl.

einzige Inselhotel in dem kleinen Weiler *Pomena*, wo die Ausflugsschiffe aus Dubrovnik anlegen, verfügt über 300 Betten. In einer *Konoba* im Ort kann man hausgemachte Leckereien wie Käse, Schinken und Orangensaft genießen und goldgelben Honigwein probieren, der mit seiner feinwürzig ausbalancierten Edelsüße das Zeug zum Kultwein Kroatiens hätte. In den Fischersiedlungen und Bergdörfern gibt es weitere 300 Betten in Privatquartieren sowie sehenswerte Architektur aus römischer und frühchristlicher Zeit. Die

beiden bezaubernden *Salzwasserseen* im nördlichen Inselteil sind durch einen Kanal mit dem Meer verbunden. Im Großen See «schwimmt» das *Kloster St. Maria* – quasi eine Insel auf der Insel. Und man braucht nicht viel Fantasie, um zu verstehen, warum das gegenüberliegende Palmendorf aus Natursteinen im Volksmund «Kleines Paradies» genannt wird. Im nahe gelegenen Kleinen See kann sich das Wasser auf bis zu 30 Grad Celsius erwärmen; es entfaltet seine Heilwirkung bei rheumatischen Beschwerden und Hautkrankheiten. Auf Mljet kann man in aller Ruhe wandern, im Schatten duftender Kiefern den lieben Gott einen guten Mann sein lassen und an Kieselstränden mit kristallklarem Wasser baden.

INSEL PAG ⑪. Die engen Kontakte zu Venedig gaben der Baukunst Kroatiens viele Impulse. Die Venezianer brachten ihr Können mit und stibitzten dafür reichlich Holz und Marmor für ihre heimischen Palazzi. Aber nicht nur deshalb besteht die faszinierende Insel Pag größtenteils aus kahlem Felsgestein. Auch die Winde der Adria haben hier ihre Spuren hinterlassen. Neben der venezianischen Blumengotik, wie man sie in Form einer filigranen Rosette an der *Pfarrkirche St. Maria* im Hauptort *Pag* bewundern kann, verbreitete sich auch die Renaissance. Der berühmte Baumeister Juraj Dalmatinac arbeitete für die Stadt Pag die Baupläne nach antiken Vorbildern aus und gliederte ihren Grundriss streng in Viertel. Auf Pag duftet es stark

Die Festung Sv. Ana in Šibenik.

nach den Kräutern, die hier überall wachsen – Futtermittel für die Schafe, die auf der Insel gehalten werden und Milch für den Pager Käse liefern. Außerdem gibt es auf Pag Schilfwälder – an Gewässern zur Salzgewinnung.

INSEL PAŠMAN ⑫. Die schwach besiedelte Insel hat nur ein Hotel, aber einige Privatunterkünfte. Eine davon ist das *Franziskanerkloster* in *Kraj*. Es liegt zwischen duftendem Oleander direkt am Meer und bietet klösterlich schlichte, geschmackvolle Zimmer. Im Refektorium wurde ein stilvolles Restaurant eingerichtet. Die romanischen Gemäuer des *Klosters auf dem Berggipfel Čakovac* gleichen einer Festung. Es ist ein zauberhafter, von Agaven und Kiefern umwachsener Ort, an dem noch fünf Benediktinermönche leben. Von hier hat man einen herrlichen Blick auf den Hafenort Tkon bis nach Biograd auf dem Festland. Die kleine gotische Klosterkirche birgt glagolitische Inschriften. Besonders kostbar sind das bemalte Kruzifix im Inneren und das Portal.

Das Café in Rab bietet Erfrischungen vor historischer Kulisse.

Der Paradiesstrand von Lopar auf der Insel Rab trägt seinen Namen nicht umsonst.

INSEL RAB ⑬. Kahl ist die Landschaft am Barbatski-Kanal, der sich zwischen Rab und der unbewohnten Insel Dolin erstreckt. Hier kommen nur Segler und Surfer auf ihre Kosten. In *Barbat* und im *Inselhauptort Rab* ändert sich das Bild ganz plötzlich: Üppiges Grün erfreut das Auge. Ein herrliches Refugium für Leseratten und Liebespaare ist der *Komrčar-Park* mit seinen lauschigen Bänken über den Bade-

Die Hafenanlage von Rab.

Rab, die grünste Insel der Kvarner Bucht.

klippen der Stadt. In dem mediterranen «Dschungel» aus Kiefern und Zypressen ist nur das Brausen der Zikaden zu hören. Zu jeder vollen Stunde mischt sich der Glockenklang von den vier Kampanile in diese Klangkulisse hinein. Wer will, kann auf den ältesten, mit 26 Metern höchsten und wohl auch schönsten romanischen

Glockenturm der Adria steigen und von dort oben den bezaubernden Ausblick genießen. Abends beginnt in den Pflastergassen von Rab der Kneipenbetrieb, und im Hafen legen schmucke Jachten an. Bei Lopar im Norden der Insel erstreckt sich der *Paradiesstrand*, wo man weit ins Meer laufen kann. Auch *Supetarska draga* hat einen beliebten Sandstrand. Eine der schönsten Waldregionen am Mittelmeer liegt auf der *Halbinsel Kalifront*. Wanderwege führen zu stillen Badebuchten mit türkisblauem Wasser.

INSEL UGLJAN ⑭. Hier verbringen die Einwohner von Zadar ihre Wochenenden. Mehrmals täglich verkehren Fähren von Zadar nach *Preko*, dem zentralen Fischerort der Insel. Seine engen Natursteingassen lösen sich in einer großzügigen Villen- und Gartenlandschaft auf. In den

Der Glockenturm von Rab.

Restaurants und Cafés auf der palmengesäumten Promenade herrscht reges Treiben. Wer jedoch der Welt vollkommen entfliehen will, der kann sich in das Boot zur *Klosterinsel Galovac* setzen, die wie ein Garten Eden in der Hafenbucht liegt. Von Preko windet sich eine schmale Straße zur *Festungsruine St. Michael* im waldreichen Hinterland. Von dort oben eröffnet sich der Blick auf Preko mit seinem rosaroten Kirchturm, die Insel Dugi otok und das Meer.

KARLOVAC ⑮ (6000 Einwohner). «Karlovačko» prangt es rot auf den Sonnenmarkisen an Kneipen und *Konobas*. Gemeint ist das erfrischende Bier, das in Karlovac gebraut wird. Die einst wichtigste Handelsstadt der südslawischen Länder liegt am Übergang der Berg- in die pannonische Region. Mit ihren Stadtmauern in der Form eines riesigen sechseckigen Sterns

Makarska, ein malerisches Städtchen an der gleichnamigen Riviera mit schönen Stränden.

Meer und Karst – in der Telašćicabucht.

ist die Stadt an den vier Flüssen Kupa, Korana, Mrežnica und Dobra ein Musterbeispiel für die städtebauliche Kunst der Renaissance. Erzherzog Karl hatte 1579 den Bau einer Festung befohlen, um den Türkeneinfällen aus Bosnien ein Ende zu bereiten. Im Inneren der Festung wurde später eine sechseckige Stadt mit sich rechtwinklig kreuzenden Straßen angelegt. Heute ist nur noch der Grundriss zu erkennen, aus Wällen und Gräben sind längst Parks geworden. Leider hat der letzte Krieg in und um Karlovac seine Spuren hinterlassen. Nur 2 Kilometer außerhalb der Stadt liegt das schöne *Frankopanen-Schloss Dubovac* aus dem 14. Jahrhundert.

KORNATI-NATIONALPARK ⑯. Auf der

dichtesten Inselgruppe im Mittelmeer können sich Segler und Taucher an den zahlreichen Zisternen mit reichlich Trinkwasser versorgen und die Skipper Diesel tanken. Die 147 Inselchen und Riffe, die aus karstigen Flächen mit spärlicher Vegetation bestehen, sind die Gipfel früherer Gebirgszüge. Wo sich in der Eiszeit vor 20 000 Jahren tiefe Täler hinzogen, hat sich das Meer ausgebreitet. Einst waren die größeren Eilande mit Eichenwäldern bewachsen. Sagenhaft wie Atlantis wirken die Reste von *Römerbauten*, die vor manchem Felsriff aus dem Wasser schimmern.

Moderne ACI-Marinas (Jachthäfen) befinden sich auf den Inseln *Žut* und *Piškera*.

MAKARSKA-RIVIERA ⑰. Im Hinterland

der 60 Kilometer langen Küste steigen die nackten Felsenwände des *Biokovo-Gebirges* bis 1762 Meter imposant empor. An ihrem Fuß wachsen saftig grüne, schattige Pinienwälder, und eine weiße Kieselstrandbucht folgt auf die andere. Den Mittelpunkt unter den pittoresken Ferienorten bildet *Makarska*. Wie viele Orte an der Riviera hat das Städtchen in Hotels, Privatzimmern und auf Campingplätzen Platz für Tausende von Gästen und verfügt über Marinas, Sportplätze und Restaurants. Von den Höhen des Biokovo-Gebirges bieten sich herrliche Ausblicke auf den Adria-Archipel.

OMIŠ ⑱ (5000 Einwohner). Das alte See-

räuberstädtchen an der Cetina-Mündung liegt dicht gedrängt zwischen kahlen Felswänden. Von der *Festung Starigrad* kann man die Wassermauer sehen, die fremden Schiffen den Zugang zum Hafen von Omiš versperrte. Am Ufer der Cetina steht das kleine, altkroatische *Kirchlein Sv. Petar*. In dem nur wenige Kilometer entfernten Schilfgebiet am Fluss lockt eine

In der wilden Cetina-Schlucht bei Omiš.

alte *Wassermühle*. An den Flanken der *Cetina-Schlucht* windet sich eine Bergstraße hinauf, mit dem herrlichen Felsenpanorama des grünblauen Flusses als Begleiter. Oben in dem kleinen Dorf *Gata* befindet sich das historische Museum der Republik Policija, in dem man unter anderem die Tracht des Großfürsten von Policija bewundern kann. Im Hinterland schließt sich ein reizvoller Landstrich mit

Welt der Inseln und Strände – die Kornaten.

Ideale Surfbedingungen an fast allen kroatischen Stränden.

etwa zwanzig Ansiedlungen an – schöne Beispiele ländlicher Architektur.

OPATIJA-RIVIERA ⑲. Die Riviera von Opatija an der grünen Ostküste Istriens glänzt mit der Pracht ihrer wunderbaren Lustgärten und pompösen Villen im mediterranen Romantikstil der k.u.k.-Epoche. Sie lässt sich am besten auf dem 12 Kilometer langen, in die Uferfelsen gemauerten *Promenadenweg «Lungomare»* erkunden, der die Sommerfrischen *Volosko*, *Opatija*, *Ičići*, Ika und Lovran miteinander verbindet. Unterhalb von hängenden Gärten, in denen Seidenrosenbäume, Kakteen, duftende Lorbeersträucher sowie

Magnolien, Kamelien und Mimosen blühen, Feigen, Orangen und Zitronen reifen, wandelt man in der lauen Frühlingsluft vorbei an Badebuchten und Fischerhäfen. Die Hotels und Pensionen an der Kurpromenade belegen, dass es sich um ein nobles Pflaster handelt. In Opatija rollt abends die Kugel im Spielkasino, und man schwingt in Salons das Tanzbein zu Walzermusik. Die mittlere Jahrestemperatur an der Opatija-Riviera beträgt 14,7 Grad Celsius, und es gibt hier rund hundert absolut wolkenlose Tage im Jahr. Das milde Klima und die üppige Landschaft mit den malerischen Höhenzügen des Učka-Gebirges im Hinterland des Küstenstreifens mag erklären, warum sich Opatija in der k.u.k.-Zeit zum österreichischen Pendant von Nizza oder San Remo entwickelt hat. In dem Luftkurort erholte sich der europäische Adel, darunter die Kaiser aus Wien und Berlin, sowie zahlreiche Künstler und Schriftsteller. Die heutige Highsociety hat gerade damit begonnen, das mondäne Seebad wieder zu entdecken.

OSIJEK ⑳ (105 000 Einwohner). In römischer Zeit befand sich an der Stelle der heutigen Hauptstadt Slawoniens der Hafen Mursa, Sitz der Flussflotte. Heute gibt es einen Winterhafen mit vielen Anlegeplätzen. Das Herzstück von Osijek, die alte *Festungsstadt Tvrdja* nahe der Drau, wurde im Winter 1991 durch serbische Granatangriffe stark zerstört, als Osijek nach der Eroberung der Baranja und Ostslawoniens in die Rolle einer Frontstadt geriet. Die Festung wurde in der ersten Hälfte des 18. Jahrhunderts erbaut und gilt als einzigartige barocke militärisch-urbane Anlage. Am *Platz der Dreifaltigkeit* mit der *Pestsäule*, der von Barockgebäuden um-

Das Amphitheater von Pula.

rahmt ist, steht das *Museum Slawoniens*. Mit ihren Parkanlagen ist Osijek eine grüne Stadt. Ausflüge führen zum *Naturpark Kopački rit* und zum Wallfahrtsort *Aljmaš* an der Mündung der Drau in die Donau.

POREČ ㉑ (14 000 Einwohner). Das gleichmäßige Raster der römischen Straßen mit dem «Decumanus corso» als Hauptachse blieb bis heute erhalten. Schmuckgeschäfte, Eisdielen und Souvenirshops prägen das Bild der klassischen Flaniermeile im Herzen der Altstadt. In der byzantinischen *Euphrasius-Basilika* kann man in den Sommermonaten den zarten Klängen klassischer Kirchenmusik lauschen. Reges Nachtleben herrscht dagegen auf der breiten Riva, die am Meer, entlang der historischen *Befestigungsmauern*, um die halbinselförmige Altstadt bis zum Hafen führt. Dort kann man auch ein Ausflugsschiff zu einer Rundfahrt mit Picknick besteigen. Die kleine Stadt an der istrischen Westküste ist eines der größten Touristenzentren Kroatiens. In der Blauen und der Grünen Lagune konzentrieren sich Hotels, Campingplätze und Sporteinrichtungen für jeden Geschmack.

EDLE TROPFEN AUS HEIMISCHEN REBEN

Fast schon legendär ist die *Konoba «Nada»* in dem verträumten Vrbnik auf Krk. Dort gibt es einen kühlen Weinkeller, in dem man den strohgelben *Zlahtina*-Tropfen mit Käse und Schinken genießen kann. Früher ging es nur um Quantität, jetzt erzeugen die Winzer zunehmend wieder Qualität. Auf Istrien, wo sich die Reben von der roten, eisenreichen Karsterde ernähren, kreuzen sich die Weinstraßen. Hier keltert man zum Beispiel den weißen *Malvazija* oder den herben *Teran* aus der Refošk-Rebe. Schon seit römischer Zeit bekannt ist der dalmatinische Dessertwein *Prošek*. Von der Insel Korčula kommen die besten Weißweine Dalmatiens: *Grk*, *Pošip* und *Maraština*. Weit verbreitet ist der Rotwein *Plavac*, der je nach Anbaugebiet sehr nuancenreich ausfällt. Ein bedeutendes Weinbaugebiet ist auch die Moslavačka gora südöstlich von Zagreb.

PULA ㉒ (62 000 Einwohner). Das Wahrzeichen der Stadt, das annähernd 2000 Jahre alte römische *Amphitheater*, ist so gut erhalten, dass es 1998 in einem Hollywood-Film das Kolosseum von Rom dou-

Viel Strandplatz für Sonnen- und Badefans.

belte. Sehenswert sind auch die vielen anderen *römischen Baudenkmäler*, das *venezianische Rathaus*, die *Festung* über der Altstadt und das *Archäologische Museum*. Ansonsten ist die an der Südspitze der Halbinsel gelegene größte Stadt Istriens ein lebhafter Hafen- und Industrieort, in dessen Umgebung große Feriensiedlungen entstanden.

RIJEKA ㉓ (165 000 Einwohner). Im früheren Fiume laufen bis heute alle Wege von Norden zusammen, und man kämpft sich im dichten Verkehrsstrom durch die 10 Kilometer lange Küstenstadt nach Süden voran. Wer unterwegs einen Stop einlegen will oder auf die Abfahrt eines Schiffes wartet, der kann in der Altstadt einen Kaffee trinken und durch die *Markthalle* oder den *Fischmarkt* bummeln – oder vom Stadtteil Sušak auf einem steilen Treppenweg mit 550 Stufen auf den 135 Meter hohen *Berg Trsat* oberhalb der Riječina-Schlucht hinaufsteigen. Dort befinden sich

an der Stelle der einstigen römischen Festung die mittelalterliche *Burg der Grafen Frankopan* und eine kleine *Wallfahrtskirche*. Von hier aus hat man einen herrlichen Ausblick auf die Inseln im Kvarner Golf und auf Rijeka, die größte Hafenstadt und Schiffswerft in Kroatien. Über dem Altar der von vielen Pilgern besuchten Kirche hängt ein angeblich wundertätiges Gemälde der Mutter Gottes mit Kind. In der Nähe von Rijeka befindet sich das malerische Bergdorf *Kastav*.

ROVINJ ㉔ (14 000 Einwohner). Die pittoreske Stadt entwickelte sich auf einer Insel, erst im 18. Jahrhundert wurde der Kanal zum Festland zugeschüttet. Euphemia, die Schutzheilige, wurde der Legende nach als fünfzehnjähriges Mädchen wegen ihres christlichen Glaubens gefoltert und den Löwen zum Fraß vorgeworfen, die sie wunderbarerweise nicht anrührten. Heute ziert ihre Kupferskulptur mit Wagenrad und Palmzweig als Windfahne den über 60 Meter hohen Glockenturm der *Basilika St. Euphemia* (Sv. Fumija) auf dem höchsten Punkt der Insel. Vor 1200 Jahren soll der Marmorsarkophag der Heiligen an die Küste geschwemmt worden sein, der zu-

Die Kandlerova-Straße in Pulas Zentrum.

vor in Konstantinopel aufbewahrt worden war. An der Wand neben dem Sarkophag befindet sich die gemalte Szene. Und so steigt fast jeder Besucher des überaus malerischen Fischerstädtchens erst einmal hinauf zu der im venezianischen Barock erbauten *Wallfahrtskirche*, von wo man die alten Dächer und farbenfrohen Bauensembles in den Gassen sowie die schöne Umgebung mit den üppigen Parkanlagen am Goldenen Kap (Zlatni rt), die Inseln St. Katarina, Crveni otok und das Meer überblicken kann.

ŠIBENIK ㉕ (40 000 Einwohner). Die bezaubernde «Stadt unter den Wasserfällen» liegt an der Mündung der Krka in die Adria, wo sich der Fluss zu himmelblauen Seen verbreitert und mit dem Meerwasser vermischt. Mit seinen schönen Palästen und Kirchen erscheint der Ort an den Hängen der *Festung St. Anna* wie ein Kunstwerk. Aus den alten grauen Steinen atmet erhabene Melancholie. Die Gassen führen zum Hauptplatz, wo der ungeheure Bau der *Kathedrale St. Jakob* (Sv. Jakov) den Blick fesselt. Das größte und schönste Bauwerk der Renaissance in Dalmatien wurde im letzten Krieg mehrfach von serbischen Granaten beschossen, ist jedoch inzwischen vorbildlich restauriert. Das Gebäude konnte – wie so viele an-

SPLIT ㉖ (190 000 Einwohner). Wer auf der Adria-Magistrale nach Split fährt, muss sich zunächst durch unattraktive Hochhaussiedlungen und Industriegelände zur Altstadt vorarbeiten. Imposant hingegen wirkt die Einfahrt zur Hafenbucht, in der die großen Fährschiffe anlegen. Mittel-

Das romantische Hafenviertel von Šibenik.

Split ging aus einer Palastanlage hervor.

dere jener Zeit – infolge fehlender finanzieller Mittel erst nach und nach in drei Bauabschnitten vollendet werden. Auf diese Weise finden wir am Dom, der 1431 begonnen und 1536 fertiggestellt wurde, eine erstaunliche Harmonie der Stilelemente aus Spätgotik und Renaissance. In ein um die drei Apsiden des Chors laufendes Fries meißelte der Baumeister und Bildhauer Juraj Dalmatinac neben drei Löwenköpfen über 70 Porträtköpfe von Bürgern der Stadt mit bemerkenswert lebendigen Gesichtszügen. Auch das spätgotische Baptisterium von 1455 im Innern des Doms ist ein Meisterstück des Dalmatiners, der als geistiger Vater der adriatischen Renaissance gilt. Die Tonnengewölbe und die 32 Meter hohe Kuppel sind bautechnische Wunderwerke des Italieners Niccolò Fiorentino, einem Schüler Donatellos. Er brachte den Stil der toskanischen Renaissance nach Dalmatien. Ohne Verwendung von Holz oder Metall sind die gewölbten, durch Falze miteinander verbundenen Steinplatten zusammengefügt.

Unverfälscht erhalten: Trogir.

punkt der zweitgrößten Stadt Kroatiens ist der *Diokletianspalast* (siehe Seite 118 u. 119) mit der palmenbegrünten Riva am Kai. Außerdem ist das mittelalterliche Viertel mit der schönen *Stadtloggia* am Narodni trg sehenswert sowie der *Palast der Statthalter* von Split mit seinen langen Arkadengängen und das *Museumsviertel*

mit reichen archäologischen Sammlungen. Eine Landschaft besonderer Art verbirgt sich zwischen Split und Trogir. Hinter den Industrieschloten am Stadtrand zieht sich entlang der Küste ein üppiges Gartenland – Kaštela, die Riviera der Sieben Kastelle. Im 15. und 16. Jahrhundert suchten Feudalherren aus Split und Trogir unterhalb des Kozjak-Gebirges Schutz vor den Tür-

ken. Sie bauten sich Schlossburgen, um die sich im Lauf der Jahrhunderte Dörfer mit Kirchen und Natursteinhäusern gruppierten. Einige stehen auf Inselchen, die mit dem Festland verbunden sind. Palmenpromenaden und lauschige Häfen verführen zu einem gemütlichen Bummel. Besonders romantisch ist *Kaštel Gomilica*.

TROGIR ㉗ (8500 Einwohner). In Trogir kann man sich vollkommen der Illusion hingeben, durch ein mittelälterliches, ve-

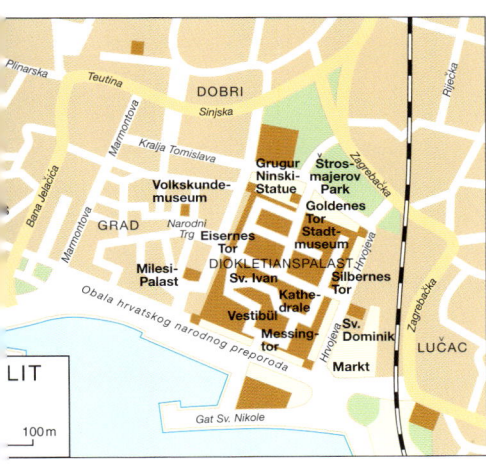

nezianisches Städtchen zu spazieren. Seine beiden *Stadttore* weisen so enge Durchlasse auf, dass Fahrzeuge nicht passieren können. Vom *Landtor* mit einer Figur des Schutzheiligen der Stadt, dem heiligen Johannes Orsini (Sv. Ivan Ursini), erreicht man durch schmale Gassen den *Stadtplatz* mit Glockenturm, Rathaus, Uhrturm und Palästen. Die *Kathedrale St. Laurentius* (Sv. Lovro) ist bemerkenswert vor allem wegen des Portals mit den Figuren von Adam und Eva – ein geniales Werk des Bildhauers Meister Radovan aus dem 13. Jahrhundert – und der kunstvoll konstruierten, reich geschmückten Johanneskapelle mit dem Sarkophag des heiligen Johannes Orsini, erster Bischof von Trogir. Das berühmte antike Marmorrelief der Gottheit Kairos befindet sich im *Benediktinerkloster St. Nikolaus*. Dieses wertvollste hellenistische Kunstwerk in Dalmatien ist 2000 Jahre alt. Damit man sprichwörtlich das Glück «rasch beim Schopfe fassen» kann, ist der Gott des rechten Augenblicks als Jüngling mit üppiger Stirnlocke dargestellt. Im Nacken ist er kahl, damit ihn von

Blick auf die Anastasia-Kirche von Zadar.

hinten niemand greifen kann, denn schnell kann das Glück wieder verfliegen. Durch das Gassengewirr mit prächtigen Bürgerhäusern und lichten Höfen erreicht man das im späten 16. Jahrhundert errichtete *Seetor*. Von dem gegenüberliegenden *Inselchen Čiovo*, mit dem Trogir durch eine Klappbrücke verbunden ist, bietet sich ein wunderschöner Blick auf die Altstadt mit ihrer langen Palmenallee entlang des Kais.

VRANER SEE ㉘. Der größte natürliche See Kroatiens bildet ein einzigartiges Biotop. Sein Reichtum an Aalen, Karpfen, Welsen und Hechten lockt Angler aus ganz Europa an. Das Sumpfgebiet an seinem Nordufer ist ein *ornithologisches Reservat*. Hier brütet die einzige Purpurreiher-Kolonie des Landes.
Das *Dorf Vrana*, wo sich eine alte osmanische Karawanserei befindet, wurde im letzten Krieg stark in Mitleidenschaft gezogen. Was bleibt, ist ein herrlicher Ausblick auf den von einem breiten Schilfgürtel umwachsenen, türkisgrünen See, der 10 Kilometer lang und bis zu 4 Kilometer breit ist. Vom Meer ist der See nur durch einen schmalen Landstrich getrennt.

ZADAR㉙ (76 000 Einwohner). Wegen ihrer wertvollen Sammlung an Kirchenkunst wurde Zadar von dem großen kroatischen Schriftsteller Miroslav Krleža «Stadt des Gold und Silbers» genannt. Die Kunstschätze befinden sich in dem neuen Museumsgebäude, das zum Komplex des *Benediktinerinnenklosters* gehört. Dort öffnet sich der breite Platz des *römischen Forums*, wo sich die neuzeitliche Straßenkultur sanft

Kathedrale St. Anastasia (Sv. Stošija) und die *Kirche St. Chrysogonus* (Sv. Krševan).

ZAGREB ㉚ (1 Million Einwohner). In der Hauptstadt Kroatiens gibt es viel zu entdecken. Ihr Charme offenbart sich in der Vielfalt aller erdenklichen Baustile. Von der Gotik bis zum eleganten Jugendstil und farbenfrohen Historismus reicht das Spektrum, woraus sich ein geschlossenes

von Ungarn den Titel der freien königlichen Stadt. Im Mittelalter waren die Bewohner der beiden Hügel so verfeindet, dass sie sogar Kriege führten. Nachdem Zagreb 1557 erstmals offiziell als Kapitale Kroatiens erwähnt wurde, entwickelte es sich im 17. und 18. Jahrhundert immer mehr zu einem wissenschaftlichen und kulturellen Zentrum. Herausragende Sehenswürdigkeiten sind die *Domschatz-*

Der großzügige Hauptplatz von Zagreb wurde nach dem Banus Josip Jelačić benannt.

den antiken Gegebenheiten anpasst. In der Altstadt, die auf einer Landzunge liegt, ist noch heute das antike Straßenschema zu erkennen. Das römische Pflaster dient der 27 Meter hohen *Donatuskirche* als Fußboden. Der altkroatische Rundbau wirkt in seiner Schlichtheit großartig. Wegen der außergewöhnlichen Akustik finden in dem massigen Bauwerk jedes Jahr die Festspiele mittelalterlicher Musik statt. Mit 14 Kirchen und Klöstern ist Zadar ein Mekka der Sakralbaukunst. Imposante Zeugnisse aus romanischer Zeit sind die

Architektur-Ensemble ergibt. Herausgeputzt hat sich auch das Regierungsviertel des jungen Staates rund um die *Markuskirche* mit ihrem bunten Mosaikdach, auf dem die Wappen Kroatiens und der Stadt abgebildet sind. Unterhalb der Altstadt verkörpern noble Cafés und Boutiquen die elegante Seite Zagrebs. In die Oberstadt auf dem *Hügel Gradec* führt eine kurze Standseilbahn mit herrlichem Panorama. Auf dem *Hügel Kaptol* entstand die Bischofsstadt mit der *Kathedrale St. Stefan;* Gradec erhielt 1242 durch König Bela IV.

kammer in der neogotischen Kathedrale mit den beiden 105 Meter hohen Glockentürmen, die barocke *Katharinenkirche,* die *Strossmayer-Promenade* mit der schönen Skulptur des Dichters Antun Gustav Matoš, der *Marktplatz Dolac* und die *Markthalle.* Eine Mahnmauer erinnert an die Opfer des Serbisch-Kroatischen Krieges. Zagreb glänzt mit einem Nationaltheater und Museen wie der *Strossmayer-Galerie* der alten Meister, dem *Museum für moderne Kunst,* dem *Archäologischen Museum,* der *Modernen Galerie* sowie dem *Museum der Stadt Zagreb.*

Im Nationalpark Plitvicer Seen.

Unter den Dünen bei Primorsko begegnet man fast nur bulgarischen Touristen.

Die Festung von Belogradtschik, in den Ausläufern des Balkans.

BULGARIEN

Fotos Tom Schulze
Text Thomas Magosch

Ruhe und Rhythmus: die Wiedergeburtsarchitektur des berühmten Rila-Klosters.

AM KREUZWEG ZWEIER KONTINENTE

Trotz seiner geographischen Randlage ist Bulgarien seit alters her ein Durchgangsland. Doch es bietet weit mehr, als diese Aussage vermuten lässt. Bulgarien birgt, gerade als Grenz- und Transitraum zwischen Okzident und Orient, ein buntes Völkergemisch und eine Vielfalt an Traditionen, die seit der politischen Wende 1990 mehr denn je auflebt. Und mit ihr eine «Ursprünglichkeit», die sich in all ihren Facetten zeigt – von herzlicher Einfachheit bis zu nationalhistorischer

norama einer größtenteils agrarisch geprägten Landschaft und Gesellschaft.

«Der Balkan», eine *Terra incognita*? Nein. Vielmehr ein Landstrich, dessen Bewohner sich noch immer hartnäckigen Vorurteilen ausgesetzt sehen. Im europäischen Sprachgebrauch gilt er zumeist als eine Art «Un-Ort» – Synonym für ein geopolitisches Pulverfass und Unarten wie Rückständigkeit, Grobheit, Unzuverlässigkeit, um nur einige zu nennen. Und je weiter

![shepherd with flock of sheep in a bucolic hilly landscape]

Unterwegs in der bukolischen Landschaft des Balkans ...

... und in den Sträßchen des Rhodopendorfs Gorno Drjanovo.

Überhöhung. Bulgarien ist auch noch immer ein Land, das es zu entdecken gilt, obwohl es bereits seit den 20er Jahren des vergangenen Jahrhunderts vor allem an der Küste touristisch ausgezeichnet erschlossen ist. Der Reichtum seiner vielfältigen Landschaften erweist sich als ein Hort unzähliger Geschichten, die erzählt werden wollen. Bulgarien, diese Herzregion des Balkans, ist auch ein gezeichnetes Land, geprägt von den verschiedenen Herrschaftsepochen, die seine Bevölkerung durchlebt hat. Dem Besucher bietet sich ein heterogenes und ambivalentes Bild. Neben einer abwechslungsreichen Küstenlandschaft, weiten, fruchtbaren Ebenen, romantischen Gebirgsseen und zahlreichen historischen Stätten finden sich immer wieder Zeichen der Armut im idyllisch anmutenden Pa-

man sich gen Osten bewegt, desto häufiger trifft man auch in den Nachbarländern auf derartige Pauschalisierungen. In Bulgarien selbst steht «der Balkan» dagegen für Stolz und Ehre – er firmiert als ein Symbol der Freiheit. Auf dem Schipka-Pass, dem zentralen Pass über den Gebirgszug, wurde 1877 die entscheidende Schlacht gegen das osmanische Heer geschlagen, die die «nationale Wiedergeburt» Bulgariens nach sich zog. Ein Befreiungsschlag, der noch heute gefeiert wird. «Balkan» – mythischer Topos von «Identität» und zugleich der diskursive Ort des «Fremden», eine Legende. Gerne wird sie herangezogen, wenn es um wilde Abgründe geht, politische wie soziale Zerrissen-

Die Patriarchenkirche thront über Veliko Tarnovo auf dem Zaravez.

heit, hohe Kriminalität, mangelnde Loyalität ... dunkel Schillerndes, das nach bändigenden Zuschreibungen aller Art ruft. Das Wort «Balkan» selbst übrigens ist türkischen Ursprungs und bedeutet so viel wie «schwieriger Berg». Es wurde synonym für dicht bewaldete Berge und zerklüftete Zonen verwendet. Noch heute taucht es als Ortsbezeichnung im Südwesten der Türkei auf und wird als «steiniger Ort» übersetzt.

Lange galt Bulgarien in den europäischen Machtzentren als «Türkei in Europa». Die Ära des Osmani-

Mit geübtem Griff: Die Schafschur ist hier noch Männersache.

160

Bei der Feldarbeit in den Bergen sind Pferd und Ochse unverzichtbar.

Heuernte bei Belogradtschik: Das Leben der Bauern bleibt mühselig.

schen Reiches, in Bulgarien als Zeit des «Türkenjochs» bezeichnet, 500 Jahre auch bulgarischer Historie, bildet allerdings bis heute einen blinden Fleck in der Geschichtsschreibung des Landes. Die Aufarbeitung dieser Epoche unterliegt dem beharrlichen Diktum von der ausschließlich «bösen» Fremdherrschaft, die die Entwicklung des großartigen bulgarischen Volkes verhindert und es aus dem Kreis der bedeutenden europäischen Nationen verstoßen habe. Differenzierter wird die Zeit auch von jungen Forschern und

Publizisten kaum beleuchtet. Infolge der Zerstörungswelle, die nach der nationalen Befreiung 1877/78 einsetzte, finden sich nur noch wenige Spuren des osmanischen Erbes in der Architektur des Landes. Dazu gehören die Tombul-Moschee (18. Jh.) in Schumen, eine der größten und besterhaltenen Moscheen auf der Balkanhalbinsel, die inzwischen wieder als Gebetshaus genutzt wird, und die Bujuk-Moschee (15. Jh.) in Sofia, die heute das Archäologische Nationalmuseum beherbergt. Nur im Süden des Landes und in den Rhodopen, wo in der Zeit der osmanischen Herrschaft viele Bulgaren zum muslimischen Glauben konvertierten, trifft man noch häufiger auf Zeichen dieser Zeit und ihren Einfluss auf die ländliche Bevölkerung. Im Zuge der Zwangsbekehrung zum Islam bildete sich im 16. Jahrhundert die muslimische Volksgruppe der «Pomaken», die – zurückgezogen in den abgeschiedenen Dörfern der Rhodopen – bis heute eigene Trachten und Riten pflegen. Der Anteil der türkischen Bevölkerung ist vor allem im Nordosten, um die Städte Schumen und Rasgrad, sehr hoch. Ende der 1980er Jahre hatte die minderheitenfeindliche, nationalistische Politik des sozialistischen Regimes zu einem regelrechten Exodus der türkischstämmigen Bevölkerung geführt. Erst in den letzten Jahren scheint sich die Situation, auch durch die Regierungsbeteiligung der türkischen Minderheit, zu beruhigen.

 Fortsetzung Seite 167

Die malerische Sandsteinkulisse bei Melnik im Piringebirge.

1

2

3

Der Festtagskalender der feierfreudigen Bulgaren wird größtenteils von religiösen Festen bestimmt. Aber auch altes heidnisches Brauchtum hat sich bis heute erhalten und wird farbenfroh und stimmungsvoll zelebriert. Ebenso historische Festtage, wie der Nationalfeiertag am 3. März anlässlich der Befreiung vom «türkischen Joch». Die Spuren des Festes am 1. März zu Ehren «Baba Martas», des «Großmütterchen März», sind bis tief in den Herbst hinein zu finden: die «Martenizi» (3.) – rituelle Begrüßung des Frühlings in Form rotweißer Kordeln oder Wollfäden. Man bindet sie sich um das Handgelenk oder steckt sie an die Kleidung, und sobald der erste Storch auftaucht, legt man sie unter einen Stein. Wer bis Ende März keinem begegnet, hängt die «Marteniza» an einen Baum – bevorzugt in Klosternähe –, auf dass ein Storch sie mitnehme und dem Glück nachhelfe. Anfang Juni findet in Kasanlak und Karlovo das alljährliche Rosenfest (2.) statt: mit viel Musik, Tanz, Ritualen der Rosenernte und der Wahl der Rosenkönigin. Auf den Folklorefestivals und Volksfesten, wie dem Schumener Karneval der Kulturen in der herbstlichen Erntedankzeit (1., 4., 5.), kommen die traditionellen Musikinstrumente zum Einsatz: der Kaval, eine Hirtenflöte, die auch gern als Soloinstrument verwendet wird; die Gadulka, ein zwei- bis fünfsaitiges Streichinstrument, sowie das Akkordeon und die lautstarke Gaida, ein Dudelsack aus Ziegenhaut mit nach innen gewendetem Fell. Die Rhodopen, Heimat des mythischen Orpheus, gelten als die Wiege der Volksmusik und Sangeskunst: von den asymmetrischen «bulgarischen Taktarten», wie Béla Bartók sie genannt hat, bis hin zum Mysterium der «Bulgarischen Stimmen», die heute gar an Bord einer Raumsonde durchs All fliegen.

4

5

Arbeit, herzhafte Küche und langer Atem: Geheimnis der 100-Jährigen.

«Mit fremder Hilfe hat Baj Ganju den türkischen Lodenumhang von seinen Schultern geworfen, hat sich einen belgischen Paletot übergezogen – und alle sind sich einig: Baj Ganju ist jetzt ein ganzer Europäer.» Mit diesem Satz beginnt die Geschichte von Baj Ganju, dem Rosenölhändler, Titelheld der gleichnamigen Erzählsammlung (1894), mit der Aleko Konstantinov die satirische Tradition in Bulgarien begründete. Der türkische Lodenumhang versinnbildlicht die osmanische Fremdherrschaft, der belgische Paletot symbolisiert die neue Verfassung, die sich Bulgarien 1879 gab, in naher Anlehnung an die belgische. Diese «Verfassung von Tarnovo» galt als eine der liberalsten Verfassungen in ganz Europa.

Was in den europäischen Machtzentren geflissentlich ignoriert wurde. Als Ferdinand I. von Sachsen-Coburg-Gotha sich 1886 anschickte, den vakanten Posten des Fürsten und späteren Zaren (ab der Unabhängigkeitserklärung 1908) in Bulgarien zu übernehmen, kommentierte eine Berliner Zeitschrift die befürchtete Balkanisierung des neuen Regenten mit dem ironischen Rat: «Nehmen Sie sich nur das Allernotwendigste nach Bulgarien mit. Deponieren Sie alle Wertsachen bei der Coburger Bank. Packen Sie höchstens drei Anzüge, Unterwäsche, Ihr Rasierzeug, mehrere geladene Gewehre, ein Kochbuch, mehrere Pfund Insektizide und ein gebrauchtes Zepter ein. Wenn Sie

Wiedergeburtshäuser in Leschten, einem Bergdorf in den Rhodopen.

Der Glockenstuhl des 1070 gegründeten Klosters Sveta Troiza.

ankommen, lassen Sie sich einen Vorschuss für das erste Quartal bezahlen.» Derartige Vorurteile prägen das Bild Bulgariens und des Balkans bis heute.

KHANE, ZAREN, SOZIALISTEN

Khan Krum, dem Herrscher des Ersten Bulgarischen Reiches Anfang des 9. Jahrhunderts, sagt man nach, er sei ein vehementer Gegner des Anbaus und Konsums von Alkohol gewesen. Er habe diesen sogar verboten und unter Strafe gestellt. Das Verbot sollte allerdings keine unumschränkte Wirkung zeigen. Der Souverän selbst trank der Legende nach einen guten Tropfen der Weinberge von Preslav, der zweiten Hauptstadt des Ersten Bulgarischen Reiches, aus dem Schädel seines Gegners, des byzantinischen Imperators Nikiphorus I. Heute ziert der Name Khan Krum einen exzellenten Wein aus der Kellerei in Targovischte, unweit von Preslav, einem der zahlreichen Weinzentren in Bulgarien. Diese Gegend um die 80 000 Ein-

An der Steilwand des Jantratals errichtet: das Kloster Sveta Troiza.

wohner zählende Stadt Schumen gilt als die «Wiege Bulgariens». Schumen liegt zwischen den beiden Hauptstädten des Ersten Bulgarischen Reiches, Pliska (681–893) und Preslav (893–971). Im alten Pliska, das 811 von den Byzantinern zerstört wurde, finden noch immer alljährlich im Sommer Ausgrabungen statt. Zar Simeon der Große, Sohn des 865 zum Christentum konvertierten Zaren Boris I., erklärte 893 Preslav zur neuen Hauptstadt. Betrachtet man die Ruinen der

heute malerisch in die Landschaft gebetteten Denkmalstätte und die im dortigen Museum ausgestellte berühmte Keramikmalerei, lässt sich der Prunk jener Zeit erahnen. Originalfliesen, Säulen und Verzierungen sind im Historischen Museum in Schumen zu besichtigen. Aus Anlass der 1300-Jahr-Feier des bulgarischen Reiches im Jahre 1981 wurde auf der Anhöhe des Schumener Plateaus eine überdimensionale Gedenkstätte zu Ehren der Reichsgründer errichtet, ein in

Im Schutz der Heiligen: Schwester Barbara im Koprivetskijat-Kloster.

Beton gegossenes Monument, dessen sozialistisch-futuristische Ästhetik in ihrem nationalen Pathos auf manchen Betrachter so beeindruckend wie erschlagend wirken kann. Kopien bzw. Miniaturausgaben dieses Denkmals findet man in vielen Städten des Landes, etwa in Sofia vor dem Kulturpalast und in Stara Sagora, aber auch als Wegmarken inmitten der Landschaft. Relikte sozialistischer Monumentalität, zur rhetorischen Geste geronnen. Knapp 45 Jahre lang war

«Mladost» (Jugend) oder «Nadeschda» (Hoffnung) klingen angesichts des heutigen Zustands der Viertel wie zynische Euphemismen. Durchaus beeindruckend hingegen sind die baulichen Denkmäler, die sich der Diktator selbst setzte, wie beispielsweise eine weiße Villa im Dorf Arbanassi mit Blick über Veliko Tarnovo bis zu den Gipfeln des Balkans, ein Refugium, das Schivkov selbst kein einziges Mal genutzt haben soll. Oder der Bungalow mit eigenem Sandstrand auf dem

Der Bogengang vor der Erzengelkirche im berühmten Batschkovo-Kloster wurde von dem Meister Sachari Sograf ausgemalt.

die Uhr «auf Moskauer Zeit gestellt», wie der Autokrat Todor Schivkov das selbst bezeichnete. Schivkov lenkte immerhin fast 30 Jahre die Geschicke des Landes an der Spitze der KP Bulgariens. Ihm selbst wurde kurz nach der politischen Wende der Prozess gemacht, der aber schnell im Sande verlief. Schivkov wurde freigesprochen, unter anderem wegen der Feststellung, dass ein ehemaliger Staatschef nur wegen Staatsverrats verurteilt werden könne. Der Autokrat hatte aus gesundheitlichen Gründen die ursprünglich verhängte Haft nie angetreten. Neben den sozialistischen Monumenten zeugen vor allem die riesigen Plattenbauviertel in den größeren Städten noch von der Zeit der kommunistischen Diktatur. Namen wie

Gelände des Schlosses Evksinovgrad, das heute für führende Regierungsmitglieder oder hochrangige ausländische Diplomaten als Sommerfrische dient. Nicht zu vergessen die ehemalige Residenz des KP-Führers im Sofioter Nobelviertel Bojana, ein Palast, der heute vom Präsidenten der Republik bewohnt wird: Georgi Parvanov, ein Sozialist, der überraschend die Stichwahl gegen den konservativen Kandidaten gewann und im Januar 2002 sein Amt als höchster Repräsentant Bulgariens antrat.

Eine weitere Kapriole der Geschichte: Seit 2001 steht mit Simeon von Sachsen-Coburg-Gotha der Sohn

Wein, Brot und Buch: Mönch im Kloster Sveti Georgi in Pomorie.

KLOSTERZELLE MIT KABELANSCHLUSS

*Schulen der Literatur und Malerei, Zentren der Alphabetisierung,
«Nester, aus denen Adlerjunge hervorflogen», wie der Nationaldichter
Ivan Vasov die Horte der Revolution nannte – die Klöster Bulgariens
wirkten von jeher als Quelle kultureller und politischer Identität.*

Die Geschichte der bulgarischen Klöster ist nicht nur eng mit der politischen und gesellschaftlichen Entwicklung Bulgariens verwoben, sie spiegelt auch die Eigenheiten der Landschaft und regionalen Kultur wider. Die ersten Klöster – größtenteils Höhlenklöster, wie die wenigen Nachweise belegen – entstanden im 4./5. Jahrhundert. Als Zar Boris I. 865 das Christentum offiziell zur Staatsreligion ausrief, setzte eine rege Bautätigkeit ein. Modell standen vorerst byzantinische Klosterbauten. Die bedeutendste Gründung jener Zeit ist das als Ruine erhaltene Kloster Patleina unweit von Preslav. Nach und nach änderte sich der staatlich geprägte Charakter der Klöster: Abspaltungen finden statt, es kommt zu einer Blüte des Einsiedlertums. Berühmtester Eremit des 10. Jahrhunderts ist Ivan Rilski, in dessen karger Steinhöhle nahe dem von ihm gegründeten Rila-Kloster die Pilger und Touristen heute ihre Wunschzettel in die Felsspalten stecken. Im Spätmittelalter entstand in den Klöstern um Tarnovo die gleichnamige Schule, die Kunst und Literatur entscheidend prägte. Nach der Er-

oberung Bulgariens durch die Osmanen verlieren die Klöster vorerst an Einfluss, viele werden zerstört. Die relative religiöse Toleranz der osmanischen Herrscher, d. h. der weitgehende Verzicht auf eine Zwangsbekehrung zum Islam, ermöglicht vielen Klöstern die Wiederaufnahme ihrer Tätigkeiten. Sprache und Literatur werden gepflegt und in engem Kontakt zur Bevölkerung verbreitet. Im 16./17. Jahrhundert entstehen sog. «Zellenschulen», wo Mönche ortsansässige Kinder und Erwachsene unterrichten. Allein das Rila-Kloster unterhielt 50 dieser Schulen. Mitte des 18. Jahrhunderts begann eine neue Blütezeit. Zahlreiche Neugründungen überlebten die osmanischen Eindämmungsversuche, und die Klöster entwickelten sich zu Zentren der bulgarischen Wiedergeburtsbewegung, die den im Untergrund wirkenden Revolutionären ständige Zuflucht boten. Mit architektonischer Mimikry fügen sich die Bauten in die oft unwegsame Landschaft. Nach außen meist festungsähnlich abgeschottet, sind sie im Inneren mit Holz ausgestaltet, offene Treppengänge und Veranden dominieren die Höfe –

1. Kostbare Ikonen in der Klosterkirche von Preobraschenski bei Veliko Tarnovo. – 2. An der Außenwand der Kirche prangt das «Lebensrad», von der Hand des Meisters Sachari Sograf. – 3. Mönch aus dem Batschkovo-Kloster. – 4. Aufstieg zur Kirche des Klisurski-Klosters bei Vraza. – 5. Das Lopuschanski-Kloster zog schon den Schriftsteller Ivan Vasov an. Es birgt einen Ikonostas des Holzschnitzers Stojtscho Fandakov aus der Schule von Samokov. – 6. Die Höhle des Eremiten Ivan Rilski, Gründer des Rila-Klosters.

4

5

6

Zitate des vorherrschenden Wiedergeburtstils. Heute wandelt sich das Bild. Viele Klöster verfügen nun über eigene Parkplätze, wo sich bisweilen Kolonnen von Besuchern einfinden. Doch zugleich mangelt es den alten Refugien der Stille an Nachwuchs, und für notwendige Restaurierungen fehlt oftmals das Geld. Das Rila-Kloster gilt inzwischen offiziell als Museum. Findige Mönche bestreiten ihren Lebensunterhalt mit ausgefallenen Nebentätigkeiten. Der Oberste des Klosters Gloschene soll im Winter in Norwegen als Zauberer gesehen worden sein. Andernorts öffnen sich die klösterlichen Tore für den Tourismus: Im Lopuschanski-Kloster kann man Mönchsparzellen mit Kabelanschluss und Videorekorder buchen.

des letzten Zaren, Boris III., als Ministerpräsident an der Spitze der Regierung. 1943 wurde er im zarten Alter von sechs Jahren als Simeon II., benannt als Nachfolger Simeon des Großen aus dem Ersten Bulgarischen Reich, bereits zum Thronfolger und Zaren über Bulgarien ausgerufen. Ein Regentschaftsrat sollte

Die außen asketisch gestaltete Christi-Geburts-Kirche in Arbanassi.

Anziehungspunkt für Touristen und Pilger: das Batschkovo-Kloster.

die Regierungsgeschäfte bis zur Volljährigkeit des Zaren übernehmen, doch nach dem Putsch der Kommunisten 1944 kam es zu der absurden Konstellation eines minderjährigen Monarchen als Staatsoberhaupt mit einem kommunistischen Regentschaftsrat zur Seite. Rein formal selbstverständlich. 1946 musste Simeon

Biblische Szenen in der kunstvoll ausgemalten Christi-Geburts-Kirche.

Fortsetzung Seite 181

«FRÜHER WAR ALLES BESSER»

Fragt man einen Bulgaren nach seiner Geschichte, holt er weit aus. Denn die größte Ausdehnung und Machtentfaltung, und darum geht es, wenn man hier nach der Geschichte fragt, erreichte das Land – nach der Gründung des Ersten Bulgarischen Reiches im Jahr 681 – unter Zar Simeon I. im 10. Jahrhundert. Die 500 Jahre ab 1396, als die Osmanen Bulgarien endgültig erobert hatten, bleiben als das «Joch» osmanischer Fremdherrschaft in der Geschichtsschreibung weitgehend unbeleuchtet. Die zweite nationalhistorisch viel beschworene Blütezeit ist die Ära der «nationalen Wiedergeburt», als deren Vater Paissij Chilendarskij, Autor der ersten *Sla-*

Oben: Das Ethnographische Museum im Kujumdschioglu-Haus in Plovdiv.
Unten: Simeon Sakskoburggotski, Sohn von Zar Boris III., nach seiner Vereidigung.
Links: Eine Zuflucht für schwindelfreie Revolutionäre: das Kloster Gloschene im nördlichen Balkan.– Rechts: Von der Festung Assenova Krepost ist nur noch die zweigeschossige Kirche erhalten.

Zudem sollte das Land bis zum Ende des Zweiten Weltkriegs durch die Balkankriege und wiederholte Putschversuche weiter geschwächt werden. Mit Ferdinand von Sachsen-Coburg-Gotha besteigt ein einstmals zu den reichsten Männern Europas zählender Adliger den vakanten Thron. Sein Sohn Boris III. tritt 1941 an der Seite der Achsenmächte in den Zweiten Weltkrieg ein. Er verhindert die Deportation tausender Juden in Konzentrationslager. Als er 1943 stirbt, übernimmt ein Regentschaftsrat die Regierungsgeschäfte, da der Thronfolger, Simeon II., erst sechs Jahre alt ist. Bereits 1946 wird unter Georgi Dimitroff die Volksrepublik

wobulgarischen Geschichte (1762), verehrt wird und die in der Wiedererlangung der Unabhängigkeit (1877/78) mündete. Der Aprilaufstand in Koprivschtiza 1876 sowie die historische Schlacht am Schipka-Pass 1877 gehören zu den Grundfesten «nationaler Identität». Die Sterbedaten der Freiheitskämpfer Vassil Levski und Christo Botev werden noch heute wie Staatsfeiertage begangen. Die wiedererlangte Freiheit erfüllte indes nicht, was man sich in den Revolutionskomitees erhofft hatte. Bulgarien wird auf dem Berliner Kongress (1878) in zwei Teile gespalten und spielt eine eher marginale Rolle im Konzert der Großmachtinteressen auf dem Balkan.

Bulgarien ausgerufen. Das Land gerät schnell unter die Hegemonie Stalins, und es sollte sich – ab 1962 von Todor Schivkov regiert – bis zur friedlichen Wende nicht mehr von der russischen Vorherrschaft lösen können. Die ersten freien Wahlen nach 1989 wurden dennoch wieder von den Kommunisten – nun Sozialisten genannt – gewonnen. Nach langen Jahren konservativer Regierung und der schweren Krise 1997 scheint sich das politische Leben ein wenig zu beruhigen. Mit Simeon II. von Sachsen-Coburg-Gotha, unter bürgerlichem Namen Sakskoburggotski, trat 2001 der Sohn des letzten Zaren, Boris III., das Amt des Ministerpräsidenten an.

Am 29. März 2004 trat Bulgarien der NATO bei. Am 12. Dezember waren die EU-Beitrittsverhandlungen offiziell abgeschlossen – und am 25. April 2005 wurden die Beitrittsverträge in Luxemburg unterschrieben. Danach ist der EU-Beitritt Bulgariens für Anfang 2007 vorgesehen. Doch könnte dieser sich nochmals um ein Jahr verschieben, wenn es Bulgarien nicht gelingt, bestimmte Auflagen zu erfüllen. Diese betreffen v.a. Mängel im Justizwesen, in der Kriminalitätsbekämpfung und in der Minderheitenpolitik. Die Bulgaren selbst verbinden mit dem Beitritt große Hoffnungen – sind doch daran etliche Milliarden Fördergelder geknüpft.

Im Balkanmassiv hat der Fluss Iskar eine majestätische Kulisse in den Fels gemeißelt.

mit seiner Familie das Land verlassen. Das Exil führte ihn über Ägypten nach Spanien. Simeon spricht neben zahlreichen anderen Fremdsprachen auch hervorragend Deutsch. Nach einem aberwitzig kurzen Wahlkampf, der nur zehn Wochen vor der Wahl begann, verfehlte der im Volk ausschließlich als «Zar» titulierte Simeon die absolute Mehrheit im Parlament lediglich um einen Sitz. Trotz massiver Rückschläge in der Popularitätskurve halten die Bulgaren noch immer große Stücke auf den Zaren, der sich seit der Regierungsübernahme bürgerlich Simeon Sakskoburggotski nennt. Vor allem im Hinblick auf den geplanten EU-Beitritt genießen der zwar als innenpolitisch zu schwach, aber zugleich integer geltende Ministerpräsident und sein Kabinett, das beinahe ausschließlich aus jungen, hochgebildeten Exilbulgaren und Experten besteht, nach wie vor das Vertrauen der Bevölkerung.

JANUSGESICHT DES MEERES

«Bjalo», «Weiß», sagt verschmitzt die dicke Bäuerin, die trotz der Hitze im schwarzen Witwengewand vor einem dampfenden Topf mit Maiskolben sitzt. «Bjalo», und zeigt auf die bleiche Hautfarbe des Touristen. Dabei blitzen ihre zahlreichen Silber- und Goldzähne in der Sonne, und sie scherzt mit ihren Kolleginnen, denen es ebenfalls aus ihren Töpfen entgegendampft, während sie unermüdlich ihre Ware den hungrigen Strandbesuchern von Losenez feilbietet. Hier im südlichen Teil der Schwarzmeerküste geht es noch ein wenig ursprünglicher und dörflicher zu als im touristisch erschlossenen und hochgerüsteten Norden. Bulgarien galt für viele Touristen lange als Synonym für die Schwarzmeerküste. Vom Landesinneren nahmen sie selten etwas wahr. Nach der Wende, muss man hinzufügen, denn für die Bürger der ehemaligen DDR war Bulgarien, und zwar ganz Bulgarien, schon immer Urlaubsziel Nummer eins. Aus dieser Zeit stammt auch die Bezeichnung «Rote Riviera», wie der insgesamt 378 Kilometer lange Küstenstreifen im Volksmund genannt wurde. Durch das Balkangebirge in zwei Abschnitte gegliedert, zeichnet sich die Küste im Norden, vor allem nördlich von Varna, eher durch

Das Minarett der einzigen intakten Moschee in Sofia: Banja-Baschi.

Helden der Straße – Skater vor dem Denkmal für die Sowjetarmee, ...

... Buchmarkt – in der Wiege europäischer Lyrik, Orpheus' Heimat, ...

... im Bann des Westens – italienische Nacht in der Hauptstadt Sofia.

Vom größten Markt der Stadt: Schenskija Pasar (Frauenmarkt), ...

... über den Trödelmarkt an der Alexander-Nevski-Kathedrale ...

... zu den Blumenhändlern auf einem der fünf anderen Märkte Sofias.

felsig zerklüftete Ufer mit kleineren Sandbuchten aus, während sich im Süden die sanften Ausläufer des Balkans in das Meer senken. Weinberge zieren das Hinterland, es ist nur ein Schritt vom Sonnenbad in grüne Gefilde. Touristen können südlich von Burgas, der zweitgrößten Stadt an der Schwarzmeerküste, noch auf unberührteren Pfaden wandeln und ihre Reise durchaus mit einer Prise Abenteuer würzen. Statt westlicher, vermehrt deutscher Pauschalurlauber beherrschen hier Reisende aus Russland und dem östlichen Europa die Szenerie. Und Bulgaren, die sich einen Urlaub im eigenen Land leisten können, auch wenn sie nicht bei Verwandten oder Freunden in der Küstenregion unterkommen. «Nouveaus Riches», wie die arrivierteren Landsleute oft leicht abfällig genannt werden. Es sind zumeist die «Gewinner der Wende», Mitglieder der Nomenklatura, oder eine nicht immer auf ganz geraden Wegen zu Reichtum gelangte Oberschicht, die sich bauliche Denkmäler in den eigenwilligsten Stilformen setzen.

BÜFFELJOGHURT FÜR GIPFELSTÜRMER

Und wieder der Balkan. Dieses «Rückgrat» Bulgariens, seine Wetter- und Wasserscheide, wartet mit beeindruckenden Mittelgebirgspässen und Hochgebirgsgipfeln auf. Neben dem geschichtsträchtigen Schipka-Pass, auf dessen Anhöhe heute ein spezieller Büffeljoghurt zum Kauf angeboten wird, der angeblich diverse männliche Schwächen zu überwinden hilft, bietet der Trojan-Pass ca. 100 Kilometer weiter westlich eine noch pittoreskere Passage über den Grat. Ein über-dimensionales Tor, Symbol der Befreiung des bulga-rischen Volkes, kündet schon von weitem von der grandiosen Aussicht, die sich am Scheitelpunkt des Passes auf die zu Füßen liegende Landschaft, vor allem das Rosental, eröffnet. Südlich des Trojan-Passes gelangt man in das Museumsdorf Koprivschtiza, von den Touristenführern gerne als das Dorf mit den blauen Häusern bezeichnet und immer wieder auf Postkarten abgelichtet. Trotz des touristischen Ausbaus wirkt das malerische Bergdorf mit den sorgfältig

Am 6. Mai, Georgstag: Namens- und Frühlingsfest sowie Tag der Militärparaden unter Berufung auf den römischen Offizier Georgi, einen christlichen Märtyrer (rechts oben). – Paar und Passanten (rechts unten).

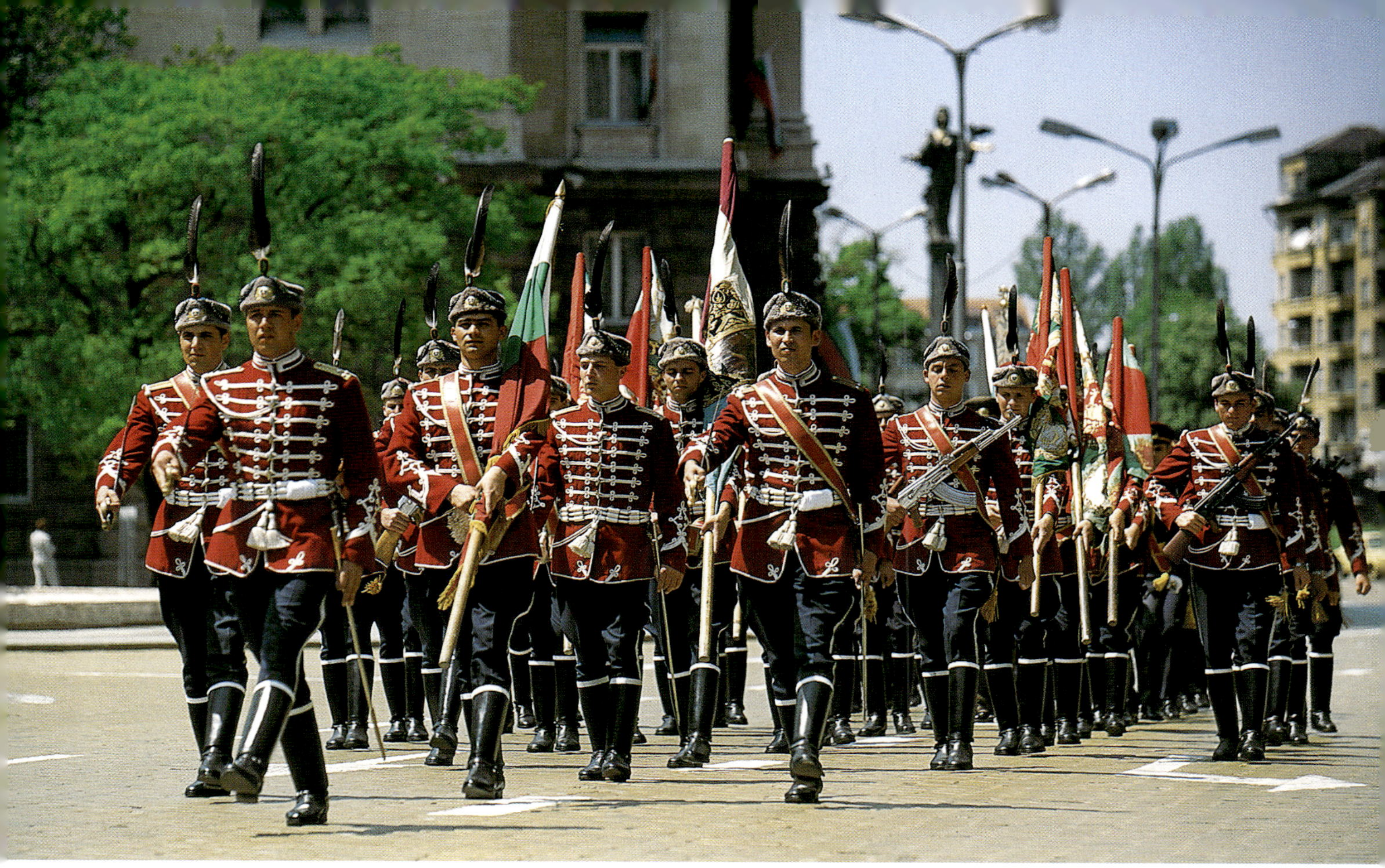

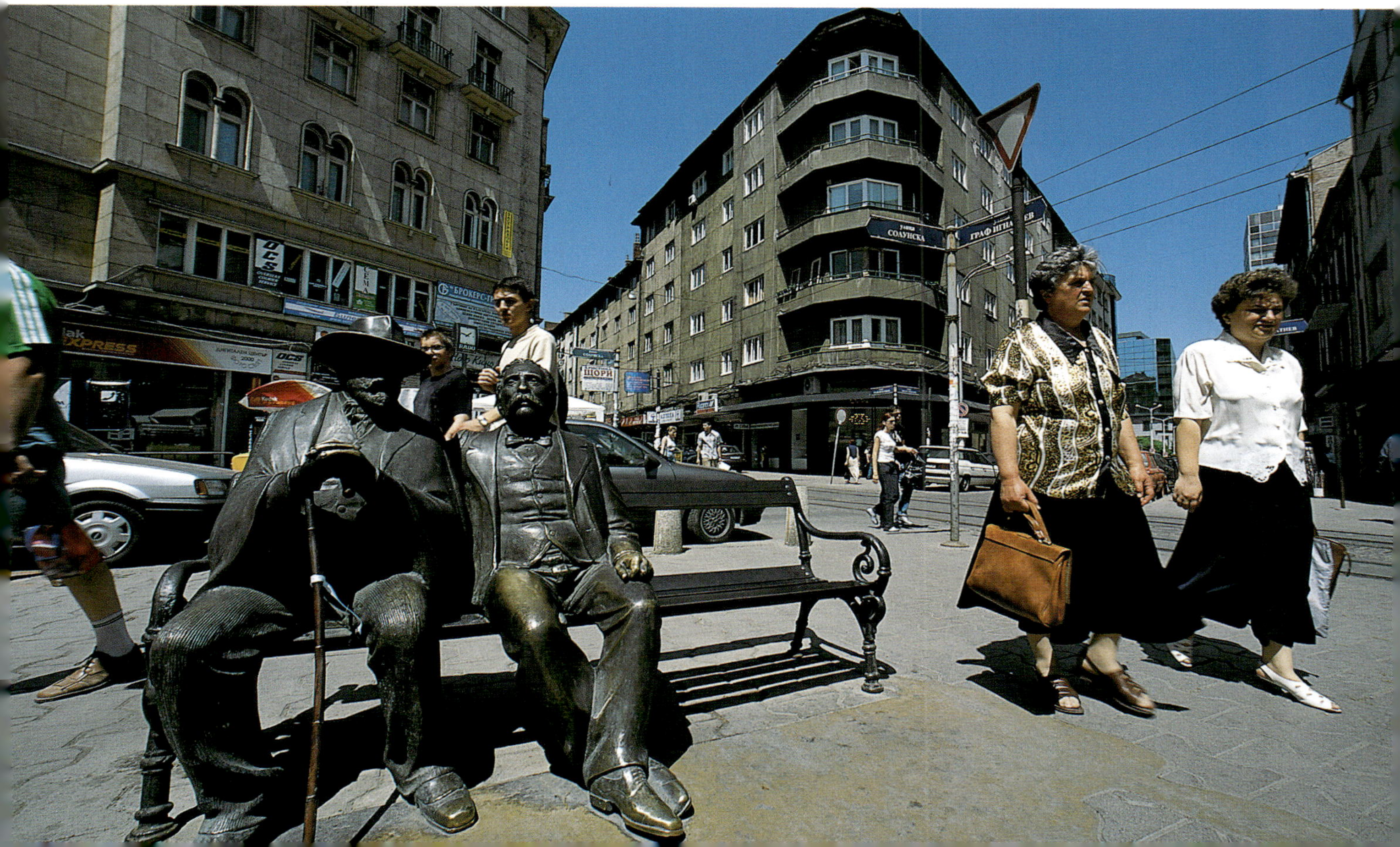
улица
СОЛУНСКА
EXPRESS

DIE KOST DER HUNDERTJÄHRIGEN

Auf dem bulgarischen Teller findet man die Kochkünste der Alten Welt und Einflüsse der orientalischen Küche vereint mit einem gesunden Pfund bäuerlichen Selbstvertrauens der Balkanbewohner und slawischer Lebensfreude.

Die bulgarische Küche ist ländlichen, bäuerlichen Ursprungs. Doch die bewegte Geschichte des Landes hat auch auf den Speisekarten ihre Spuren hinterlassen. Neben den historischen Färbungen der Gerichte dominiert die Saison.

Die gute bulgarische Küche orientiert sich am Angebot der heimischen Gewächse, wobei die Rezepte keinen hohen finanziellen Aufwand und nur selten ausgefallene Würzmittel oder Zutaten erfordern. Ihre Raffinesse liegt in der Einfachheit und im Ritual des Essens.

Von den Vorlieben für deftiges Fleisch und Innereien einmal abgesehen, ist die bulgarische Küche eine äußerst gesunde: Hoher Milchsäuregehalt und großer Gemüseanteil prägen die Speisen. Der Salat gehört in Bulgarien auf jedem Tisch zum Pflichtprogramm, so der *Schopska*-Salat mit Gurken, Tomaten, Zwiebeln und geriebenem Schafskäse, eine Mischung, die uns auch aus Griechenland bekannt ist. Der Unterschied liegt im Detail – hier in der Beigabe von enthäuteten Paprika. Die Mahlzeit selbst kann, was die Abfolge der Gerichte betrifft, durchaus anarchische Züge annehmen. Man lässt sich so viel wie möglich auftafeln und kostet genüsslich mal von diesem, mal von jenem Teller – ob heiß oder lauwarm, kümmert den lukullischen Gaumen wenig. Den Auftakt aber bildet stets der Salat. Und dazu der Schnaps, der *Rakija* – entweder die schärfere *Slivova*-Variante, also der Pflaumenschnaps, oder eine der etwas bekömmlicheren *Grosdova*-Sorten, die dem Grappa ähneln.

Es folgt eine kleine warme oder kalte Vorspeise oder die Suppe. An heißen Sommertagen besonders erfrischend: der *Tarator*, das bulgarische Pendant zum andalusischen *Gazpacho*, eine kalt angerichtete Gurkensuppe mit viel Joghurt und Knoblauch.

Danach wird traditionell *Mese* serviert, eine kalte Platte mit geräucherten Filetstückchen, und anschließend warme Vor-

4

Wer auf einer Wanderung im Gebirge von Heißhunger überfallen wird, kann auf die legendäre Gastfreundschaft eines Bulgaren hoffen, der auf dem Grill in seiner Berghütte (1.) eine stärkende Portion Fleisch zubereitet. Aber auch in der touristischen Betriebsamkeit des Sonnenstrands findet man lauschige Restaurants (2.), die den Gaumen verwöhnen: nach dem Tarator, der Gurkensuppe (5.), ein Fleischspieß (4.) oder Makrelen (3.) vom Grill.

5

speisen: panierte Käsestücke – immer zu empfehlen: der bulgarische Weißkäse (*Sirene*) – oder Kurzgebackenes im Tontöpfchen wie *Sirene po Schopski*, überbackener Schafskäse mit Tomate und Ei. Eine typische Vorspeise aus den Rhodopen ist das *Katschamak*, ein etwas fades, aber äußerst sättigendes Maisbreigericht.

Der Hauptgang kommt vor allem vom Grill oder gebacken aus dem Tontopf. Gerichte wie *Gjuvetsch* (Rindfleisch mit Gemüse) oder *Kavarma* (Schweinefleisch mit Pilzen und Kartoffeln) sind in jeder guten *Mechana*, der traditionellen Gaststätte, zu genießen. An der Küste sollte man sich die reiche Auswahl an Frischfisch nicht entgehen lassen. Aber auch die berühmte *Dobrudzhanska supa*, eine Suppe aus Donaufischen, ist eine Köstlichkeit. Beliebtes und preiswertes Fingerfood zum Bier sind frittierte Sprotten, *Tsa-Tsa*. Als Nachtisch, meist orientalisch süß-ölig, bietet sich vor allem die *Baklava* an, ein Blätterteiggericht türkischen Ursprungs, unterschiedlich gefüllt und mit heißem Sirup übergossen. «Dobra Chrana – dobro Zdrave», gutes Essen – gute Gesundheit!

restaurierten Wiedergeburtshäusern in seiner architektonischen Schönheit noch immer überwältigend. Ausladende Holzerker, kunstvolle Verzierungen an den Fassaden sowie kostbar ausgestaltete Innenräume zeugen von den guten Geschäften, die Teppichknüp-

Prachtvolle Hochzeit in der Kirche Sveta Nedelja in Sofia, ...

fer, Weber, Kürschner und Ikonenmaler im 18. und 19. Jahrhundert hier tätigten. Der Reichtum der Bewohner konnte auch, durch die Zahlung eines hohen Lösegelds, drohende Vergeltungsmaßnahmen abwenden, als hier die Revolutionäre am 20. April 1876 das Signal zum Aufstand gegen die Türken gaben. Er sollte blutig niedergeschlagen werden, weckte aber die Solidarität Russlands und der europäischen Großmächte, was

... die den einstigen Abrissplänen der Kommunisten trotzen konnte.

Der Engel von Sofia, die Kirche Sveta Nedelja und das Sheraton.

schließlich im Russisch-Türkischen Krieg 1877/78 Bulgarien die endgültige Befreiung vom «osmanischen Joch» brachte.

«Hierhin und dorthin wurde ich vom Schicksal getragen./Hierhin und dorthin in der Arbeit meiner Tage./Doch immer stand er vor mir und wird auch immer stehen,/Die Silhouette des stolzen, des wundervollen Balkan,/Denn ich hege ihn am geheiligten Ort meiner Seele», heißt es im «Lied des Blutes» von

Pentscho Slavejkov (1866–1912) – einer der unzähligen Mythisierungen des Balkans. Sein zentrales Massiv nennen die Bulgaren heute ehrfürchtig «Stara Planina», das «Alte Gebirge». Unter den bulgarischen Gebirgsketten gilt sie als der «Atlantik unter den Ozeanen», wie der Schriftsteller und Bulgarienkenner Werner Heiduczek schreibt.

Dementsprechend könnte man vom Piringebirge als der Karibik Bulgariens sprechen. Mediterranes

Klangrausch – in der Disco und beim «Counterstrike» im Internetcafé.

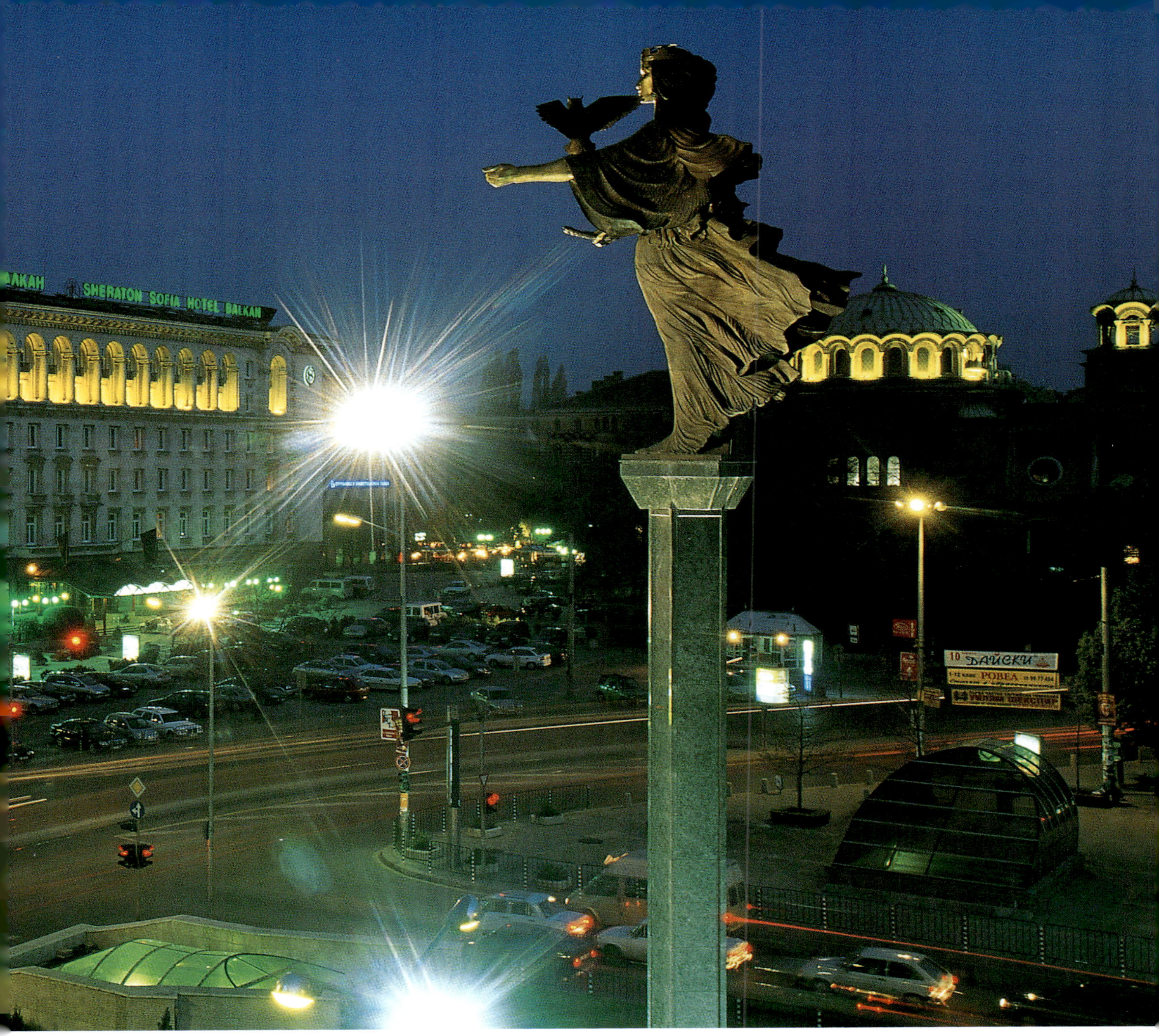
SHERATON SOFIA HOTEL BALKAN

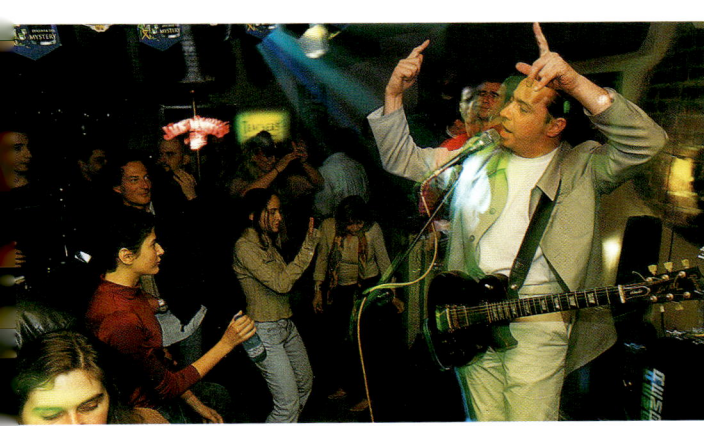

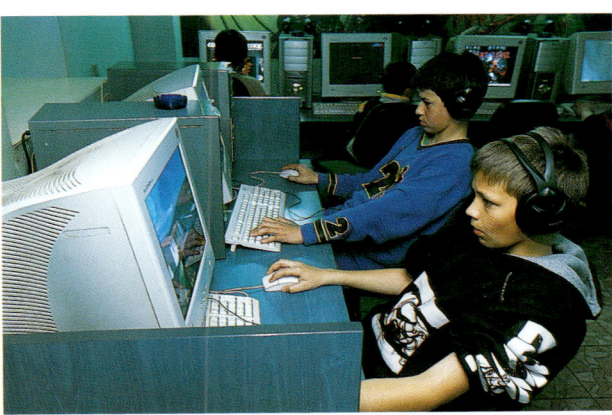

Kirche Sv. Petka Samardschiska, Kaufhaus ZUM, KP-Parteigebäude, …

… die neoklassizistische Fassade des Ivan-Vasov-Nationaltheaters, …

… das Hauptgebäude der 1888 gegründeten Universität …

Klima, helle bis rötliche Erdtöne im Süden um Melnik und über hundert leuchtend blaue Hochgebirgsseen, die Lagunen dieser bizarren Sandsteinlandschaft, die auf Touren am besten von Bansko aus zu erreichen sind, kennzeichnen diesen Gebirgszug im Südwesten des Landes. In über 2000 Metern Höhe spricht man in Bulgarien Deutsch – ein mittlerweile geflügeltes Wort, das selten Lügen gestraft wird. Zahlreiche Touristen aus dem Osten und immer häufiger auch aus dem Westen Deutschlands erklimmen die abwechslungsreichen Höhen der bulgarischen Gebirgsmassive, während die bis zur Wende sehr wanderbegeisterten Bulgaren die Freude am Gipfelstürmen ein wenig verloren zu haben scheinen. Das Piringebirge gehört zu den schneereichsten der bulgarischen Höhenzüge. Oft liegt in den Hochtälern oberhalb der 2000-Meter-Grenze bis tief in den Mai hinein so viel Schnee, dass eine Gipfelbesteigung ohne spezielle Ausrüstung zur Tortur werden kann. Nordwestlich erhebt sich das Rilagebirge, das in seiner Landschaft und geologischen Beschaffenheit in vieler Hinsicht den zentraleuropäischen Alpen ähnelt. Besondere Anziehungspunkte sind die sieben Rilaseen und die Wander- und Steigwege rund um das weltberühmte Rila-Kloster, das in die Liste des UNESCO-Weltkulturerbes aufgenommen wurde und dank seines Gründers, des bereits zu Lebzeiten als Heiligen verehrten Ivan Rilski (10. Jh.), ein weiteres Symbol nationaler Identität darstellt. Der Mussala, höchster Berg des Landes, ragt in einem Gipfelensemble zusammen mit dem Aleko und dem Ireček empor – der eine benannt nach dem bulgarischen Schriftsteller Aleko Konstantinov (1863–1897), der andere nach dem tschechischen Historiker Konstantin Jireček (1854–1918), der mit seiner «Geschichte der Bulgaren» Anfang des 20. Jahrhunderts ein Standardwerk geschaffen hat. Dieses Triumvirat thront erhaben über den insgesamt 45 Kilometern Piste, die der größte Wintersportort Bulgariens, Borovez, seinen Besuchern zu bieten hat. Im Osten des Piringebirges – wo sich übrigens auf einer wenig befahrenen Talstraße zwischen Bansko und Goze Deltschev ein imposanter Panoramablick auf das Hochgebirgsmassiv eröffnet – schließt sich ein weit-

… und die 1912–14 erbaute russische Kirche Sveti Nikolai in Sofia.

190

Fortsetzung Seite 197

Auf der Festung Kaleto in Belogradtschik.

UNGETRÜBTER GENUSS

*Der höchste Festtag des Weines fällt in den Winter, auf den 14. Februar,
Tag des Hl. Trifon Saresan, des Schutzpatrons der Winzer. Ein junger
Trieb wird beschnitten und mit dem Wein des letzten Herbstes beträufelt,
ein Brauch, der im antiken Fruchtbarkeitskult des Dionysos wurzelt.*

Bulgarien ist seit alters her ein hervorragender Nährboden für Weine aller Art. Schon Odysseus sei entflammt für die roten Säfte, die ihm an der thrakischen Küste geschenkt wurden – ein Wein, der «selbst mit 20 Teilen Wasser gemischt,

seine Kraft und sein Aroma behielt» (Homer). Auch auf alten kulturellen Zeugnissen wie den Wandmalereien im thrakischen Grab von Kasanlak oder den Verzierungen auf dem Goldschatz aus Panagjurischte findet man frühe Hinweise auf eine ausgeprägte Weinkultur. Bereits das Erste Bulgarische Reich (7.–10. Jh.) verfügte in Preslav über eine eigene Weinkelterei. Im Mittelalter erfolgten die Bestellung der Weinberge und die Weinproduktion hauptsächlich unter klösterlicher Hoheit. Selbst unter osmanischer Fremdherrschaft konnte die Weinkultur trotz des islamischen Glaubens der Machthaber weiter gedeihen. In jüngster Zeit finden die bulgarischen Weine vor allem durch technische Verbesserungen langsam zu alter Größe und Bedeutung zurück. Die große Bodenvielfalt und die günstigen Klimafaktoren ermöglichen den Anbau einer Vielzahl von Rebsorten, die ganz eigen-

ständige Charaktere ausbilden. Die Anbauflächen befinden sich in den zahlreichen Gebirgsausläufern, Seitentälern und Flussniederungen. Bulgarien kann zwar aufgrund der weiten Pflanzung der Rebstöcke nur einen relativ niedrigen Ertrag

pro Hektar aufweisen, doch Fachleute prognostizieren angesichts der insgesamt optimalen Voraussetzungen die Entwicklung eines «Europäischen Napa Valley». Unter den Weißweinen ragt die spättragende *Dimiat*-Sorte heraus, die im ganzen Land angebaut wird, speziell aber in der Küstenregion um Varna vorzufinden ist. Die Eisweine der Dimiat-Kellerei sind ausgezeichnet. Weite Verbreitung finden auch *Sauvignon blanc*, *Chardonnay* und die würzigen *Traminer*, von denen die besten in den Kellern von Targovischte oder Veliki Preslav und dem Chateau Euxinograd lagern. Der duftende *Pelin* aus dem Dorf Osmar – mit 29 verschiedenen Kräutern gemacht – ist gut gekühlt im Sommer eine wohltuende Erfrischung. Berühmt ist das Land jedoch für seine Rotweine, und zwar jenseits des in Deutschland von Discountern feilgebotenen, lieblichen *Rosenthaler Kadarka*, der bevorzugt als Koch-

5

6

machen ihn zu einem hohen Genuss. Als eine der ältesten Sorten, die, mittelfrüh tragend, vor allem in der fruchtbaren Oberthrakischen Tiefebene zu finden ist, gilt der *Pamid*, ein sehr heller und leicht trinkbarer Sommerwein. Unbedingt erwähnenswert sind noch der *Mavrud* – ein schwerer Dessertwein aus dem Süden, vor allem der Region um Plovdiv – sowie der angebliche Lieblingswein Churchills: ein vollmundiger, sehr dichter Wein aus Melnik, den man «im Tuch wegtragen kann», wie die Einheimischen behaupten. Und allzu oft vergisst man den *Iskra-«Schampansko»*, den die Bulgaren nur zu ganz besonderen Anlässen wie Sylvester trinken – ein hervorragender Sekt mit Champagnerqualitäten zu einem äußerst günstigen Preis. Wein gehört nicht nur zum alltäglichen Leben der feierfreudigen Bulgaren – viele Familien produzieren heute noch ihren eigenen Tropfen –, auch bei den meisten Touristen gilt eine Weinprobe als unverzichtbares Intermezzo auf der Rundreise durch eines der ältesten Weinanbaugebiete Europas.

4

1. Auch der Schnaps, der Rakija, genießt große Popularität. – 2., 4. Weinkeller und Salon, mit der oberen Fensterreihe aus venezianischem Farbglas, im Kordopulov-Haus (1754) in Melnik. – 3. Die traditionsreiche Traube darf auf keinem Volksfest fehlen. – 5., 6. Von einer jahrtausendealten Handbewegung zum wertvollen Endprodukt: Weinlese in Melnik.

wein dienen mag. Die am weitesten verbreitete und charakteristischste Rotweinsorte ist der *Gamza*, der vor allem in nördlichen Regionen angebaut wird. Seine volle Farbe, sein ausdrucksstarker Geschmack und die guten Lagerbedingungen

verzweigtes Mittelgebirge an, die Rhodopen. Diese labyrinthischen Höhenzüge, deren weich geschwungenes Relief immer wieder von faszinierenden Felsformationen durchbrochen wird, nehmen eine beson-

EIN HERZ WIE EIN KOFFERRAUM

Es beginnt schon bei der einfachen, nonverbalen Kommunikation mit den Verständigungsproblemen,

Im Innenhof des Roschen-Klosters (oben). – Das bäuerliche Leben in den abgeschiedenen Bergdörfern ist noch stark von Traditionen geprägt (unten).

dere Stellung in der Geschichte Bulgariens ein. Ihr Name stammt noch aus den Zeiten des mythischen Sängers Orpheus, der hier beheimatet war. Das Gebiet, von den Griechen und Thrakern einst «Orpheuswälder» genannt, ist noch heute unerschöpflicher Quell archaischer Volksweisen und revolutionärer Klagelieder, die in der Zeit der Zwangsislamisierung der dortigen Bevölkerung entstanden sind.

Das Roschen-Kloster vor den Sandsteinfelsen bei Melnik.

da muss es noch gar nicht kyrillisch werden. Verneint der Bulgare, nickt er mit dem Kopf bzw. zieht ihn ruckartig nach oben, um genau zu sein. Zustimmung wird mit einem lustigen Kopfwackeln bekundet, das der Einfachheit halber oft wie ein Kopfschütteln ausfällt. Eine Eigenart, an die man sich gewöhnen muss und über deren Ursprung verschiedene, zumeist hanebüchene Theorien kursieren. So gilt diese Gestik unter anderem als Geheimcode, der sich unter der osmanischen Fremdherrschaft herausgebildet habe, nicht zu-

Maskeraden: Fototermin in den Gassen von Veliko Tarnovo, ...

... unfreiwillige Bärendienste in der Fußgängerzone von Russe und ...

... ein Schluck auf Dionysos beim Karneval der Kulturen in Schumen.

letzt als Folge einer Foltermethode, bei der man dem Verhörten eine Schwertspitze unter das Kinn hielt.

«Improvisation» – ein Zauberwort auf dem Balkan – und ein weites Feld. Sie beginnt als Tugend aus alltäglicher Not und endet in einer nationalgetränkten Kolportage des Kulturguts, bei der man nur noch in ungläubiges Staunen gerät. Da werden die Bulgaren zu den «Erfindern der Zivilisation» oder den Verursachern der Chinesischen Mauer, die «zur Abwehr der starken bulgarischen Heerscharen» errichtet worden sei, wie es in einer Publikation des Nationalhistorischen Museums heißt. Das alltägliche Leben spielt sich naturgemäß in eher unheroischen Gefilden ab. «Gore – dolu», sagt man in Bulgarien zumeist auf die Frage nach dem Befinden. Mal oben, mal unten – eine wichtige Antwort, so belanglos und stereotyp sie auch klingen mag. In Bulgarien wird ganz gerne gejammert. Hohe Arbeitslosigkeit, sinkende Industrieproduktion, Inflation, hohe Lebenshaltungskosten und niedriges Durchschnittseinkommen haben allerdings auch die meisten in eine wirtschaftlich desolate, teilweise sogar dramatische Lage gebracht. Und dennoch findet sich in allem Elend immer ein Grund zu feiern, zu scherzen, sich zusammenzusetzen und zu erzählen. «Gore – dolu». Es wird nie so heiß gegessen, wie es gekocht wird, und die Zeit heilt alle Wunden. Vor allem letztere Sentenz scheint man sich in Bulgarien auf die Fahnen geschrieben zu haben. Hier gehen die Uhren noch ein wenig langsamer, und in mancher Amtsstube scheint man sie völlig abgestellt zu haben. Wer einmal in die Klauen des bulgarischen Amtsapparates gerät, wird sich in kafkasche Welten versetzt fühlen.

«Das Herz eines Bulgaren ist so groß wie ein Kofferraum, und es liegen viele kaputte Sachen darin herum.» Es gibt wohl kaum ein treffenderes und zugleich ironischeres Bild als den Vergleich, den Angelika Schrobsdorff in ihrem Roman «Grandhotel Bulgaria» zieht. Denn groß ist das Herz der Bulgaren, ihre Gastfreundschaft und Offenheit gegenüber Fremden sind legendär und noch immer ungebrochen. Dies hat sich nicht zuletzt im bewährten System der Fremdsprachenausbildung niedergeschlagen, das Bulgarien seit den 1940er Jahren entwickelt hat, wobei

Prächtige Innenausstattung: Wiedergeburtshaus in Koprivschtiza.

Die «Mutter der Städte»: Veliko Tarnovo an der Jantra.

die deutsche Sprache bei der Jugend des Landes zurzeit wieder mit Englisch als beliebteste Fremdsprache konkurriert. Die Gastfreundschaft ist hier übrigens eine solche Selbstverständlichkeit, dass man auf das

Männliche Muslime haben sich zum Freitagsgebet versammelt, ...

... in der Tombul-Moschee in Schumen, einer der größten Bulgariens.

Angebot einer Gegenleistung beleidigt reagiert. Die «kaputten» Relikte, die auch im heutigen Bulgarien nicht zu übersehen sind, betreffen vor allem die eigenen Landsleute, insbesondere Minderheiten. Letztere stoßen selbst in akademischen Kreisen meist noch auf unverhohlene Ablehnung. Ein Roma oder «Zigeuner» ist in Bulgarien faktisch ein Mensch dritter Klasse.

Wo unterschiedlichste Kulturen, Völker und Herrschaftsformen ihre Spuren hinterlassen haben, kann das Siegel nationaler Identität besondere Wirkungsmacht entfalten. «Aber auf der Fahrt in der Droschke und später, als wir ausstiegen, sahen wir die üppigsten Gemüse- und Obstkulturen, dunkelviolette Eierfrüchte, Paprika, Tomaten, Gurken, riesige Kürbisse und Melonen, ich kam aus dem Staunen nicht mehr heraus, was da alles wuchs. ›So ist es hier‹, sagte die Mutter, ›ein gesegnetes Land. Das ist auch eine Kultur, da braucht sich niemand zu schämen, dass er hier zur Welt kam.‹» Was Elias Canetti, 1905 in Russe geboren, in seiner Autobiographie *Die gerettete Zunge* so anschaulich beschreibt, ist auch heute noch an den Straßenrändern zu entdecken – Obst- und Gemüseberge, farblich wechselnd nach den Früchten der Sai-

son und oft versehen mit dem Zusatz «bulgarski», also der Versicherung, dass es sich um ein einheimisches Produkt handelt, das bei der Bevölkerung konkurrenzlos ist. Konserven haben in Bulgarien selten Konjunktur, das Einmachen dagegen steht in diesem Land der Selbstversorger immer hoch im Kurs.

Es herrscht eine «doch recht gesund = abweichende Luft hier im Osten», um mit den Worten Arno Schmidts zu sprechen. Was sich in der Vielfalt bulgarischer Tra-

ditionen besonders ausgeprägt hat, ist eine pragmatische Direktheit, der Blick für das Einfache, dessen Logik eigenen – für manchen Okzidentalen zuweilen undurchsichtigen – Gesetzen folgt.

VON ROUTEN UND REIFENFLICKERN

«… alle zogen aus Leibeskräften, bis der Wagen wieder frei war, die Mutter seufzte: ‹Dieselben Straßen wie

Vor der Moschee waschen sich die Gläubigen Füße, Hände und Gesicht.

GOLDENE GASTLICHKEIT

*Naturreservate und Weinberge im Hinterland, Halbinseln
mit Jahrtausende alter Stadtgeschichte, romantische Buchten an
zerklüfteter Felsküste und kilometerlange feine Sandstrände –
die Schwarzmeerküste weiß zu bezaubern.*

Lange sahen die Griechen Thrakien als völlig fremd und andersartig an, denn trotz der geographischen Nähe wussten sie nur wenig über seine Einwohner und die Beschaffenheit der Region. Vor allem der stürmische Nordwind «Boreas» veranlasste sie, das Schwarze Meer als ungast-

dadurch gelösten Sulfide vollzieht das Meer seit Jahrhunderten eine biologische Gratwanderung.

Es waren griechische Kolonisten aus Milet, die die ersten bedeutenden Handelszentren an der thrakischen Schwarzmeerküste gründeten. Im 7./6. Jahrhundert v.

1. Im Sog der Weite: Kap Kaliakra. – 2. Auch als touristischer Magnet hat Sosopol seine Beschaulichkeit nicht verloren. – 3. Am Hafen von Baltschik, das seine Berühmtheit der königlichen Sommerresidenz «Stilles Nest» verdankt. – 4., 6. Tag und Nacht mobil: am Goldstrand bei Varna. – 5. Mit diesem Auto kann man sogar auf dem Wasser fahren.

lich, als «Pontos Axeinos», zu bezeichnen. «Wie zwei Winde erregen das Meer [...] von Thrakien wehen sie beide herüber;/ Plötzlich kommen sie da, und zugleich die Woge, die schwarze,/Türmt sich auf [...]», heißt es in der *Ilias* von Homer. Später, nach der Gründung zahlreicher Kolonien, verkehrte sich der Name in sein Gegenteil: «Pontos Euxeinos» – und die Gastfreundschaft, auf die der Reisende hier trifft, ist auch heute noch mehr als nur touristisches Programm. Die Bezeichnung «Schwarzes Meer» stammt aus dem Mittelalter und leitet sich etymologisch von «stürmisch» her. Zuweilen wird sie auch darauf zurückgeführt, dass in diesem Binnenmeer ab einer Tiefe von etwa 200 Metern kein Leben mehr existiert. Aufgrund der zahlreichen großen Zuflüsse und der

Chr. entstanden Odessos, Messambria und Apollonia, die heutigen Varna, Nessebar und Sosopol – pittoreske Zeugnisse der antiken Blütezeit. Varna wurde bereits von den Römern auch als Seebad entdeckt und ausgebaut, was sich noch heute in den beeindruckenden Ruinen der Thermen aus dem 2./3. Jahrhundert n. Chr. nachvollziehen lässt. «Der Kurort ist ideal, der ein gemäßigtes Land- und Seeklima hat und gleichzeitig schöne, üppig-grüne Bergufer und stilles, warmes Meer besitzt. [...] Die Stadt Varna vereinigt diese Qualitäten in hohem Maße, dank ihrer geographischen Lage und ihrer schönen, hohen Ufer.» So lobt ein Reiseführer aus den frühen 1920er Jahren die Hafenstadt. In Varna öffneten die ersten Kurbäder der Moderne in Bulgarien ihre Pforten, der

5

6

4

Fremdenverkehr wurde internationalisiert. Ab dem 8. Juni 1957 beherbergte das Hotel Rodina, offiziell das erste Hotel am nahe gelegenen Goldstrand, Gäste aus aller Welt – die Grundsteinlegung für die «Rote Riviera», wie dieser Küstenstreifen bis in die 90er Jahre genannt wurde. Dabei kursierten schon zu sozialistischen Zeiten unterschiedlichste Legenden um die Goldgrube Goldstrand und dessen Namensfindung. Eine berichtet von der Staatskasse des Osmanischen Reiches, die bei einem

Schiffbruch verloren gegangen und eben an jenem Strandabschnitt, an dem sich heute Hotel an Hotel reiht, gefunden worden sei. Jenseits dieses betriebsamen Eldorados lässt sich auf Streifzügen ins Hinterland auch noch nahezu unberührtes Terrain entdecken wie das Kamtschija-Naturreservat oder der «Steinerne Wald», ein Ensemble oberirdischer Stalaktiten.
Neben Varna bildet Burgas mit dem nur wenige Kilometer nördlich der Industriestadt gelegenen «Sonnenstrand» den zwei-

ten zentralen Knotenpunkt des Schwarzmeertourismus. Der flach ins Meer abfallende Strand, der die vor allem im August oft wild heranbrechenden Wellen entschärft, braucht den Vergleich mit den kilometerlangen Vergnügungsmeilen an der spanischen Küste nicht zu scheuen. Zum «Ballermann» ist es hier nicht mehr weit. Während auch am Sonnenstrand noch die hoch aufschießenden Bettenburgen dominieren, geht die Tendenz im Ausbau des Küstentourismus inzwischen in eine andere Richtung. Im von westlichen Besuchern relativ wenig frequentierten Süden herrschen Campingplätze und einfache Fischerdörfer mit kleinen Quartieren vor. In Zukunft werden hier mehr und mehr Bungalowdörfer entstehen. Bei der Bebauung der Küste geht man behutsam und zurückhaltend vor, auch weil das Meer einen steten Raubbau an der Küste treibt, was besonders die nördlichen Seebäder wie der Goldstrand in den letzten Jahren zu spüren bekamen. Das Schwarze Meer gefriert übrigens so gut wie nie. Die letzte Frostperiode, in der das Eis bis zu 30 Kilometer ins Meer ragte, datiert aus dem Jahre 1929.

früher! Das sind orientalische Zustände. Diese Leute werden nie etwas lernen!'» Die Verzweiflung seiner Mutter, die Elias Canetti hier schildert, lässt sich noch heute nachvollziehen. Auch wenn die großen Transitmagistralen gut ausgebaut erscheinen – es ist in Bulgarien noch immer ratsam, bei Dunkelheit nur bekannte Strecken zu wählen, da man sich sonst unverhofft in einem tiefen Schlagloch wiederfindet, was der Fahrt ein schnelles Ende bereiten kann. Den-

mer verkehren an der gesamten Küste regelmäßig Minibusse, Sofia wird mehrmals täglich mit komfortablen Reisebussen von jeder größeren Stadt aus angefahren. An den Fahrstil muss man sich allerdings gewöhnen.

Bulgarien auf eigene Faust zu entdecken gleicht noch immer einem Abenteuer – das es durchaus lohnt, eingegangen zu werden. Zeit ist das Zauberwort, will man der Begegnung mit diesem Land den

Das zerklüftete Kap Kaliakra, das über dem Meer zu schweben scheint, ist ein magischer Anziehungspunkt für Schwarzmeertouristen.

noch bewegt man sich in Bulgarien so gut wie überall mit dem Auto hin, der nächste Reifenflicker ist nie weit. Selbst die Wege zu abgelegenen Klöstern, wie etwa dem Gloschene-Kloster, das nur über einen schmalen Feldweg zu erreichen ist, oder zu den «Wunderbrücken» in den Rhodopen, zu denen eigentlich nur Wanderwege führen, werden mit dem fahrbaren Untersatz zurückgelegt. Dabei ist auch das öffentliche Verkehrssystem, abgesehen von einigen Unregelmäßigkeiten im Fahrplan und langen Fahrzeiten vor allem auf der Schiene, sehr gut ausgebaut. Im Som-

Raum geben, den es verlangt. Eine Tour durchs Gebirge, mit Abstechern nach Sofia und Plovdiv, oder eine Reise durch die Welt der Klöster in jeweils einwöchigen Landesrundfahrten, wie sie Küstenurlaubern von größeren Organisationen angeboten werden, können nur an die Oberfläche des immensen Reichtums rühren, den Bulgarien einem geduldigen, achtsamen und auch ein wenig der bulgarischen Sprache mächtigen Besucher zu bieten hat.

Ein Minarett als Schlossturm: für die rumänische Königin in Baltschik.

206

In Nachtblau getaucht: die Halbinsel Nessebar.

INHALT

Der feinsandige Dünenstrand in der abgeschiedenen Bucht von Djuni, südlich Sosopols, hat sich seine natürliche Schönheit bewahrt.

ALLGEMEINE INFORMATIONEN

Im Norden durch die Donau vom Nachbarland Rumänien getrennt, im Osten an das Schwarze Meer grenzend, im Süden an die Türkei und Griechenland und im Westen an Mazedonien und Serbien-Montenegro, erstreckt sich Bulgarien über eine Gesamtfläche von 110910 Quadratkilometern. Während im Norden eher ein gemäßigtes Kontinentalklima herrscht – die Sommer sind länger und heißer als in Deutschland, die Winter kürzer, mit einer oft trockenen, harten Kälte –, dominiert südlich des Balkankamms ein mediterranes Klima. Das malerische Melnik in den

Ausläufern des Piringebirges liegt auf dem gleichen Breitengrad wie Neapel und Plovdiv auf dem gleichen Breitengrad wie Rom. Hier sind auch die Winter mild und relativ arm an Niederschlägen. Das Rückgrat des Landes bildet «der Balkan», der der gesamten südosteuropäischen Region seinen Namen gab. Die Bezeichnung ist türkischen Ursprungs und bedeutet «Gebirge» oder «Gebirgskette». In der antiken Geschichtsschreibung – und auch in den meisten europäischen Reiseberichten bis ins frühe 19. Jahrhundert – taucht er unter dem Namen «Haimos» oder «Haemus» auf. Mit einer Länge von etwa 600 km und einer

Nachwuchs im Rhodopendorf Martschevo.

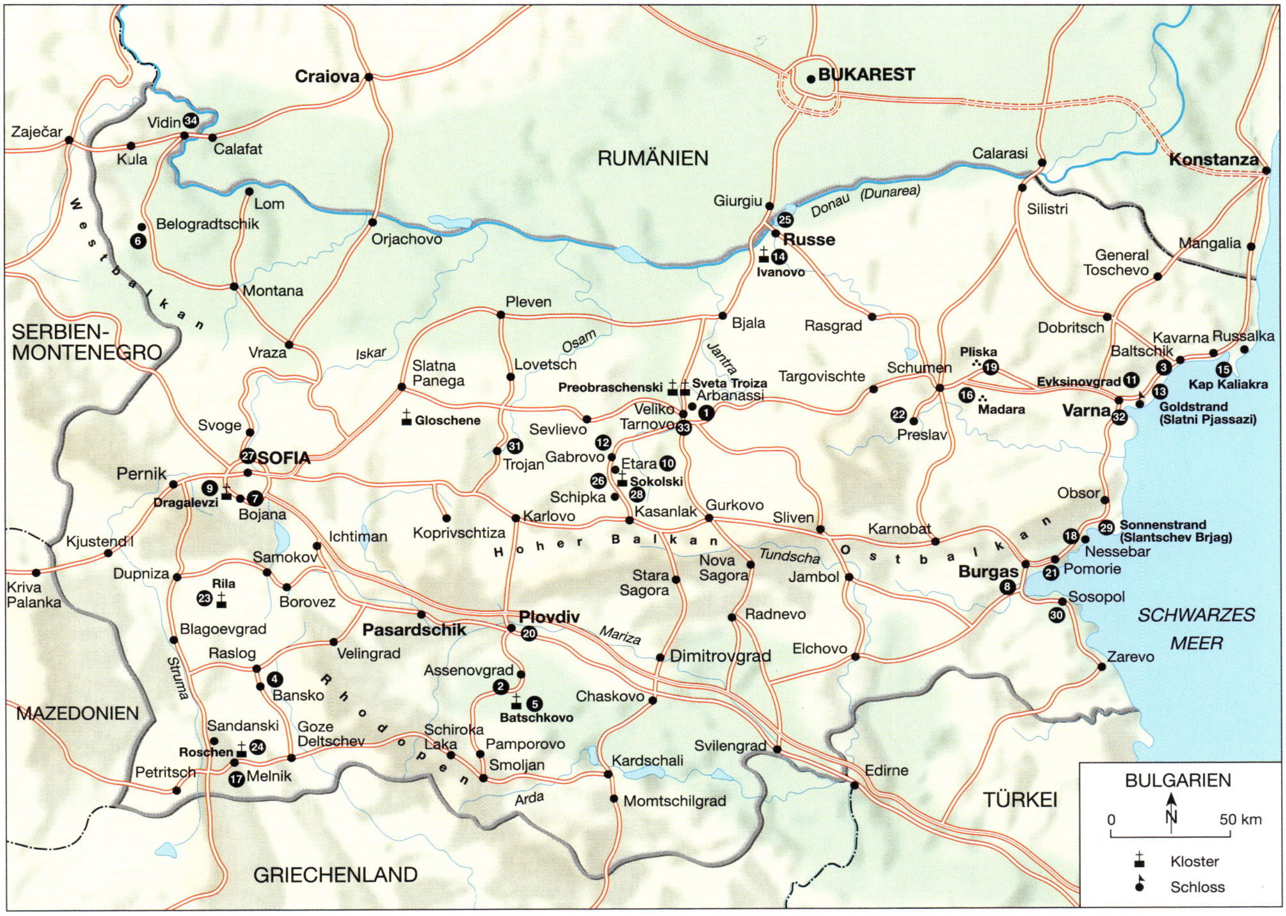

BULGARIEN (Karte)

Craiova · BUKAREST · RUMÄNIEN · Konstanza
Zaječar · Vidin **34** · Calafat · Calarasi · Mangalia
Kula · Lom · Silistri
Belogradtschik · **6** · Orjachovo · Giurgiu · Donau (Dunarea) · Russalka
Montana · Donau · Russe **25** · General Toschevo · Kavarna
SERBIEN-MONTENEGRO · Pleven · Ivanovo **14** · Dobritsch · Baltschik · Kap Kaliakra **15**
Vraza · Iskar · Osam · Bjala · Rasgrad · Pliska **19** · Evksinovgrad **11** · **3**
Westbalkan · Slatna Panega · Lovetsch · Preobraschenski · Sveta Troiza · Targovischte · Schumen · **16** Madara · Varna **32** · **13** · Goldstrand (Slatni Pjassasi)
Svoge · **Gloschene** · Sevlievo · Arbanassi · **1** · **22** · Preslav
Pernik · **27** SOFIA · **31** Trojan · Gabrovo · **12** · Veliko Tarnovo **33** · Etara **10**
Dragalevzi · **9** · **7** Bojana · Ichtiman · **25** Sokolski **28** · Schipka · Obsor
Kjustendl · Samokow · Koprivschtiza · Karlovo · Kasanlak · Gurkovo · Sliven · Karnobat · **29** Sonnenstrand (Slantschev Brjag)
Kriva Palanka · Dupniza · **Rila 23** · Borovez · Hoher Balkan · Nova Sagora · Jambol · **18** · Nessebar
Blagoevgrad · Borowez · Stara Sagora · Tundscha · Ostbalkan · Burgas · **21** Pomorie
Raslog · Velingrad · Plovdiv **20** · Radnevo · **8** · Sosopol
MAZEDONIEN · **4** Bansko · Assenovgrad · **2** · Mariza · Dimitrovgrad · Elchovo · **30** · Zarevo
Sandanski · Goze Deltschev · Batschkovo **5** · Chaskovo · SCHWARZES MEER
Roschen · **24** · Schiroka Laka · Pamporovo · Smoljan · Kardschali · Svilengrad · Edirne
Petritsch · **17** Melnik · Arda · Momtschilgrad · TÜRKEI
GRIECHENLAND

Maßstab: 0 — 50 km, N
Kloster, Schloss

Breite zwischen 10 und 45 km durchquert er das Land von Ost nach West und teilt es in eine nördliche und eine südliche Hälfte. Die höchsten Gipfel sind der Botev (2376 m), Triglav (2276 m) und Levski (2166 m). Parallel zum Hauptkamm verläuft der Mittelgebirgszug der Sredna Gora, und südwestlich davon – im Schatten des Vitoschagebirges bei Sofia, das mit dem 2290 Meter hohen «Schwarzen Gipfel» den immerhin vierthöchsten Berg Bulgariens aufweist – schließt sich das Rilagebirge an. Hier erhebt sich der höchste Gipfel des Landes, der Mussala mit seinen 2925 Metern, den man am besten vom Wintersportzentrum Borovez aus erreicht. Besonders schöne, aber auch anspruchsvolle Wanderwege kann man direkt vom Rila-Kloster aus begehen, beispielsweise zu den idyllischen Rilaseen. Im Süden folgt das Piringebirge, das vor allem mit seinen bizarren Sandsteinformationen in den südlichsten Ausläufern nahe der grie-

chischen Grenze fasziniert. Höchste Erhebung und Ziel einer malerischen Wanderung, vorbei an zahlreichen Hochgebirgsseen, ist der Vichren mit 2914 Metern, der zweithöchste Berg Bulgariens. Östlich davon erheben sich die Rhodopen, ein schwer durchdringbares, weitläufiges und größtenteils bewaldetes Mittelgebirge, das aber auch hohe Gipfel – wie den Goljam Perelik (2191 m) und die Goljama Sjutkja (2186 m) – und die am besten ausgebauten Skigebiete Bulgariens zu bieten hat. Hervorragende alpine Bedingungen findet man hier im zweitgrößten Wintersportort Bulgariens vor: in Pamporovo am Fuße des Sneschanka (1926 m) – des «Schneewittchen-Gipfels» –, nördlich von Smoljan. Die Vegetation variiert je nach Klimazone und Gebirgsregion. Während im Süden mediterrane Pflanzen wie Olivenbaum und Steineiche sowie verschiedene Arten der Macchia zu finden sind – in dieser Region erfolgt auch ein Großteil des

Malerisches Sosopol am Schwarzen Meer.

Wein-, Tabak-, Obst- und Gemüseanbau –, herrschen nördlich des Balkans Ahorn, Eichen und Buchen sowie – in den höheren Lagen – Kiefern, Tannen und Fichten vor. In den schwach besiedelten Gebirgsregionen leben die im übrigen Europa seltenen Wölfe, Braunbären und Luchse. Aber auch viel Rotwild, was Bulgarien zu einem begehrten Touristenziel für Jäger macht. Trotz intensiver

Blütenträume in der weichen Hügellandschaft um Teteven – inmitten des Balkans.

menschlicher Nutzung weist das Land eine große Artenvielfalt in Flora und Fauna auf. Das ist darauf zurückzuführen, dass Bulgarien während der letzten Eiszeit nicht von Gletschern bedeckt war und vielen Arten als Rückzugsgebiet diente.

AUSKUNFT

Bulgarisches Fremdenverkehrsamt
Deutschland:
Eckenheimer Landstr. 101
60318 Frankfurt/M.
Tel.: 069/295284
Fax: 295286.
Österreich:
Rechte Wienzeile 13, A-1040 Wien
Tel. 0222/577762.
Schweiz:
Schaffhauser Str. 5, CH-8006 Zürich
Tel. 01/3628787.

Botschaft/Konsulat der Republik Bulgarien, Mauerstr. 11, 10117 Berlin
Tel.: 030/2010922, Fax: 2086838
www.botschaft-bulgarien.de.
Bulgarische Tourismuskammer, Ul. Sveta Sofia 8, 1000 Sofia, Tel./Fax: 00359/2/874059, 9863274.
Bulgarische Vereinigung der Reiseveranstalter, Ul. Triadiza 6, 1000 Sofia
Tel./Fax: 00359/2/9815811
E-Mail: bata@mail.orbitel.bg
www.batabg.org.
Bulgarische Hotel- und Restaurantassoziation, Ul. Sveta Sofia 2, 1000 Sofia
Tel./Fax: 00359/2/9864225.
Bulgarische Gesellschaft für alternativen Tourismus («Odysseia-In»),
Bul. Al. Stambolijski 20-V, 1000 Sofia,
Tel. 00359/2/9890538, Fax: 9803200

An der Steilküste beim Feriendorf Russalka.

E-Mail: odysseia@omega.bg
www.newtravel.com.
Folgende *Websites*, teilweise in englischer Sprache, bieten einen exzellenten Überblick und «Erstzugriff» auf Land und Leute: www.bulgariatravel.org, www.bulgarien-web.de, www.uniquebulgaria.com, www.discoverbulgaria.com, www.hotelbg.com.

bien-Montenegro (die Visumpflicht für EU-Mitgliedstaaten wurde abgeschafft, ein Transitvisum muss also nicht mehr beantragt werden) bietet die Fahrt durch die abwechslungsreiche Landschaft jedoch reizvolle Eindrücke, und es finden sich zahlreiche Rast- und Übernachtungsmöglichkeiten. Über Rumänien gestaltet sich die Anreise etwas mühsamer und abenteuerlicher. Am bequemsten gelangt man nach Bulgarien noch immer mit dem Flugzeug. Von Mitte April bis Mitte Oktober

man sich unbedingt einen Tag vor dem Abflug über die Einhaltung der geplanten Abflugzeit informieren. Es kann nicht nur zu Verspätungen kommen, auch vorgezogene Starts sind hier keine Seltenheit.

REISEZEIT

Bulgarien boomt – keine Frage. Für die Sommersaison sind die Charterflüge nach Varna und Burgas oft schon im April nahezu ausgebucht. Es finden sich aber

Denkmal der Befreiung auf dem Trojan-Pass, der höchsten Passage über den Balkankamm.

Die Küste erkundet man im Internet unter: www.sonnenstrand.de, www.bulgarian-coast.com, www.beachbulgaria.com www.goldensands.bg; eine sehr schöne und gut funktionierende Website bietet Nessebar: www.nessebar.net. Auch Baltschik, Burgas und Varna findet man im Internet, bislang allerdings ausschließlich in bulgarischer Sprache. Nachrichten aus der Region sowie das aktuelle Wetter kann man unter www.novinite.com und www.sofiaecho.com abrufen. Die ergiebigsten Suchmaschinen und Internetportale, die auch in englischer Sprache lesbar sind, findet man unter http://english.dir.bg und www. search.bg.

ANREISE

Eine Balkanreise mit dem *Auto* kann noch immer als kleines Abenteuer bezeichnet werden. Über Österreich, Ungarn und Ser-

Flughafen bei Varna am Schwarzen Meer.

werden günstige *Charterverbindungen* nach Varna und Burgas angeboten. Nach Sofia gib es regelmäßige *Linienflüge* mit großen Anbietern wie Lufthansa u. a.; etwas preisgünstiger fliegt man mit Zwischenstopps über Mailand, Prag, Budapest oder Bratislava mit den jeweiligen nationalen Airlines. Bei dem so genannten «Flag-Carrier» Bulgariens, der Balkan-Fluggesellschaft, die nach mehreren Konkursen zurzeit «Bulgarian Air» heißt, sollte

meist noch Restplätze und Last-Minute-Angebote, die vor allem in der Vor- und Nachsaison (bis Ende Mai, ab Mitte September) zusammen mit Hotelbuchungen gute «Schnäppchen» sind. Der Sommer ist an der Küste in der Regel sehr warm und trocken, nur selten übermäßig heiß. Angenehme Temperaturen machen auch den bulgarischen Frühling und den herbstlichen *Zigansko Ljato* (Zigeunersommer), das Pendant zum deutschen Altweibersommer, zu beliebten Reisezeiten. Mai und Juni sind die idealen Monate für eine Rundreise durch das Land. Die günstigen Charterflugangebote enden meist Mitte Oktober, so dass man für einen Winterurlaub auf wesentlich teurere Linienflüge nach Sofia oder Plovdiv oder auf das eigene Auto angewiesen ist. Die Wintersportorte gelten von Dezember bis mindestens März als schneesicher.

Flaniermeile am Goldstrand.

URLAUB AUF DEM LAND – ECO-TRAILS

Seit Jahren versucht das an das bulgarische Wirtschaftsministerium angeschlossene Tourismusministerium, den Fremdenverkehr auch im Landesinneren in Schwung zu bringen. Wer auf einer Reise durch Bulgarien die Vielseitigkeit und Schönheit der Landschaft entdeckt hat, wird sich fragen, weshalb dieses Projekt so schleppend Fortschritte macht. Mit der Einrichtung ausgewählter *Ökopfade* – z. T. auch für Kinder geeignet – werden nach und nach die unzugänglicheren Regionen für einen «sanften» Tourismus erschlossen. Die Agentur *Odysseia-In* in Sofia hat sich als zuverlässiger Partner für Unternehmungen aller Art erwiesen: von geführten *Klostertouren* (mit Übernachtungen) über ausgefallene *Gebirgswanderungen* bis hin zu Trendsportarten wie *Mountainbiking*, *Höhlenklettern* oder *Rafting*.

SPORT

Die bekanntesten bulgarischen Aushängeschilder in Sachen Sport findet man zweifelsohne im Fußball. Das Viertelfinale der Weltmeisterschaft 1994 gegen die deutsche Mannschaft (deren Niederlage im Übrigen von der Nationalwahrsagerin Ba-

Die Stickereien aus dem historischen Händlerdorf Arbanassi sind ein beliebtes Souvenir.

ba Vanga prophezeit wurde) hat in beiden Ländern einen legendären Nimbus, ganz zu schweigen von den zahlreichen bulgarischen Ballkünstlern in der Bundesliga oder in anderen europäischen Ligen. Aber auch im Tennis, Kraftsport und der rhythmischen Sportgymnastik hat sich Bulgarien international einen Namen gemacht. Seit einigen Jahren rücken die Erfolge der Biathletinnen die hervorragenden Wintersportmöglichkeiten ins Blickfeld. Mit Borovez, Bansko und Pamporovo verfügt das Land über sehr gut ausgestattete, moderne, schneesichere *Wintersportorte*, die auch für Liebhaber von Trendsportarten – vom *Snowboarden* bis zum *Paraskiing* – einiges zu bieten haben. Es wird bereits über eine Bewerbung für die olympischen Winterspiele 2014 nachgedacht. An der Küste trifft man auf ein vielfältiges Sportangebot, wobei sich immer mehr Anbieter auf so genannte Funsportarten wie *Paragliding*, *Fallschirmspringen* und ähnliche Extremvergnügungen konzentrieren. Aber auch für die Bedürfnisse der älteren Semester wird gesorgt – mit geführten *Radtouren* und *Wanderungen* bis hin zu *Klettertouren*. Mit dem Fahrrad sollte man auf Bulgariens Straßen allerdings Vorsicht walten lassen. Es gibt keine ausgebauten Fahrradrouten, Radwege sucht man auch in den großen Städten vergebens. *Golf* steckt in Bulgarien noch in den Kinder-

Welle aus Glas und Beton am Goldstrand.

schuhen, ist aber an der Küste und in Ichtiman, zwischen Sofia und Plovdiv, auf gepflegten Anlagen zu spielen.

UNTERKUNFT

In Bulgarien stößt man noch häufig auf ein geteiltes *Preissystem*. Während die Touristenzentren am Meer Einheitspreise anbieten, sieht man sich im Landesinneren oft mit dem Doppelten bis Dreifachen des ausgeschriebenen Preises konfrontiert, was sich allerdings weder in gehobenerer Ausstattung noch in besserem Service niederschlägt – eine Willkür, der man, mangels reeller Alternativen, allzu oft ausgeliefert ist. Daher empfiehlt es sich, über eine einschlägige Agentur ein günstiges Privatzimmer oder kleinere Pensionen zu suchen, die es in fast jedem Ort gibt.

Imposante Felskulisse bei Belogradtschik.

SEHENSWERTE ORTE VON A BIS Z

Ziffern im Kreis verweisen auf die Karte auf Seite 211.

ARBANASSI ①. Historisches Händlerdorf über den Dächern von Veliko Tarnovo. Arbanassi ist auch Sitz mehrerer Kirchen und Klöster. Zu den eindrucksvollsten Sa-

ASSENOVGRAD ②. Auch vielen Bulgaren hauptsächlich vom Etikett des «Mavrud» bekannt, eines berühmten Dessertweins. Darauf abgebildet findet sich die «Assenova Krepost», eine der letzten erhaltenen *Wehrburgen* Bulgariens aus dem 12. Jahrhundert, die von Zar Ivan Assen II. (1218–1241) ausgebaut wurde. Assenovgrad liegt in den Ausläufern der Rhodopen, 20 km südlich von Plovdiv.

Im Garten des «Stillen Nests» in Baltschik.

Über dem Kloster Sveti Nikola in Arbanassi thront die einstige Residenz von Todor Schivkov.

kralbauten Bulgariens gehört die Christi-Geburts-Kirche (*Roschdestvo Christovo*, 17. Jh.) – von außen unscheinbar, ohne Kuppel und Glockenturm, überwältigt sie mit der reichen *Ausmalung* im Innern: szenische Darstellungen aus Evangelium und Landesgeschichte, von der Hand unbekannter Meister. Im 17. Jahrhundert stieg der Ort zu einem bedeutenden Handelszentrum auf. Die architektonische Anlage ist einzigartig in Bulgarien, und noch rätselt man über die Herkunft des Baustils. Die geschlossenen *Hofanlagen*, die kleinen Festungen gleichen, sind alle in einem gut restaurierten und sehenswerten Zustand. Als einstige Sommerresidenz der bulgarischen Zaren zog der Ort auch den kommunistischen Autokraten Todor Schivkov an, der hier in den 1980er Jahren eine *Residenz* errichten ließ. Sie wird heute als Hotelanlage genutzt und bietet einen phantastischen Blick über Veliko Tarnovo bis zu den Gipfeln des Balkans.

BALTSCHIK ③. Die rumänische Königin Maria ließ das *Schloss*, durch das der von 1913 bis 1940 zu Rumänien gehörende Ort international berühmt geworden ist, in den 1920er Jahren als Sommerresidenz erbauen. Die gelungene Symbiose europäischer und orientalischer Stilelemente – weithin sichtbar: der strahlend weiße Schlossturm in Form eines *Minaretts* – und die facettenreiche *Gartenanlage* mit über 300 Pflanzenarten, direkt über dem Sandstrand gelegen, machen das «Stille Nest», wie die Königin ihr Refugium taufte, zu einem Juwel der Schloss- und Gartenarchitektur. Das botanische Institut der Universität Sofia pflegt hier noch heute einen der größten *Kakteengärten* Europas. Baltschik wird auch die «weiße Stadt» genannt, was auf die schroffen, weißen Kalksteinfelsen zurückzuführen ist, die das Stadtbild prägen. Seine Geschichte beginnt

Burgkirche der Festung Assenova Krepost.

etwa 2500 Jahre, bevor sich die Königin in dieser Bucht ein architektonisches und botanisches Denkmal setzte: Im 5./6. Jahr-

Waschen in Bansko – wie vor 200 Jahren.

Das idyllisch gelegene Batschkovo-Kloster in den Rhodopen beherbergt auch Gäste.

hundert v. Chr. gründeten Griechen aus Milet hier die Kolonie Dionysopolis.

BANSKO ④. Einer der Wintersportorte Bulgariens, der auch im Sommer unbedingt auf den Ausflugsplan gehört. Am Fuße des Pirin (2593 m) gelegen, bildet Bansko das Tor zum *Pirin-Nationalpark*, der zu ausgedehnten Bergwanderungen einlädt. Der Höhenkurort besticht aber nicht nur durch seine idyllische Lage, sondern auch durch seinen historischen Kern mit der regional geprägten *Wiedergeburtsarchitektur* aus dem 18./19. Jahrhundert.

WUNDERJOGHURT AUS BULGARIEN

Der Mythos lebt auch im deutschen Joghurt weiter. Eine oberpfälzische Molkerei wirbt mit dem «Lactobacillus bulgaricus» neben dem Bildnis eines alten Mannes auf dem Joghurtbecher und zitiert damit die Legende vom Volk der 100-Jährigen: der Bulgaren. 1908 veröffentlichte der Biologe Metschnikoff eine bahnbrechende Arbeit über den Zusammenhang zwischen der Langlebigkeit der Südosteuropäer und ihrem regelmäßigen, hohen Verzehr von Joghurt. Metschnikoff, der für seine Erkenntnisse den Nobelpreis erhielt, erklärte, dass die «meist naturwidrige Lebensweise des Menschen zu einer ganz außergewöhnlichen lebhaften Entwicklung schädlicher Bakterien im Dünndarm führt und dadurch zu chronischer Selbstvergiftung, zu Krankheit aller Art, Siechtum, frühzeitigem Alter und Tod». Der Joghurt und speziell die in Bulgarien vorgefundene Joghurtkultur, die bald nach ihrer Entdeckung auch den Landesnamen erhielt, beuge dem vorzeitigen Verfall vor. Dass sich die Abwehrkräfte durch Joghurtkonsum stärken lassen, ist mit der heutigen Probiotikaforschung wieder hochaktuell. Bei den Bulgaren steht Joghurt noch immer ganz oben auf dem Speiseplan.

Das im traditionellen Stil errichtete All-Inclusive-Feriendorf Djuni am 4 km langen Dünenstrand.

Monumentaler «Steinpilz» bei Belogradtschik.

BATSCHKOVO ⑤. Nach dem Rila-Kloster das zweitberühmteste *Kloster* Bulgariens, in den Ausläufern der Rhodopen, kurz vor Plovdiv gelegen. Im Jahr 1083 gegründet, gehört es zu den ältesten bulgarischen Klöstern. Von der alten Anlage ist noch das etwas abseits gelegene *Ossarium* (Beinhaus, 11. Jh.) mit *Fresken* aus dem 12. und 14. Jahrhundert erhalten. Der Hauptteil des Klosters, das in seiner ursprünglichen Gestalt von mehreren Bränden stark zerstört wurde, stammt aus dem 18./19. Jahrhundert, die Hauptkirche *Sveta Bogorodiza*, mit sehenswerten *Wandmalereien*, aus dem 17. Jahrhundert. Die innerhalb des zentralen Wiedergeburtsensembles liegende *Erzengelkirche* (12. Jh.) und die Kirche *Sveti Nikola* südlich davon beeindrucken vor allem durch die Werke des Meisters Sachari Sograf, der sich in der *Vorhalle* der Kirche *Sveti Nikola* auch im Selbstbildnis verewigt hat. Das Kloster ist noch immer aktiv. Übernachtungen sind auf Anfrage in einfachen Lagern möglich.

BELOGRADTSCHIK ⑥. Man könnte es für die Jahrtausendarbeit eines genialen Steinmetzes halten, so kunstvoll arrangiert wirken die eigentümlichen *Felsformationen* in der südlich von Vidin gelegenen Ortschaft. Ihre mythische Anziehungskraft

wurde früh erkannt, die exponierte Lage zur Erbauung von Verteidigungsanlagen genutzt. Um den so genannten Madonnenstein rankt sich eine abenteuerliche Mär um die tragische Liebe einer schönen Nonne zu einem jungen Mann, die auf den Widerstand des Klosters stieß und

Jeder Bauer aus Belogradtschik kennt die Legenden, die sich um die Felsformationen ranken.

in der Versteinerung sämtlicher Protagonisten endete. Neben dem unglücklichen Paar warten auch die Mönche und in der näheren Umgebung der *Festung Kaleto* ein Bär, Riesenpilze u. a. auf die belebenden Blicke der Betrachter.

BOJANA ⑦. Dieser Vorort am Fuße der Hausberge von Sofia – eine Art «Vitoscha Hills», mit Blick auf sein amerikanisches Pendant – gilt als das teuerste Wohnpflaster der Hauptstadt. Hier befindet sich nicht nur das *Nationalhistorische Museum*, in

Brückenschlag ins 19. Jahrhundert: Etara.

LEBEN IM MUSEUM

Im 1964 eröffneten Etara, einem ethnographischen Freilichtmuseum dörflicher Architektur und Kultur, 8 km südlich von Gabrovo, wurden Häuser und Werkstätten in verschiedenen Baustilen aus allen Landesteilen originalgetreu nachgebildet. Handwerksmeister führen traditionelle Handwerke wie Töpferei, Teppichweberei, Gold- und Silberschmiede, Holzschnitzerei und Ikonenmalerei vor, und eine kleine Bäckerei verköstigt die Besucher mit delikatem Backwerk nach Rezepten aus dem 19. Jahrhundert. Noch ursprünglicher, weil original erhalten, wirkt das Rhodopendorf Schiroka Laka, ca. 20 km westlich von Pamporovo. Der hier vorherrschende Baustil unterscheidet sich von der Wiedergeburtsarchitektur anderer Regionen: Schmale zwei- bis dreistöckige Häuser, die sich nach oben hin verbreitern, schmiegen sich harmonisch in das enge Flusstal. Touristisch noch ein Geheimtipp ist das Bergdorf Leschten, ca. 15 km nördlich von Goze Deltschev in den Rhodopen. Hier kann man in behutsam restaurierten kleinen Stein-Holzhäusern eine imposante Aussicht auf das Pirinmassiv genießen. Wenige Kilometer weiter findet man in Kovatscheviza wieder eine andere, stärker durch Holz geprägte Wiedergeburtsarchitektur vor.

der einstigen Residenz Todor Schivkovs, sondern auch die zum UNESCO-Weltkulturerbe zählende *Kirche von Bojana*, eine dreigliedrige Anlage, deren ältester Teil aus dem 10./11. Jahrhundert stammt. In der *Burgkapelle* schuf 1259 ein unbekannter Maler einzigartige *Fresken*, die bereits 200 Jahre vor der italienischen Renaissance die strengen Normen mittelalterlicher Ikonographie durch realistische, individuelle Figurenzeichnung überschreiten.

BURGAS ⑧. Mit seinen ca. 200000 Einwohnern das Zentrum im Süden der Schwarzmeerküste. Hier liegt nicht nur der, neben Varna, zweite *Flughafen* an der Küste, sondern auch die größte Raffinerie Bulgariens – eine Hypothek für den touristischen Standort Burgas.

DRAGALEVZI ⑨. Historisch eines der wichtigsten Klöster in der Umgebung Sofias wegen seiner Rolle im bulgarischen Befreiungskampf. In der *Kirche* findet man eine der wenigen erhaltenen *Wandmalereien* aus dem 15. Jahrhundert. Bequem von der Stadt aus zu erreichen, liegt

Schloss Evksinovgrad am Schwarzen Meer.

es versteckt in den Niederungen des Vitoschagebirges, am Rande des gleichnamigen *Nationalparks*, und bietet einen wunderbaren Ausblick auf die Hauptstadt.

ETARA ⑩. Siehe Seite 219.

Gleißender Horizont am Kap Kaliakra – 40 Jungfrauen sollen sich hier ins Meer gestürzt haben.

Perle des bulgarischen Südens: Die Wiedergeburtshäuser in Melnik zeugen von alter Pracht.

EVKSINOVGRAD ⑪. Fürstliche Residenz nördlich von Varna. Eine der wenigen imposanten Spuren der kurzen Episode der Monarchie in Bulgarien. Das 1882 erbaute

und ursprünglich «Sandrovo» genannte *Schloss*, das Alexander von Battenberg und Ferdinand I. als Sommerresidenz und zugleich als bevorzugter Regierungssitz diente, ist ein Kleinod des Wiener Architekten Rumpelmayer und des Schweizers H. Mayer. Versteckt auf dem Weg zum Goldstrand, kurz vor Sv. Konstantin, öffnen sich im Sommer fast ausschließlich dem diplomatischen Corps und bulgari-

schen Regierungsmitgliedern die Tore zu einem exklusiven *Strandareal* und einem weitläufigen *Park*, der drei *Orangerien*, eine *Hotelanlage* und eine *Weinkellerei* beherbergt, wo der empfehlenswerte Tropfen «Chateau Euxinograd» gekeltert wird. Auf dem Gelände befindet sich zudem der ehemalige *Ferienbungalow* von Todor Schivkov mit Privatstrand. Von September bis April ist das Hotel auch für die «Zivilbevölkerung» geöffnet.

GABROVO ⑫. Man nennt sie die «Schotten Bulgariens», die Gabrovzi, und es kursieren zahlreiche Witze und Anekdoten, die sich über ihre Sparsamkeit – um nicht zu sagen: Geiz – mokieren. Gabrovo bezeichnet sich selbst auch als die bulgarische «Hauptstadt des Humors», und alle vier Jahre im Mai findet ein großes *Festival* mit kurzweiligen kulturellen Veranstaltungen zu diesem Thema statt.

GOLDSTRAND ⑬. Siehe Seite 204.

IVANOVO ⑭. Im *Naturreservat* Russenski Lom, südlich von Russe, gelegenes Ensemble von mittelalterlichen *Felsenkirchen* und *Höhlenklöstern*, die von Einsiedlern geschaffen wurden. Das – neben dem Aladscha-Kloster bei Varna – einzigartige Höhlensystem, das seit 1979 unter dem Schutz des Weltkulturerbes der UNESCO steht, birgt *Wandmalereien* aus dem 13./14. Jahrhundert, die von Meistern aus der Schule von Tarnovo stammen, einem der berühmtesten Kunstzentren im Zweiten Bulgarischen Reich.

KAP KALIAKRA ⑮. Eigentlich die «Nase» («Nos») Kaliakra, ein imposantes Felsgebilde, das erratisch ins Schwarze Meer ragt – ein «Muss» für Urlauber in Varna, was unschwer an den zahllosen Souvenirverkäufern zu erkennen ist, die in den Sommermonaten die Zufahrtsstraße säumen. Um das Kap Kaliakra rankt sich die Legende der vierzig Jungfrauen aus dem nahe gelegenen gleichnamigen Dorf, dessen Einwohner die Osmanen bei der Eroberung verschonen wollten, wenn sich ihnen vier-

IM LABYRINTH DES UNTERGRUNDS

In den Galerien des Untergrunds, die sich der Beharrlichkeit des Wassers verdanken, wachsen die Werke ohne Künstlerhand in die Höhe oder von der Decke herab. Aber auch der Mensch hat seine Spuren aus prähistorischer Zeit hinterlassen.

Bei Höhlen spalten sich die Geister. Viele tun sich zeitlebens schwer mit der Unterscheidung von Stalagmiten und Stalaktiten und sind froh, wenn sie die Prozession durch die unterirdische Wandelhalle schnupfenfrei überstanden haben. Insgesamt rund 4200 Höhlen wurden bis dato von Geologen in Bulgarien entdeckt. Weite Teile des Landes sind mit kohlen-

saurem Gestein bedeckt. Sickerwasser dringt an den Klüften und Schichtfugen der Kalkformationen ein und löst das Gestein allmählich auf, so dass sich Karsthöhlen bilden. Die meisten Tropfsteinparadiese, wahre Schatzkammern der Natur, sind bisher alles andere als touristisch erschlossen. Nur wenige der Höhlen sind für Besucher frei zugänglich, geführte Touren werden allerdings auch für extreme Höhlengänger angeboten, selbst Unterwasserexpeditionen kann man buchen. In der Magura-Höhle, einer der größten und bekanntesten Bulgariens in der Nähe von Belogradtschik, wird mittlerweile ein an den Hängen produzierter Schatz – der Wein und Sekt der Magura-Kelterei – gelagert. Neben den sinnlichen Genüssen birgt diese Höhle urzeitliche Zeugnisse und historische Funde. Über die Datierung der entdeckten Schriftzeichen streiten sich die Gelehrten; fest zu stehen scheint, dass die Wandzeichnungen, die mit Fledermauskot erstellt wur-

den, aus der Jungsteinzeit und frühen Bronzezeit stammen. Sie zeigen kultische Handlungen und Jagdszenen sowie zahlreiche Darstellungen von Fruchtbarkeitsriten. Besondere Aufmerksamkeit verdient ein Sonnenkalender, der vom Jahrtausende später eingeführten Gregorianischen Kalender nur um einen Tag abweicht. Die Magura-Höhle erstreckt sich in ihrer gesamten Länge über 2500 Meter. Sie ist gegliedert in verschiedene «Hallen», von denen die Triumphhalle die größte Pracht an Stalaktiten und Stalagmiten aufweist – phantastische Schöpfungen wie den steinernen Fluss, eine tönerne Pyramide und verschiedenste mythische Gestalten. Die Theatralik der Höhlenwelt liegt stets im Auge des Betrachters ...

In unmittelbarer Nähe der Magura-Höhle gibt es weitere unterirdische Galerien zu entdecken, wie die Ledenika-Höhle bei Vraza, die durch ihre bizarren Eisforma-

tionen besticht. Dank der hervorragenden Akustik werden im Hauptsaal dieser zweitgrößten Höhle Bulgariens ab und zu Konzerte veranstaltet. In der Trigrader Schlucht, am anderen Ende des Landes, südlich von Devin in den Rhodopen, findet man die «Djavolska Gurlo» (Teufelsgurgel), in der der Fluss Trigradska auf einer Länge von ca. 700 Metern 18 unterirdische Wasserfälle bildet, die leider trotz der sog. «Elektrifizierung» der Höhle schwer zu erkennen sind. Allein das mächtige Brausen des Wassers lässt auf die Gewalt schließen, mit der sich der Fluss seinen Weg durch den Fels schnitt. Mit den Höhlenparadiesen, die man etwa aus Frankreich kennt, ist der geologisch

1. Naturphänomen: die «Wunderbrücken» in den Rhodopen. – 2. Auf schmalem Steg durch die Trigrader Schlucht zur «Djavolska Gurlo», der Teufelsgurgel. – 3. Gewaltiger Stalaktit im Felsendom der Magura-Höhle.

erschlossene Untergrund in Bulgarien bislang nicht zu vergleichen. Aber auch unter der Erde birgt das Land noch ein weites Terrain, das entdeckt werden will.

Sie kennen jeden Stein ihres Heimattals – die Ziegenhirten im Balkan.

PLOVDIV – DIE HEIMLICHE HAUPTSTADT

In den engen Gassen, die zu den Hügeln hinaufführen, scheinen sich die ausladenden Fassaden der «barocken» Wiedergeburtshäuser fast zu berühren – um dann den Blick freizugeben auf einen europäischen Handelsplatz mit 8000-jähriger Geschichte.

Die Wurzel seines alten Namens Philippopolis, thrakisch Pulpudeva, trägt Plovdiv noch heute, und die antiken Mauerreste zeugen von der einstigen Größe seiner Festung – «eine der größten und schönsten im ganzen Lande! Das leuchtet sogar aus dieser Ferne in die Augen»,

Thrakien und nannten es Trimontium. Nach der Aufspaltung Bulgariens durch den Berliner Kongress 1878 war sie Hauptstadt der Provinz Ostrumelien und nach der Vereinigung 1885 ernsthafter Kandidat bei der Wahl der gesamtbulgarischen Hauptstadt. Heute treffen sich junge

Verliebte auf den Ruinen der römischen Siedlung auf dem Hügel Nebet Tepe und genießen den einzigartigen Blick auf die untergehende Sonne, die ansteigenden Rhodopen oder die große Ebene, die oftmals einen Blick auf die Sredna Gora und den dahinter liegenden Balkan zulässt. Der Großteil der historischen Altstadt, wie sie heute besteht, stammt aus dem 19. Jahrhundert und birgt mit den feudal ausgestatteten Villen der alten Plovdiver Kaufleute prächtige Außenansichten, aber auch kunstvolle Innengestaltungen. Die engen, mit grobem Kopfsteinpflaster ausgeschlagenen Gassen und vor allem der Kontrast zwischen den repräsentativen

schwärmte schon der griechische Satiriker Lukian (2. Jh.). Die Herrschaft der Mazedonier, deren Machthaber Philipp II. der Stadt ihren Namen gab, währte indes nur kurz. Bereits im Jahr 183 v. Chr. eroberten die Odrysen, die Philipp 160 Jahre zuvor besiegt hatte, die Stadt zurück. Kleinod und Hauptattraktion dieser facettenreichen zweitgrößten Metropole des Landes ist das römische Amphitheater, das im 2. Jahrhundert n. Chr. unter Kaiser Marc Aurel errichtet wurde und 3000 Zuschauern Platz bietet. Der historische Stadtkern zwischen den drei sanft emporsteigenden Hügeln hatte bereits sehr früh, weit vor Philipp, die Funktion eines religiöskultischen, aber auch administrativ-politischen Zentrums in der Region. Die Römer kürten es zur Hauptstadt der Provinz

1. Römisches Amphitheater mit Blick auf Plovdiv. – 2. Kujumdschioglu- und Georgiadi-Haus. – 3. Der «Lauschende» von Plovdiv.

Wiedergeburtshäusern mit ihren hölzernen Erkern, runden Überbauten und den teilweise opulent verzierten Fassaden, die, inzwischen renoviert, in allen Farben erstrahlen, und den unsanierten, vor sich hin vegetierenden alten Bauten verleihen diesem Viertel einen bestechenden mediterran-morbiden Charme. Architektonische Glanzpunkte für Flaneure sind das Georgiadi-Haus (1848), in dem das «Museum der bulgarischen Wiedergeburt» untergebracht ist, das Balabanov-Haus, in dessen reizvollen Innenräumen Ausstellungen, Konzerte und Lesungen stattfinden, sowie das Kujumdschioglu-Haus aus dem Jahr 1847, das heute das Ethnographische Museum beherbergt. Die vielen Cafés und öffentlichen Plätze machen Plovdiv vor allem in den Sommermonaten zu einer pulsierenden Stadt. Zweimal im Jahr, im Mai und Oktober, ist sie besonderem Ansturm ausgesetzt: Während der Messe, die bereits 1892 ihre Tore öffnete, sind sämtliche Hotelbetten ausgebucht. Plovdiv gilt heute als der wichtigste nationale und internationale Messestandort.

zig Jungfrauen auslieferten. Diese stürzten sich jedoch ins Meer, und das Dorf wurde dem Erdboden gleichgemacht. Eine *Statue* erinnert an diese Legende.

MADARA ⑯. Wenige Kilometer von Schumen entfernt erhebt sich neben dem Dorf Madara an der Felswand eines Hochplateaus ein imposantes Steinrelief, Europas einziges frühmittelalterliches *Monumentalrelief*. Der 1979 zum UNESCO-Weltkulturerbe erklärte «Reiter von Madara» mit seinen eingemeißelten griechischen Inschriften, die von den Geschicken des Ersten Bulgarischen Reiches im 8./9. Jahrhundert erzählen, ist nur eine Attraktion dieses *archäologischen Reservats*. Die «*Große Höhle*», die bereits im Neolithikum besiedelt, später thrakische Kultstätte war, bietet heute im Sommer dem philharmonischen Orchester Schumens eine einzigartige Akustik für Konzerte. Das Wasser, das sich seinen Weg durch den Stein in die muschelartig geöffnete Höhle gräbt und in unzähligen Plastikbechern aufgefangen wird, gilt unter der einheimischen Bevölkerung als Heilwasser. Auch Mönche ließen sich in den Höhlen nieder. Noch heute bezeugen ein Holzverschlag und eine ausgemalte *Krypta* die Anwesenheit des letzten Eremiten. Auf dem Plateau finden sich noch Reste einer römischen *Wehranlage*, von deren Mauern man einen herrlichen Blick auf das Tal genießt. Der «Reiter von Madara» erscheint übrigens auch auf der Rückseite der bulgarischen Stotinki-Münzen.

MELNIK ⑰. Ende des 13. Jahrhunderts noch größer als Sofia, gilt Melnik heute als kleinste Stadt des Landes und Kleinod des bulgarischen Südens. In einem engen Tal zwischen malerischen Sandsteinfelsen gelegen, wirkt es wie ein entrücktes Paradies. Melnik ist nicht nur besonderer Anziehungspunkt für Touristen, sondern auch ein altes Wein- und Tabakanbaugebiet. Beeindruckende *Wiedergeburtshäuser* (18./19. Jh.), die häufig mit Weinkellern ausgestattet sind, säumen die Felsen wie im Rund eines Amphitheaters. Von

hier aus kann man eine ausgedehnte Wanderung durch die Sandsteinwelt zum nahe gelegenen Roschen-Kloster unternehmen.

NESSEBAR ⑱. Der Ort ist ein einziger Augenschmaus. Als eine der beiden historischen Halbinseln zählt Nessebar neben Sosopol zu den frequentiertesten Ausflugszielen an der Schwarzmeerküste. Im 6. Jahrhundert v. Chr. zur dorischen Kolonie ausgebaut, stand es als griechi-

scher Handelsstützpunkt in direkter Konkurrenz zu seinem südlichen Nachbarn. Mit der Basilika der *Sveta Sofia* – einer imposanten Ruine – ist ein Bauwerk aus byzantinischer Zeit (5. Jh.) erhalten. Nessebar wies im Mittelalter mehr als 40 Kirchen auf, von denen elf mit den Mitteln der UNESCO restauriert werden konnten.

PLISKA ⑲. Erste Hauptstadt des Ersten Bulgarischen Reiches. Hier residierten die

Als thrakisches Fischerdorf von Griechen entdeckt: Nessebar ist Teil des Weltkulturerbes.

Die Ruine der Sofienbasilika in Nessebar – heute eine auratische Kulisse für Konzerte.

ersten bulgarischen Khane, bis die Stadt, 811 von den Byzantinern weitgehend zerstört, den Rang der Hauptstadt (offiziell erst 893) an das nahe gelegene Veliki Preslav abtrat. Noch heute graben Archäologen an den *historischen Stätten* der Palaststadt. Einen Besuch der weitläufigen

Abstieg vom Mussala im Rila-Nationalpark.

SCHNEESICHERER SKISPASS

Wintersport in den schneesicheren Skigebieten Bulgariens – von großen Reiseveranstaltern in ihr Programm aufgenommen – ist schon lange kein Geheimtipp mehr. Borovez im Rilagebirge (70 km von Sofia) gilt mit seinen 40 km Piste – neben Pamporovo (17,5 km Piste) in den Rhodopen – seit einigen Jahren als *der* Wintersportort des Landes. Wie Pamporovo ausschließlich für den Tourismus erbaut, aber ohne den Retortencharakter französischer Skizentren, bietet auch das 1897 entstandene Borovez für Anfänger wie Fortgeschrittene von Dezember bis April hervorragende Bedingungen. Stark im Kommen ist das historische Bansko, wo 2003/04 eine neue Liftanlage in Betrieb genommen wird. Abfahren kann man aber auch von den Gipfeln vor den Toren Sofias im Vitoschagebirge. In allen Wintersportorten gibt es gute Skischulen, Borovez ist wegen seines Biathlon-Leistungszentrums international bekannt.

Russe – «Klein-Wien» Bulgariens: Die Stadt an der Donau verströmt kosmopolitisches Flair.

und gut restaurierten Anlage sollte man allerdings nur unter sachkundiger Führung unternehmen, da die Ausschilderung äußerst mangelhaft ist. Auf dem Gelände dokumentiert ein *Museum* die einstige Größe und Bedeutung der Stadt.

PLOVDIV ⑳. Siehe Seite 224.

POMORIE ㉑. Auf einer Felsenhalbinsel gelegenes Seebad und beliebtes Ausflugsziel für Küstenurlauber. Besichtigungsfahrten werden beispielsweise vom Sonnenstrand aus in das Kloster *Sveti Georgi* angeboten – der Legende nach von einem türkischen Händler erbaut, der an diesem Ort eine wundersame Heilung erfuhr. Besondere Attraktionen sind der klostereigene Wein und der Rakija, allerdings nicht von den drei hier lebenden Mönchen gekeltert und gebrannt, sondern von angestellten Laien.

PRESLAV ㉒. Auch Veliki Preslav (Großes Preslav) genannt. Die zweite Hauptstadt

1902 geweiht: Gedächtniskirche in Schipka.

des Ersten Bulgarischen Reiches, die Zar Boris I. nach der Christianisierung «bezog» und sein Sohn Simeon der Große in nur drei Jahrzehnten (893–927) zu einem prunkvollen Zentrum der kulturellen und politischen Blütezeit Bulgariens ausbaute. Sieht man sich in dem kleinen *Museum* auf dem *archäologischen Gelände* die Mo-

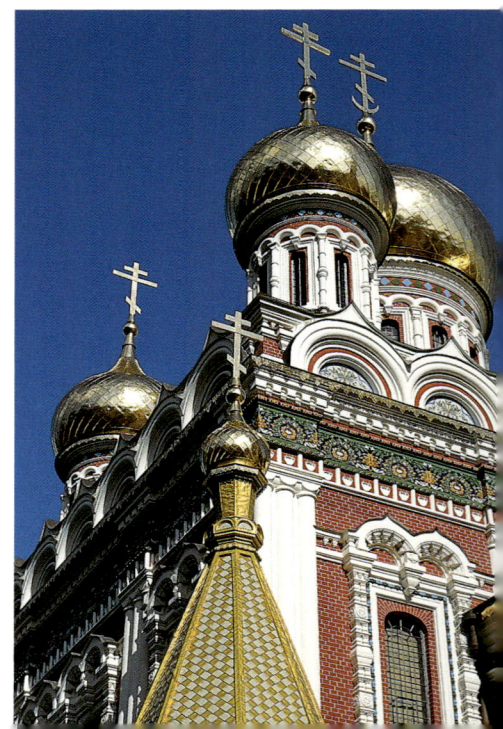

einem privilegierten Kleinod inmitten der wilden Bergwelt mit dem nahen höchsten Gipfel Bulgariens. In der Zeit der osma-

europäischen Strom. 1856 wird eine erste internationale Regelung über die freie Handelsschifffahrt auf der Donau getrof-

Die Gegend um Veliki Preslav, die einstige Hauptstadt, gilt als die «Wiege Bulgariens».

delle des Klosters und vor allem der berühmten «Goldenen Kirche» an, bekommt man einen Eindruck von dieser faszinierenden Pracht. Vor allem für seine Keramik ist Preslav weit über die Grenzen Bulgariens hinaus berühmt. In den Worten Joans, Exarch und Zeitgenosse Simeons: «Und wenn jemand fragte, was er dort gesehen habe, würde er antworten: ‹Ich weiß nicht, wie ich es dir beschreiben soll. Man kann die Schönheit nur mit seinen eigenen Augen bewundern.›»

RILA ㉓. Das Rila-Kloster erhielt seinen Namen von dem Gebirge, das es umgibt, und nicht umgekehrt – wie sich dies angesichts seines Gründers, des Eremiten Ivan Rilski, vermuten ließe. Dessen Beiname wurde, wie der des Klosters, seinem Rückzugsort entlehnt. Das Kloster erlebte im Mittelalter seine erste ruhmreiche Blütezeit, als es zum Zentrum des kulturellen und künstlerischen Schaffens in Bulgarien wurde. Mit zahlreichen Schenkungen der bulgarischen Zaren Ivan Assen II. und Ivan Schischman bedacht, von dem eine *Urkunde* aus dem Jahr 1378 im Kloster aufbewahrt wird, entwickelte es sich zu

nischen Herrschaft verlor es an Bedeutung, wurde geplündert und niedergebrannt. Die heute zu besichtigende Anlage stammt, mit Ausnahme des aus dem Mittelalter erhalten gebliebenen *Wehrturms*, aus dem 19. Jahrhundert, der Ära der «nationalen Wiedergeburt». In der u. a. von Sachari Sograf ausgemalten *Kirche* befindet sich – neben den Reliquien des Gründers – das *Grab* von Boris III. (gest. 1943), dessen Herz hier beigesetzt wurde.

ROSCHEN ㉔. In die rötlichen Felsen von Melnik eingebettet liegt das im 13. Jahrhundert gegründete *Kloster* Roschen. Wie so viele der bulgarischen Klöster entdeckt man es trotz seiner exponierten Lage erst im letzten Moment. Die heutigen, sorgsam restaurierten Gebäude stammen weitgehend aus dem 17./18. Jahrhundert. Seinen Ruhm gründet das Kloster vor allem auf die *Wandmalereien*, den *Ikonostas* und die holzgeschnitzten Lesepulte.

RUSSE ㉕. Als die «offene Stadt» an der Donau wird sie auch bezeichnet, und die Offenheit verdankt sie nicht zuletzt dem

fen, und Russe profitiert maßgeblich von der Öffnung nach Europa. Es galt lange als das «Tor zur Welt» für Bulgarien, und die gründerzeitlichen Straßenzüge manifestieren die Bedeutung der kosmopolitisch anmutenden Stadt, die zeitweise bis zu elf Konsulate beherbergte. Der rege Geschäftsverkehr und Kommunikationsfluss gaben dem Land wichtige Impulse. Die erste Eisenbahnlinie führte von Russe nach Varna, in Russe wurde die erste Zeitung in bulgarischer Sprache gedruckt. Ein kulturelles Zentrum im frisch renovierten *Geburtshaus* des Schriftstellers und Nobelpreisträgers Elias Canetti ehrt einen der berühmtesten Söhne der Stadt.

SCHIPKA ㉖. Zentraler Pass über den Balkan, vom Fernverkehr mittlerweile aber weitgehend gemieden. Am Fuße des Passes im Süden leuchtet die *Schipka-Kirche*, ein Bauwerk nach russischem Vorbild, mit ihren goldenen Kuppeln weit in die Landschaft. Das *Denkmal* zur Erinnerung an die historische Schlacht am Schipka-Pass im Jahre 1877 ragt allerdings eher unspektakulär und grau in den Himmel.

SOFIA – DAS DREHKREUZ BULGARIENS

In Sredez, der «Mitte» – wie Khan Krum das alte Serdica ab 809 n. Chr. nannte – kreuzten sich die Handelswege. Wer heute über den Vitoscha-Boulevard vom Kulturpalast bis zum Engel von Sofia flaniert, einer Statue der späteren Namenspatronin, erahnt die wechselvolle Geschichte dieser Stadt.

Sofia unterscheidet sich auf den ersten Blick nur unwesentlich von anderen europäischen Großstädten. Und dennoch weht der Hauch des mythischen Balkans durch die Straßen, wenn an der Ecke der

aus dem 6. Jahrhundert. Das älteste Baudenkmal der Stadt verbirgt sich hinter dem Sheraton, gegenüber vom Präsidentensitz: die Rotunde Sveti Georgi aus dem 4. Jahrhundert, unter Kaiser Justinian I. (6. Jh.)

Universität zahlreiche Straßenhändler Akkreditierungen für die Uni anbieten, gegenüber eine Zigeunerin ihre Maiskolben verkauft und ein alter Gaidaspieler bei den Statuen der Hl. Kyrill und Method – Schöpfer der kyrillischen Schrift – vor der Nationalbibliothek bulgarische Volksweisen bläst. In manchen Winkeln stößt man noch auf Relikte der Festungsmauer, die an die lange Geschichte der Stadt erinnern. Sie begann mit einer thrakischen Siedlung der Serden im 7./8. Jahrhundert v. Chr., unter dem Namen «Serdica». Erst im 14. Jahrhundert wurde Sofia nach ihrer Stadtpatronin, der Göttin der Weisheit, benannt, der auch die Kirche der Sveta Sofia, nahe der Alexander-Nevski-Kathedrale, geweiht ist. Die Fundamente des im 8./9. Jahrhundert zur dreischiffigen Basilika umgestalteten Sakralbaus stammen

zur Kirche des Hl. Georg ausgebaut. Bummelt man heute durch den leicht zu Fuß zu erkundenden Stadtkern, findet man allerdings nur noch wenige historische Gebäude früherer Epochen vor. Fast alle Moscheen und öffentlichen Gebäude aus der Zeit der osmanischen Herrschaft wurden zerstört. Das Stadtbild wandelte sich innerhalb weniger Jahre von einem orientalischen zu einem europäischen. Das gesamte Straßennetz wurde nach der Befreiung von den Türken nach westlichem Vorbild von einem österreichischen Städtebauer neu angelegt. Hohe Bürgerhäuser traten an die Stelle der niedrigen osmanischen Bauten, es entstanden zahlreiche Parkanlagen, die noch heute zum Verweilen einladen. Gebäude aus der Zeit zwischen der Staatsgründung 1879, als Sofia zur Hauptstadt ernannt wurde, und dem

Ersten Weltkrieg prägen den Stadtkern. Die Residenz Ferdinands I., das Nationaltheater «Ivan Vasov» und vor allem die 1912 vollendete Alexander-Nevski-Gedächtnis-Kathedrale, zum Dank an die russischen Befreier errichtet, sind charakteristische Zeugnisse des neuen Nationalbewusstseins. Heute stehen vor dem Denkmal für die Sowjetarmee im Park

5

6

3

4

1. Restaurierte Glas- und Eisenkonstruktion (1912) der Zentralen Markthalle in Sofia.
2. Die Kirche Sveta Petka Samardschiska zwischen dem Sheraton und dem einstigen Parteigebäude der KP. – **3.** Neben der Banja-Baschi-Moschee füllen die Sofioter das heilende Mineralwasser in Plastikflaschen.
4. Der bulgarische Löwe auf dem Eingangstor zur Kirche Sveti Georgi. – **5.** Alexander-Nevski-Kathedrale, ein Wahrzeichen Sofias.
6. Rund um die Nevski-Kathedrale bieten Buch- und Antiquitätenhändler ihre Ware an.

nahe der Universität Rampen für jugendliche Skateboardfahrer, der Platz vor der Nevski-Kathedrale ist am Wochenende Treffpunkt von Antiquitäten- und Ramschverkäufern, auf dem historischen Buchmarkt werden unter den Augen der Bronzestatuen der Gebrüder Slavejkov heute mehr schwarzgebrannte CDs mit Betriebssystemen, Computerspielen und Musik als Literatur verkauft. Der Zarenpalast, der heute das Ethnographische Museum und die Nationale Kunstgalerie beherbergt, dient bevorzugt als Kulisse für Paraden und Sommerkonzerte. Seit 1989 verfügt die Stadt über eine Metro mit zwei Linien, was manch böse Zunge zu dem Aus-

spruch verleitet, dass man Sofia zumindest aufgrund dieser Tatsache als Metropole bezeichnen dürfe. Doch Sofia ist Nabel und Drehkreuz, Treffpunkt und Sprungbrett für Bulgarien. Hier konzentriert sich der Großteil des kulturellen und politischen Geschehens, hier leben die meisten Menschen jenseits der ländlichen Gegenden. Nahezu ein Fünftel aller Bulgaren haben ihren Erstwohnsitz in Sofia, ein Beleg für die Bedeutung der Stadt, auch wenn die Einwohnerzahl bei nur knapp 1,2 Millionen liegt. Sofia ist auch landschaftlich gesehen einen Besuch wert. In ein Hochtal gebettet, am Fuße des Vitoschagebirges, ist sie nach Madrid die zweithöchst gelegene Hauptstadt Europas. In smogfreien Zeiten genießt man hier von jedem Standort aus ein faszinierendes Bergpanorama. Zum Skilift gelangt man in Sofia ganz einfach mit der Straßenbahn. Nicht zuletzt wird die Stadt auch wegen ihrer Mineralquellen gerühmt. Täglich pilgern Tausende mit großen Plastikflaschen zu den Quellen ins Zentrum oder in die Viertel Knijasevo und Gorna Banja.

SOFIA ㉗. Siehe Seite 228.

SOKOLSKI ㉘. Eine späte Klostergründung aus der Mitte des 19. Jahrhunderts, idyllisch gelegen und nur drei Kilometer vom Dorfmuseum Etara entfernt. Besonders schön ist die versteckt in die Landschaft gebaute *Klosterkirche* mit *Ikonen* von Malern aus Trjavna und Schipka.

Nessebar. In der Antike eine wohlhabende und weitgehend unabhängige Stadt, mit eigener Armee und Flotte, wurde Sosopol 72 v. Chr. von den Römern größtenteils zerstört. Im Osmanischen Reich zum Fischerdorf degradiert, gelangte es im 19. Jahrhundert zu neuer Blüte. In jener Zeit begann man mit dem Wiederaufbau zahlreicher Kirchen und Häuser.

Glühendes Sosopol: Dem Sonnengott weihten die Griechen einst ihre Kolonie Apollonia.

Über den Dächern von Veliko Tarnovo.

SONNENSTRAND ㉙. Wenn ein Ziel an der Schwarzmeerküste mit dem zweifelhaften Attribut «Ballermann» versehen werden kann, so ist das zweifellos der Sonnenstrand. Auf mehreren Kilometern reiht sich ein Hotel- und Vergnügungsbunker an den anderen. Am Ende der Strandanlage steht man vor den Toren zur historischen Halbinsel Nessebar, ein Kontrast, wie er stärker nicht sein könnte. Für Sonnen- und Vergnügungshungrige ist der Sonnenstrand dennoch eine empfehlenswerte Adresse. Die Ausflugsangebote in die Region und das Landesinnere sind vielfältig, die Sportmöglichkeiten ebenso, und der Strand fällt flach ins Meer ab, was ihn besonders kinderfreundlich macht.

SOSOPOL ㉚. Als die griechische Kolonie Apollonia im 7. Jahrhundert v. Chr. gegründet. Die historische Halbinsel wirkt heute durch ihre vielen Straßencafés «jünger» als

TROJAN ㉛. Im 15. Jahrhundert gegründetes Kloster, von dessen ursprünglicher Gestalt nur der Altarstein übrig geblieben ist. Besonders sehenswert sind die *Ikonen* und *Fresken* des berühmten Malers Sachari Sograf in der zu Beginn des 19. Jahrhunderts errichteten Klosterkirche. Die weitläufige Anlage bietet auch Übernachtungsmöglichkeiten für Touristen.

VARNA ㉜. Die historische Stadt Varna wurde im 6. Jahrhundert v. Chr. unter dem Namen Odessos von aus Milet stammenden Griechen gegründet und zu einem zentralen Handelsplatz ausgebaut. Die strategisch günstige Lage der Stadt tauchte sie in ein Wechselbad der Geschichte. Die Römer entdeckten die legendären Heißquellen und bauten riesige *Thermen*, deren Grundmauern noch heute zu besichtigen sind. Nicht nur als Seebad, sondern auch als politischer und administrativer

Mit dem Ausflugsboot auf dem Kamtschija.

Stützpunkt erlebte Varna unter den Römern eine Blütezeit. Die Stadt gilt als einer der reizvollsten Kurorte am Schwarzen Meer und hat seit der Entdeckung des touristischen Kurens in den 1920er Jahren nichts an Attraktivität eingebüßt. «Das ist keine bulgarische Stadt, hier leben ja gar keine Bulgaren!», rief Vasov schon 1890 über die Perle an der Schwarzmeerküste aus. Als «heilkräftigster Seekurort im südöstlichen Europa», so ein deutscher Reiseführer aus den 20er Jahren, zog Varna

Alljährliches Rosenfest in Kasanlak.

GOLD DER ROSEN

Rosen, in osmanischer Zeit erstmals in Bulgarien kultiviert, wurden mit Gold aufgewogen. Rosenöl war einmal bulgarischer Luxusexportartikel Nummer eins, und noch heute zeugen die verbreiteten Souvenirs von der Blütezeit dieses Handelszweigs. Über rund 80 km, eingebettet zwischen dem Balkangebirge und den Ausläufern der Sredna Gora, nördlich der Rhodopen, erstreckt sich das Rosental, auf dessen Feldern inzwischen auch Lavendel und Pfefferminze wachsen. Mit dem Anbau der Damaszener Rose, einer aus Kleinasien stammenden, ertragreichen Heckenrose, deckt Bulgarien heute etwa 35 % des Weltbedarfs. Man sollte früh unterwegs sein, um in den Genuss des betörenden Rosendufts zu kommen, denn mit der zunehmenden Wärme des Tages verflüchtigt sich das ätherische Öl und mit ihm der Duft der Rose um bis zu 70 %. Deshalb findet die Ernte, die von Ende Mai bis Mitte Juni andauert, immer in den frühen Morgenstunden statt. Aus rund drei Tonnen Blütenblättern lässt sich ein Liter reines Rosenöl gewinnen – ein Aufwand, der den Grad an Luxus beziffert. Anfang Juni wird in Kasanlak und Karlovo alljährlich das Rosenfest in farbenprächtigen Trachten, mit Tanz, Umzügen und Konzerten gefeiert.

neben deutschen vor allem französische, britische und russische Kurgäste an. Diese Nationen unterhielten auch diplomatische Vertretungen in der Stadt, die in manchen Straßenzügen eine verträumte, mediterrane Gründerzeitstimmung aufkommen lässt. Im Sommer, von Juni bis September, wenn die Charterflüge Touristen aus ganz Europa nach Bulgarien bringen und amerikanische Kreuzfahrtschiffe vor Anker gehen, schmücken sich die von Kastanienbäumen gesäumten Straßen der Altstadt mit internationalem Flair. Die kulturellen Angebote genügen trotz finanzieller Engpässe auch gehobenen Ansprüchen. Musik-, Theater-, Ballett- und Filmfestivals machen Varna für die Bulgaren zur Sommerhauptstadt ihres Landes. Seit jüngster Zeit kann das *Archäologische Museum* sich rühmen, einen der ältesten Goldschätze der Welt zu besitzen, dessen Originale sich allerdings oft auf Ausstellungstour befinden. Heute ist Varna mit seinen etwa 350 000 Einwohnern nach Sofia und Plovdiv die drittgrößte Stadt Bulgariens.

Badespaß auf der Felsenhalbinsel Sosopol.

231

VELIKO TARNOVO ㉝. Sie wird als die «Mutter der Städte» Bulgariens bezeichnet. Und das sicher nicht nur ihrer historischen Bedeutung wegen, sondern auch aufgrund der städtebaulichen Anordnung und ihrer pittoresken Häuser und Gassen. Die Jantra zerklüftet mit ihrem Flussbett die letzten Ausläufer des Balkans, und auf den drei wie Halbinseln wirkenden Hü-

Tarnovos Handwerker- und Händlergasse, die *Samovodska*, wo noch heute altes und wertvolles Handwerk gepflegt wird. Man kann den Handwerkern, wie dem Miniaturschnitzer oder der Töpferin, bei der Arbeit über die Schulter schauen. Auch die zahlreichen Klöster in und um Tarnovo sind einen Besuch wert. Erwähnt seien hier vor allem das *Preobraschenski-*

ten die befestigte Siedlung «Bononia». In seiner Blütezeit im 14. Jahrhundert (Zweites Bulgarisches Reich) war Vidin Hauptstadt des nordwestlichen Fürstentums und galt lange als wichtiger – von Byzanz, Ungarn und Bulgarien umkämpfter – Grenzposten. Berühmt ist Vidin neben seiner infrastrukturellen Bedeutung für Transitverkehr und Schifffahrt vor allem wegen

Seit Jahrhunderten läuten die Glocken zur Andacht: im Preobraschenski-Kloster an den Steilhängen der Jantraschlucht, bei Veliko Tarnovo.

geln – Zarevez, Trapesiza und Sveta Gora – erhebt sich die Stadt Tarnovo. Zwei Jahrhunderte lang war sie die Hauptstadt des Zweiten Bulgarischen Reiches (1186–1393). Auf dem Zarevez stand die einstige *Festung*. Die Grundmauern der mehr als 14 Kirchen und zahlreichen Palastgebäude zeugen von vergangener Größe. Auf dem Hügel thront heute die in modernem Stil neu errichtete *Patriarchenkirche*, die im Innern mit Szenen aus der bulgarischen Geschichte ausgemalt wurde. Nicht versäumen sollte man einen Streifzug durch

Kloster, ca. 7 km von Tarnovo entfernt, an den Hängen des Jantratals, und die *Ikonen* in seiner Hauptkirche, die von Sachari Sograf stammen. Auf der anderen Seite des Flusses liegt das Kloster *Sveta Troiza* am Fuße einer imposanten Felswand. Hier wurde der Grundstein für die legendäre «Schule von Tarnovo» gelegt.

VIDIN ㉞. Eine der ältesten Städte Bulgariens, an der Donau im nördlichsten Winkel des Landes gelegen. Bereits Thraker und Kelten siedelten hier, die Römer errichte-

der *Festung «Baba Vida»*, an der man die Baustile der verschiedenen Herrschaftsepochen studieren kann. Um sie rankt sich die Legende der drei Schwestern Vida, Kulla und Gamza. Die beiden Letzteren heirateten übereilt und verloren binnen kurzem die Erbschaft ihres Vaters, eines reichen Bojaren. Nur Vida heiratete nicht und blieb ihr Leben lang allein. Unter ihrer Herrschaft wurde die Burg – im Volksmund auch die «Baba-Vida-Türme» – an den Ufern der Donau errichtet und konnte jedem feindlichen Angriff trotzen.

Sommerresidenz «Stilles Nest» in Baltschik.

Im Rhodopendorf Leschten – mit dem Blick auf die Gipfel des Pirinmassivs.

Gang zum alljährlich stattfindenden Rosenfest.

Das Donaudelta.

Bis zu 2 500 Meter erhebt sich das Bucegi-Gebirge in den Südkarpaten.

Das Casino von Constanţa an der Uferpromenade.

RUMÄNIEN

Fotos Olaf Meinhardt
Text Ebba Hagenberg-Miliu

Die mittelalterliche Altstadt von Sighisoara (Schässburg) in Transsilvanien

ZWISCHEN TRADITION UND AUFBRUCH

Woher wohl diese beschwingte Volksmusik stammt? «Bun ii vinul ghiurgiuliu» heißt der Song, was dem Hörer in Sachen Lokalisierung aber auch nicht unbedingt weiterhilft. Irgendwie lassen die Worte zurückliegende Lateinstunden anklingen. Und die volle Altstimme, sie wechselt von Zweier- zu Dreiertakten, beschleunigt mühelos, lässt Glucker und Lachen einfließen. Es ist zweifellos ein Scherzlied, und zwar ein traditionelles rumänisches, das die Interpre-

uns die Bilder von traurigen Kinderaugen aus den steinernen Straßenschluchten und verfallenen Waisenhäusern ein, die uns die Medien in schöner Regelmäßigkeit ins Haus schicken. Da erinnern wir uns mit Schaudern an die blutbespritzte Mauer, vor der Rumäniens neuzeitlicher Vampir, der Diktator Nicolae Ceauşescu, mit seiner nicht minder machtbesessenen Frau Ende 1989 hingerichtet wurde. Und wer hat nicht schon in der Boulevardpresse über Minderheitenprob-

Zum Markt in Botiza in der Maramuresch reisen viele Bauern ...

... noch hoch zu Ross oder mit dem Pferdefuhrwerk an.

tin Maria Tănase vor mehr als vierzig Jahren sogar im Pariser «Olympia» aufführte.

«Gut ist der rotschimmernde Wein»,
sang sie da mit leichtem Edith-Piaf-Timbre,
    «gut ist der Wein und wohlschmeckend, wenn du
    ihn mit einem hübschen Burschen trinkst».
Um dann mit zwinkerndem Auge fortzufahren:
    «Wenn du ihn aber mit einem hässlichen Mann
    trinkst, dann bleibt er dir im Halse stecken».
Rumänien – hätte man von diesem Land nicht eher melancholische Lieder erwartet? Statt Schalk und Lebensfreude, statt zündender Rhythmen?

Denn wer kennt sie nicht, die drei, vier Stereotypen, die uns hierzulande, kommt das Thema aufs Karpatenland, sofort durch den Kopf schießen? Da fallen

leme gelesen? Rumänien also ein Horrorstaat, wo auch Anfang des 21. Jahrhunderts Mord und Totschlag herrschen und ein Kinderleben nicht einen Pfifferling wert ist? Rumänien gleichbedeutend mit «Dracula-Land», so wie fatalerweise der Vergnügungspark heißen sollte, der in Transsilvanien geplant war?

Langjährige Südosteuropa-Kenner wie Anneli Ute Gabanyi mahnen zu sachlicher und fairer Betrachtung. Die Berliner Mitarbeiterin des Deutschen Instituts für Internationale Politik und Wissenschaft berät die Bundesregierung in Sachen Rumänien. Die derzeitige Lage im Karpatenland sei immer vor dem Hintergrund seiner leidvollen Geschichte zu sehen, sagt Gabanyi.

Die Wallfahrtskirche in Valea Scradiei im Wassertal (Valea Vaser).

Über vier Jahrzehnte hatten die rund 22 Millionen Menschen darben müssen. Dann kam das, was sie den «revolutionären Staatsstreich» nennt: der Sturz des kommunistischen Regimes und der sofortige Aufbau neuer Machtstrukturen. War der Volksaufstand von 1989 gewaltfrei geplant, der blutige Staatsstreich offenbarte sich anschließend aber als das Werk einer Gruppe von Postkommunisten, die nach einem Intermezzo unbelasteter Liberal-Konservativer von 2000 bis 2004 wieder die Regierung in Bukarest stellten. Dann erfolgte die Ablösung durch eine liberal-konservative

Noch ohne Traktor und Maschinen: Bäuerliche Arbeit ist Handarbeit.

Bauernleben in der Süd-Bukowina, nicht weit vom Borgo-Pass.

Was kostet das Schwein? Der Preis wird gemessen.

Regierungskoalition. Immer wieder waren in den 90er Jahren die Reformbestrebungen durch Führungskämpfe, Korruption und innere Unruhen behindert worden. Umso erstaunlicher sind die Fortschritte des Landes im 21. Jahrhundert, die zum Beitritt in die EU 2007 führen sollen, wenn denn die Auflagen der EU-Kommission erfüllt werden (siehe Seite 278).

Zukunftsorientierten Menschen wie etwa Elvira Ionescu würde dies zupass kommen. Wir treffen die Bukarester Informatikerin in ihrer schicken Software-Agentur an der Prachtallee Calea Victoriei. Auch in

Sachen Kleidung durchaus am Modepuls der Zeit, stöckelt die Unternehmerin von hier aus täglich zu ihrer internationalen Kundschaft. Eine Dozentur an der heimischen Universität hat Elvira schon vor Jahren ausgeschlagen. «Ich fühle mich als Selbstständige viel wohler.» Denn die Mitdreißigerin mit der Luxuswohnung in der Hauptstadt und dem Ferienhaus in den Bergen hat aus den Gesetzen der Marktwirtschaft für sich längst das Beste gemacht. Wie eine Reihe junger Rumänen gehört auch Elvira zur so genannten neuen Elite, die bald nach der politischen Wende, mit einem Aktenkoffer bewaffnet, durchs Stadtzentrum eilte.

PARIS DES OSTENS

Die breiten Boulevards sind das Herz von Bukarest. Wer hier entlangbummelt, fühlt den Flair einer europäischen Metropole. Junge Gitarrenspieler sitzen verträumt auf den Bänken, Teenager zeigen ihre

WENN MÜTTERCHEN
SOFIA KOCHT

*Gute frische Zutaten, traditionell zubereitet: Rumäniens Küche
bieten vor allem auf dem Land noch unverfälschte Genüsse aus Fleisch
und Fisch, köstlichen Süßigkeiten und einheimischen Weinen.
«Pofta bună!» (Guten Appetit!) und «Noroc!» (Prost!).*

Sofia bereitet das Weihnachtsfest vor. Wie jedes Jahr ist die fünfundsiebzigjährige Großmutter für das Festmahl verantwortlich, für das Kochen, Backen und Keltern. Mütterchen Sofia ist nämlich über die Familiengrenzen hinaus als exzellente

nach alten Rezepten gekocht. Die Innereien verarbeitet sie zu *Drop*-Kugeln, die bei jedem Festessen unverzichtbar sind. Die besten Teile des Fleisches dagegen werden als Koteletts oder Schnitzel zu *Mamaliga*, dem in Rumänien so beliebten

1

3

4

5

Köchin und erfahrene Herstellerin edler Tropfen bekannt. Selbst über die auch kulinarisch trostlosen kommunistischen Jahrzehnte hinweg gelang es ihr, die Traditionen rumänischer Küche, so gut es eben ging, aufrecht zu erhalten. Im Herbst schon hat Sofia aus eigenen Trauben ihren Wein angesetzt, der jetzt in kleinen Fässern wohlbehütet zu einem trockenen Tropfen gären soll. Aus Walnüssen gewann sie einen wohlriechenden Schnaps, der es durchaus in sich hat. Den gängigen Pflaumenschnaps *Ţuica* bekommt man ja in jedem Laden, aber: «kein Vergleich zu selbst gemachtem», findet Sofia selbstbewusst. Und auch beim Schlachten packt sie resolut mit an, als die Männer der Großfamilie ein Schwein zerteilen.

Die Zubereitung aber ist allein Frauensache. Verschiedene Wurstsorten werden

Maismehlbrei, serviert. Von den minder guten Stücken kocht Sofia den pikanten Eintopf *Ciorba* oder die leicht säuerliche *Borş*-Suppe. «Auch die Schweinehaut kommt geräuchert auf den Tisch», erklärt Sofia ihrer Enkelin Alina, die der Großmutter allerdings am liebsten bei den süßen Köstlichkeiten hilft: bei den leichten *Cosonac*-Kuchen, bei *Clatite*, den Eierkuchen, sowie beim Sirupgebäck *Baclava*, das man auch in der Türkei und in Griechenland kennt.

Touristen können die traditionelle rumänische Küche ebenfalls genießen. In den guten, heute meist privaten Restaurants beginnt ein rundes Menü etwa mit sonnengereiften, fast süßlichen Tomaten und würzigem Schafs- oder Ziegenkäse, mit einem Brotaufstrich aus Auberginen oder mit einer Creme aus Kaviar. Es folgt eine

6

7

Traditionelle rumänische Gerichte kann man in vielen guten Restaurants genießen – wie etwa im «Caru cu Bere», der ältesten Bierhalle Bukarests (2.). Hier stehen neben dem landestypischen Maismehlbrei «Mamaliga», der beispielsweise zu Fisch serviert wird, auch das Nationalgericht «Ciorba de Burta» (saure Kutteln) und «Mici» (Hackfleischbällchen) mit Speck (3.–5.) auf der Speisekarte. Mit einem selbstgebrannten Begrüßungstrunk heißt man Gäste willkommen (6). Zu einem gelungenen Essen darf der gute heimische Tropfen nicht fehlen (1. und 7.).

Ciorba de văcuța, also eine Rindfleischsuppe, oder die Kuttelsuppe *Ciorba de burta*. Richtig rumänisch wird es, wenn man *Sarmale* (Kohlrouladen) bestellt, *Musaka*, einen herzhaften Auberginenauflauf, oder *Ardei umpluți*, mit Kalbfleisch gefüllte Paprika. Vom Grill kommen die pikanten Hackfleischröllchen *Mici*, die *Kleinen*, Geflügelstücke oder frischer

Fisch. Dazu gibt es gebratene oder pürierte Kartoffeln, würzigen Risotto-Reis oder eben den allgegenwärtigen Maismehlbrei Mamaliga mit Schmand.

Natürlich steht auch immer ein Korb mit Weißbrot auf dem Tisch, frisches Mineralwasser aus den Karpatenquellen und ein rumänischer Wein. Dabei werden besonders gerne der trockene Riesling *Târnave* aus Transsilvanien sowie der eher fruchtige Cabernet, Pinot gris, Chardonnay oder Muskateller *Otonel* aus Murfatlar an der Schwarzmeerküste getrunken. Und als Dessert wird vieles von dem gereicht, was auch Mütterchen Sofia ihrer Familie auftischt. Denn auch wer nicht das Glück hat, bei Paradeköchinnen wie Sofia mit am Tisch zu sitzen, kann sich durch Rumäniens herzhafte Küche und seine guten Tropfen mit Genuss hindurchschlemmen.

Bauchnabeltattoos, Marktfrauen preisen neuseeländische Kiwis und spanische Orangen an.

Das war nicht immer so. Die Zwei-Millionen-Stadt hatte, ähnlich wie der gesamte Staat, ein Schreckens-

Die Jugend von Vișeu de Sus (Oberwischau) trifft sich zum Plausch.

Noch hat man Zeit in der Maramuresch. Das Leben läuft nicht davon ...

... und auch die heimkehrenden Schafe haben es nicht eilig.

image weg. Nirgendwo sonst im Land zwischen Donau, Schwarzem Meer und Westkarpaten schien sich die Allgegenwart des paranoiden Diktators plastischer auszuwirken als in diesem einstmaligen «Paris des Ostens». Ganze Altstadtviertel mit stilvollen Villen, prächtigen Kirchen und blumenumrankten Bürgerhäusern hatten einer protzigen Machtarchitektur zu weichen. Divisionen von primitiven Wohnblocks kasernierten von nun an die Hauptstädter. Altehrwürdige Museen mutierten zu Huldigungsstätten des Kommunismus. Innerhalb kürzester Zeit hatte der «Conduca-

tor», der Führer, begonnen, die Stadtkultur eines früher mächtigen Fürstentums auszuradieren. Wer wollte bei diesem Kahlschlag noch in die ehemals so überaus glanzvolle Kapitale der Walachenfürsten reisen? «Geschäftsleute und Touristen aus aller Welt sind aber in den letzten Jahren wiedergekehrt», weiß Elvira Ionescu. «Anfangs noch vorsichtig, inzwischen mit stetig wachsender Begeisterung.»

Die meisten Gäste Rumäniens wohnen in den teuren Hotels im Zentrum von Bukarest. Häufiges Ziel ist die Sammlung des Kunstmuseums im ehemaligen

Königsschloss mit seinen über 70 000 Exponaten. Viele starten Ausflüge zum Nonnenkloster Horezu, das in seinem einzigartigen walachischen Stil inzwischen zum UNESCO-Weltkulturerbe zählt. Oder man bummelt durch Bukarests Triumphbogen – ein Denkmal des Sieges rumänischer Truppen im Ersten Weltkrieg – zum neuen wirtschaftspolitischen Treffpunkt «World Trade Center». Gleich daneben liegt das Pressezentrum im sozialistischen Zuckerbäckerstil, auch der groß angelegte Herăstrău-Park. An der Philharmonie Athenäum macht man Rumäniens Dichterfürst Mihai

Die Kirche in Budeşti-Josani wurde 1643 aus Eichenholz gebaut.

Eminescu seine Aufwartung. Nachdenklich blickt das bronzene Standbild auf das Alltagsgeschehen. In der Nähe des Bahnhofs ist das Elend einiger Jugendlicher noch immer greifbar. Manche dämmern in den Tag hinein, andere haben sich zu kriminellen Kleinbanden zusammengetan. Sie sind Opfer der Bevölkerungspolitik des alten und der wirtschaftlichen Härten des neuen Systems. Das Jugendproblem betrifft zwar nicht nur Rumänien, doch ruft es seit Jahren eine Reihe auch internationaler Hilfsorganisationen auf den Plan.

Die Geige spielt in der volkstümlichen Musik eine prominente Rolle.

Ganz Rumänien im Kleinformat findet der Bukarest-Besucher im Dorfmuseum im Herăstrău-Park. Auf einer Fläche von zehn Hektar sind hier an die dreihundert Häuser und Kirchen aus den sechs Regionen des Karpatenlandes bequem zu erkunden. Es sind keine Nachbauten, sondern Originale: die traditionell mit aufwändigem Schnitzwerk versehenen Bauernhöfe der Walachei, die weiß gestrichenen Häuser der Bukarester Region mit ihren Veranden, die moldauischen und transsilvanischen Gebäude mit ihren hohen Toren, die Häuser des Banat, die gedrungenen Katen der Dobrudscha am Schwarzen Meer und die

Botiza in der Maramuresch, urkundlich schon im Jahr 1385 erwähnt.

Religiöse Feste bringen die ganze Dorfgemeinschaft auf die Beine.

Im Kloster Moisei aus dem 17. Jahrhundert: Fest Mariä Himmelfahrt.

Valea Scradiei – prächtig wird die Geburt Mariens gefeiert.

himmelstürmend steilen Holzkirchen aus der Maramuresch im Norden. – «Das mag für alle, die keine Zeit haben, das gesamte Land zu bereisen, ein guter Überblick sein», meint der Mönch Dimitrie in einem der vielen Moldauklöster im äußersten Nordosten Rumäniens. «Dennoch kann ein Dorfmuseum niemals einen Besuch hier vor Ort ersetzen», fügt der Mönch mit dem tiefschwarzen Rauschebart stolz hinzu.

MÖNCH DIMITRIE ERZÄHLT

Die Kameras klicken, die Videogeräte surren, wenn Dimitrie an den bunten Außenfresken seines alten Gotteshauses entlang aus der Bibel erzählt. In fließendem Deutsch berichtet er vom Siegeszug des christlichen Glaubens. Seit dem späten Mittelalter konnten sich die festungsartigen Bergklöster der Bukowina im Moldau-Gebiet gegen die unterschiedlichsten Eindringlinge behaupten. Auch ein wiederholter Ansturm der moslemischen Osmanen konnte diese letzten Bastionen der rumänisch-orthodoxen Kirche nicht erschüttern. Damals, als Konstantinopel für das Christentum verloren war, wurden in den Bergklöstern Ikonen und andere religiöse Schätze versteckt, bis

diese in die Obhut der russisch-orthodoxen Kirche in Moskau gebracht werden konnten. Dimitrie ist stolz auf seine Vorzeigeklöster. «Wir haben bislang jede Klippe genommen, sogar die der Marktwirtschaft», erzählt der Fünfzigjährige. «Jetzt produzieren und verkaufen wir Milch, Käse und Eier, Fleisch, Obst und Gemüse. Und zwar mit Gewinn.»

In einem Land, dessen Einwohner zu fast 87 Prozent der rumänisch-orthodoxen Kirche angehören,

Orthodoxe Gottesdienstbesucherinnen im Kloster Moisei.

Der «Fröhliche Friedhof» von Săpânţa ist weit über die Landesgrenzen hinaus bekannt. Mit farbig bemalten und individuell beschrifteten Grabkreuzen hat der Holzschnitzer Ion Patraş dem Tod seinen Schrecken genommen; in seinem einstigen Wohnhaus ist heute ein Museum untergebracht. Nachfolger Dumitru Pop setzt die Kunst fort.

gewinnt das Klosterleben in heutigen Zeiten wieder an Attraktivität. «Für viele junge Novizen bedeutet ihr Weg nicht nur spirituelle Zuflucht. Das Kloster ist ein sicherer Hort in einer unsicheren Zukunft», bemerkt der Mönch. Und er weist darauf hin, dass die Menschen, die in der Nähe eines weltbekannten Klosters leben, finanziell davon profitieren. Manch kleine Pension in den umliegenden Dörfern beherbergt und bewirtet inzwischen die in Scharen anreisenden Kulturtouristen, wenn das Kloster selbst keine Zimmer zur Verfügung stellt. Dafür ist manch einer, der vorher in den Fabriken der Großstädte sein Glück gesucht hatte, wieder ins Dorf zurückgekehrt. Und auch das Kunsthandwerk ist hier in den Ausläufern der Ostkarpaten ein durchaus einträgliches Geschäft. Wer hier in den harten und dunklen Wintermonaten die schönen rot-weiß-schwarzen Tücher webt, weiße Blusen kunstvoll bestickt oder traditionelle Holzschnitzereien fabriziert, kann die Souvenirs in den Sommermonaten vor den Klostertoren verkaufen und damit zum Lebensunterhalt beitragen. Ab und an improvisiert dort auch ein Trio von Roma-Musikern beliebte Volkslieder wie Maria Tănases «Pe deal pe la Cornațel»:

«Grünes Blatt auf dem Hügel von Cornațel,
wo die Sehnsucht ist, folgt ihr die Liebe.
Wie die Kuh dem Kälbchen folgt.
Wie das Schaf dem Lämmchen folgt,
folgt ihr die Liebe.»

Die Nonnen oder Mönche der jeweiligen Klöster stehen dann in einiger Entfernung und lächeln leicht. Doch auch sie sind geschäftstüchtig und bieten im Inneren der Klosteranlage handgemalte Ikonen, fein gewebte Teppiche oder die fantasievoll gefärbten Holzeier der Orthodoxie an.

Unser Mönch Dimitrie ist studierter Kunstwissenschaftler und darauf eingestellt, hier in der historischen Bukowina auch die kniffligsten Touristenfragen zum heutigen UNESCO-Weltkulturerbe, eben zu den fünf berühmten, außen mit Fresken geschmückten Klöstern – Voroneț, Moldovița, Sucevița sowie Humor und Arbore – zu beantworten. Die Ehrfurcht vor der künstlerischen Qualität dieser früher als «Bibeln für die Armen» bezeichneten, weltweit einzigartigen Sakralanlagen spüre er bei den fremden Besuchern durchaus. Aber: «Ich staune in Gesprächen mit ihnen immer wie-

der über das Vorurteil unseres angeblich so niedrigen Bildungsniveaus.» Und der belesene Mönch schüttelt den Kopf; seine Augen blitzen hinter den Brillengläsern. Wisse denn niemand mehr, fragt er, dass die Bukowina bis über die heutige ukrainische Grenze hinweg im damaligen Cernovitz lange Zeit eine Hoch-

Lebensgeschichten in Wort und Bild auf dem «Fröhlichen Friedhof».

burg der Habsburger und auch ein lebhaftes Zentrum jüdischer Kultur war? Paul Celan, Rose Ausländer und Alfred Margul-Sperber stammten von hier und dichteten unvergessene Verse in deutscher Sprache. Oder, um in die Gegenwart zurückzukehren, Rumänien habe in der viel zitierten Pisa-Studie auch nicht

In Botiza am Fuße des Tibles-Gebirges gibt es vor allem Pferde – und kaum Autos.

schlechter als Deutschland abgeschnitten. Und immerhin zwanzig Prozent der derzeitigen Microsoft-Angestellten in den USA seien einmal in Rumänien ausgebildet worden. «Sagt auf jeden Fall Bill Gates.»

Dann macht Dimitrie sich auf, der Touristengruppe im Klostermuseum die kulturellen Schätze der Vergangenheit zu erklären: wertvolle Hinterglas-Ikonen, mit sakralen Motiven kunstvoll gewebte Teppiche und bunt verzierte, kostbare Handschriften. Eigentlich hätte der gebildete Mönch sogar noch weitere Punkte zum Ruhm der Geschichte anführen können. So ist vom einstigen Fürstentum Moldau nicht nur eine große religiöse Kraft, sondern von seiner Metropole Iași immer auch eine starke kulturelle und politische Ausstrahlung ausgegangen. Hier hatte sich im 19. Jahrhundert um den Lyriker Mihai Eminescu und den Dramatiker Vasile Alecsandri die Elite der rumänischen Literaten, Journalisten und Wissenschaftler zusammengefunden. Ein Streifzug durch die moderne Universitätsstadt an der heutigen Grenze zur unabhängigen Republik Moldova – im Jahr 1991 hervorgegangen aus der Moldauischen Sozialistischen Sowjetrepublik – mit ihren Theatern, Museen, Künstlerhäusern und Kirchen wird zu einem besonderen Erlebnis für Kulturfreunde. Die Drei-Hierarchen-Kirche aus dem 17. Jahrhundert zum Beispiel gehört zu den bedeutendsten sakralen Bauwerken Europas. Und in Iași hatte seit dem Jahr 1861 die Entwicklung zum rumänischen Nationalstaat ihren Lauf genommen, was dem Besucher im Vereinigungsmuseum der ehemaligen Fürstenresidenz dokumentiert wird.

NATIONALER SAUERRAHM

Der damalige Hausherr und letzte moldauische Fürst, Alexandru Ioan Cuza, hatte in den sechziger Jahren des 19. Jahrhunderts das Kunststück vollbracht, den Staat Rumänien durch einen Verbund mit dem Nachbarstaat Walachei zu festigen und dafür sogar den Segen der europäischen Großmächte erhalten. In den folgenden Dekaden bis 1918 sollten sich unter einem neu installierten rumänischen Königshaus der Hohenzollern dann auch die übrigen Regionen in den neuen

Zur Arbeit der Hirten im Rodna-Gebirge gehört die Käseherstellung, ...

Staat eingliedern: die Dobrudscha, Transsilvanien, die Maramuresch und das Banat. Das war in der Geschichte des Landes bislang nur dem Walachenfürsten Mihai Viteazul, Michael dem Tapferen, gelungen. Doch nur für einen kurzen historischen Augenblick. Er hatte den osmanischen Angreifern 1595 überra-

... das Füttern und Tränken der Pferde ...

... sowie das Schlachten und Häuten der Schafe.

schend eine walachisch-transsilvanisch-moldauische Allianz präsentiert – um dafür schon im Jahr 1601 mit dem Leben zu bezahlen. Der Vereinigungstraum des tapferen Michael passte nicht in das politische Konzept der argwöhnisch beobachtenden Großmächte.

Aber kommen wir zurück ins Hier und Jetzt am Karpatenbogen. Fahren wir zu Jozsef Molnar, einem knorrigen Alten aus dem hohen Norden. Der Schafbauer mit ungarischen Vorfahren lebt in der Bergregion Maramuresch. Die Politik im fernen Iaşi oder im noch ferneren Bukarest interessiert ihn überhaupt nicht. Seit seiner Kindheit sind andere Dinge wichti-

Heimatklänge: Das Bucium ist die rumänische Variante des Alphorns.

Eine Schafherde weidet zwischen den Felsen des Fägäraş-Gebirges.

ger: der Almauftrieb im Frühjahr, die Schafschur, die Milchverarbeitung und im Herbst dann der Abtrieb der Tiere ins kältesichere Dorf. Wobei natürlich inzwischen längst Sohn Bogdan den kräfteaufreibenden Teil der Arbeit übernommen hat. Vater Jozsef ist aber immer dann gefragt, wenn es um die traditionellen Techniken der Käseherstellung und der Wollverarbeitung geht. Stolz berichtet er, dass sein «Telemea», also der in Salz eingelegte würzige Schafkäse, besonders gut auf den umliegenden Märkten verkauft wird. Ehefrau Elena, mit der er seit fast fünfzig Jahren verheiratet ist und die sich beim Gespräch schüchtern im Hintergrund hält, ist die Smântâna-Spezialistin, eine wahre Künstlerin bei der Produktion von Sauerrahm. Mit

Elenas feinem Rahm als Brotaufstrich brauche man keine Butter mehr, schwärmt ihr Mann. Auch freut sich Jozsef, dass der Enkel Viorel nach dem Militärdienst ins Familiengeschäft einsteigen will. Zumal die meisten Jüngeren seiner Generation ihren Dörfern den Rücken gekehrt haben und dem Magnetismus der glitzernden Großstädte mit ihren verheißungsvollen Versprechungen erlegen sind.

«Für mich gibt es nur meine Familie und mein Dorf», meint Jozsef. Er will überhaupt nicht wissen,

was die Ministerien in der Hauptstadt beschließen. Sohn Bogdan wiegt nachdenklich den Kopf. Natürlich weiß er, dass die Idylle, die dem Vater vorschwebt, auch in ihrem einsamen Bergort so nicht mehr besteht. Man ist sehr wohl von den Entscheidungen der politisch Verantwortlichen abhängig, besonders von ihren wirtschaftlichen Zielsetzungen. «Ich habe unseren kleinen Hof für das Agrartourismus-Programm vormerken lassen», berichtet der Sohn. Bald werden sich also in Jozsefs einfachem Haus mit dem tief gezo-

Fest im Visier hat dieser Hirte seine Schafe.

genen Dach und den geschnitzten Fensterläden Wandertouristen aus dem reichen Westeuropa einmieten, damit die Großfamilie hier an der ukrainisch-ungarischen Grenze wirtschaftlich überleben kann.

Fast unberührte Wälder und Berghöhen um den gut 2300 Meter hohen Pietrosu locken auch anspruchsvolle Urlauber. Dazu Dörfer, in denen die Zeit stehen geblieben zu sein scheint. In unzähligen Variationen elementarer Formen sind selbst die Zäune und

Wandern in den Transsilvanischen Alpen: das Fǎgǎraş-Gebirge.

Tore mit Schnitzwerk verziert: Vor jedem Hof präsentiert sich ein Holztor mit einem aufwändig und liebevoll geschnitzten Rahmen, oben ein kleines hölzernes Dach. Die Motive sind einfach aber vielfältig: Lebensbäume, Kreuze, stilisierte Blüten, Früchte und Figuren. Manchmal hat man den Eindruck, hier den Wurzeln und Formen des weltberühmten rumänischen Bildhauers Constantin Brâncuşi ganz nah zu sein (siehe Seite 310).

Vor der malerischen Bergkulisse streben in jedem Ort schmale schlanke Kirchtürme mit steilen Holzschindeldächern in den Himmel. Manche dieser fast gotisch anmutenden Gotteshäuser stehen dort seit

Rast am bekanntesten Bergmassiv der Moldau: dem Ceahlǎu-Gebirge.

DRACULA IN DISNEYWORLD?

Filme und Horrorgeschichten, bizarr und grausam, prägen das Bild des blutsaugenden Grafen Dracula bis zur Parodie. In einem aber sind sich alle Überlieferungen einig: Dracula war in den Karpaten zu Hause. Da steht sein Schloss auf düsterem Fels. Und wer es betritt, achtet besser auf seine Halsschlagader. Oder etwa doch nicht?

Das soll sein Geburtshaus sein? Dieser Eckbau, sandfarben und bucklig, an dem heute ein Drachensymbol zum Be-

binden sich doch seit Erscheinen eines Horrorromans des irischen Autors Bram Stoker vor etwas mehr als hundert Jahren

such einer Gaststätte einlädt? Die Touristen, die sich da mitten im siebenbürgischen Sighișoara, deutsch Schässburg, zu orientieren versuchen, blättern ein wenig enttäuscht in ihren Reiseführern. «Doch, hier stehts: 1431 erblickte hinter einem der schießschartenähnlichen Fenster Graf Dracula das Licht der Welt.» Siebenbürgen oder Transsilvanien, also Land hinter den (Karpaten-)Wäldern, plus Drachenwappen für Familie Dracula – da dürfte der interessierte Besucher doch zumindest irgendwo auf offene Särge, schwarzrote Umhänge und bleiche Leichen mit Reißzähnen hoffen. Doch weit gefehlt. Im Schatten der Bäume häkeln Großmütter Babywäsche; knorrige Männer sitzen zum Plausch beisammen.

«Etwas zu idyllisch für echte Dracula-Fans», muss ein Besucher zugeben. Ver-

mit dem Grafen Dracula eher Blut-, Rausch- und Todesvisionen. Nichts davon ist hier zu sehen. Heute künden auf der Speisekarte der Gaststätte höchstens eine Dracula-Biersorte und – immerhin – Räuberbraten vom (Un-)Geist des Ortes.

Eher entspricht da schon die romantisch gelegene Törzburg (Castelul Bran) dem Schreckensbild einer von Raben umschwärmten und von untoten Blutsäufern bevölkerten Karpatenburg. Zumindest bei Gewitter oder Dunkelheit. Allerdings hat Dracula nachweislich niemals auf Burg Bran gelebt. Hier irrt die Legende, wie überhaupt die belegbare Geschichte der walachischen Fürsten Vlad Dracul (um 1400–1447) und seines Sohnes Vlad Țepeș (um 1430–1476/77), den Vorbildern Draculas, fast nichts mit der berühmten Romanfigur zu tun hat, die vor allem der

Fantasie Bram Stokers entsprungen ist. Der Geschichtenerzähler war übrigens niemals am Schauplatz des angeblichen Geschehens in Rumänien, sondern hatte sich lediglich von den historischen Gestalten inspirieren lassen. Vlad Țepeș war zwar wegen seiner Grausamkeit berüchtigt und führte seinen Beinamen «der Pfähler» sicher nicht grundlos, musste sich aber auch in immer neuen verlustreichen Kriegen der Türken erwehren. Die Osmanen drängten nach Europa und waren in einem erbarmungslosen Zeitalter alles andere als zimperlich, so dass die Schandtaten beider Seiten sich in nichts nachstanden. Immerhin weiß man von Vlad Țepeș, dass die Türken den Fürstensohn geraubt, ihn in Konstantinopel erzogen und dann als ihre vermeintliche Marionette 1448 auf den Walachenthron gesetzt hatten. Er

1. In beherrschender Lage: die «Dracula-Burg» Castelul Bran (Törzburg) hoch über den Karpatenwäldern. – 2. und 4. Zum Gruseln schön: Die stimmungsvollen Innenräume der Burg sind für Besucher zugänglich. – 3. In den Souvenirläden von Sighișoara wird Dracula in allen Variationen vermarktet.

dings verzichten nur ungern auf so ein attraktives Schauerstück: Nahe dem Geburtsort des Fürsten plante man einen Blutsauger-Vergnügungspark, im Umfeld einer historisch bedeutenden Stadt also, die wegen ihrer mittelalterlichen Bausubstanz zum UNESCO-Weltkulturerbe gehört. Proteste in Sighișoara selbst, aber auch auf nationaler und internationaler Ebene haben das Projekt vorerst zu Fall gebracht. Die Besonneneren fürchten, dass eine solche Blutsauger-Gaudi dem Image des Landes schaden könnte, zumal die Zeiten noch nicht so weit zurückliegen, in denen angesichts einer bizarren kommunistischen Diktatur die Assoziationen mit Vampiren und Psychopathen einen grausig-realen Hintergrund hatten. Inzwischen ist der Tourismusminister auf der Suche nach einem neuen Standort. Aber der Wind bläst ihm ins Gesicht.

Trotzdem: Dracula geistert noch immer durch die Fantasien der Reiseveranstalter und fasziniert das Publikum. Und so kommt es, dass man hier in Vlad Țepeș' Geburtsstadt auf den Pseudo-Vampir vor allem im Souvenirladen stößt. Da springt uns sein Bild vielfach auf papageienbunten Tellerchen entgegen, neben einer drallen Sennerin und röhrenden Hirschen.

blieb jedoch unbestechlich und kämpfte bis zu seinem gewaltsamen Tod tapfer, bravourös, aber eben auch bedenkenlos in der Wahl seiner Mittel gegen die Usurpatoren. Doch zum blutdürstenden Vampir wurde er erst als Romanfigur.

Damit sind Dracula und die Karpaten rehabilitiert, die Tourismusmanager aller-

dem 14. Jahrhundert. Besonders schöne Exemplare findet man in Rozavlea, Ieud und Bogdan Voda in der östlichen Maramuresch oder auch im südwestlicheren Surdeşti mit seiner 54 Meter hohen Holzkirche.

Wenn Jozsef Molnar vor seinem Anwesen sitzt und mit vorbeiziehenden Wanderern ins Gespräch kommt,

Einst Sommerresidenz von König Carol I.: Schloss Peleş bei Sinaia.

wird er manchmal gefragt, ob er denn als ungarischer Katholik in Rumänien nicht Nachteile erleide. Man höre doch so einiges über ständige Konflikte im Vielvölkerstaat. Dann lächelt der einfache Mann mit der großen Fellmütze meist und erzählt, dass es den Nationalisten beider Seiten letztlich um so wichtige Dinge gehe wie: wer irgendwann mal als Erster hier am Karpatenbogen aufgetaucht sei. «Dazu erzählen die Rumänen einen selbstironischen Witz», sagt Mol-

nar. Über den könne er gemeinsam mit seiner rumänischen Frau Elena lachen: «Reitet ein Ungar vor 1000 Jahren in Transsilvanien ein. Schaut sich um, sieht rundherum niemanden und sagt: Das ist mein Land. Muss nur mal schnell ein kleines Geschäft erledigen. Bindet sein Pferd am nächsten Baum an. Als er zurückkommt, hängt am Baum nur noch das Seil. Und ein Zettel. Darauf steht: mulţumesc, rumänisch danke.»

Der fast zahnlose Alte in seiner Wohnküche wippt rhythmisch mit dem Fuß. Eines der auch Jahrzehnte nach dem Tod der berühmten Sängerin Maria Tănase immer noch beliebten Paradelieder rumänischer Volksliedkunst klingt aus dem kleinen Radioapparat. Ein zärtliches Wiegenlied exakt aus dieser Region, der «Cântec de Leagan», das die Tănase gefühlvoll intoniert. Es ist gleichzeitig eine rumänische «Doina», also ein Karpaten-Blues, der von Sehnsucht, Wehmut und den Qualen des Lebens erzählt. Aber auch von einer Mutterliebe, die angesichts des schlafenden Kindes schier überquillt.

«Liebling mit den Brombeeraugen.
Deine Mama ist im Wald,
sammelt Holz fürs Feuer
und bäckt dir Krapfen.
Schlafe ein, schlafe ein.
Hab keine Angst vor Drachen.
Mama hat sie verscheucht»,

flüstert die Sängerin ins Mikrofon. Jozsef und seine Frau Elena wiegen sich erst langsam auf ihren Stühlen, um sich dann an den Händen zu fassen und langsam durch die Küche zu tanzen.

«Schlaf ein, mein Liebling, schlaf ruhig ein,
deine Mama geht zur Mühle»,

singen die beiden Alten leise mit. Die eingängige Melodie bewegt die Herzen. Schade, sagen sie später, dass auf den dörflichen Familien- oder Erntefesten immer weniger Musik gespielt wird.

Die Reise geht weiter. Schauen wir über die Westkarpaten hinweg ins Banat, wo sich in den breiten und fruchtbaren Flusstälern des Timiş und des Mureş in den Sommermonaten endlos Maisfeld an Weizenfeld reiht. Das östliche Banat wird von Rumänen,

Steile Stiegen führen zur Eishöhle Scarişoara: Im Inneren sind gewaltige Eisdome und Eiszapfen verborgen (rechts oben). – Peştera Urşilor, die «Bärenhöhle», ist die größte Tropfsteinhöhle Europas (rechts unten).

270

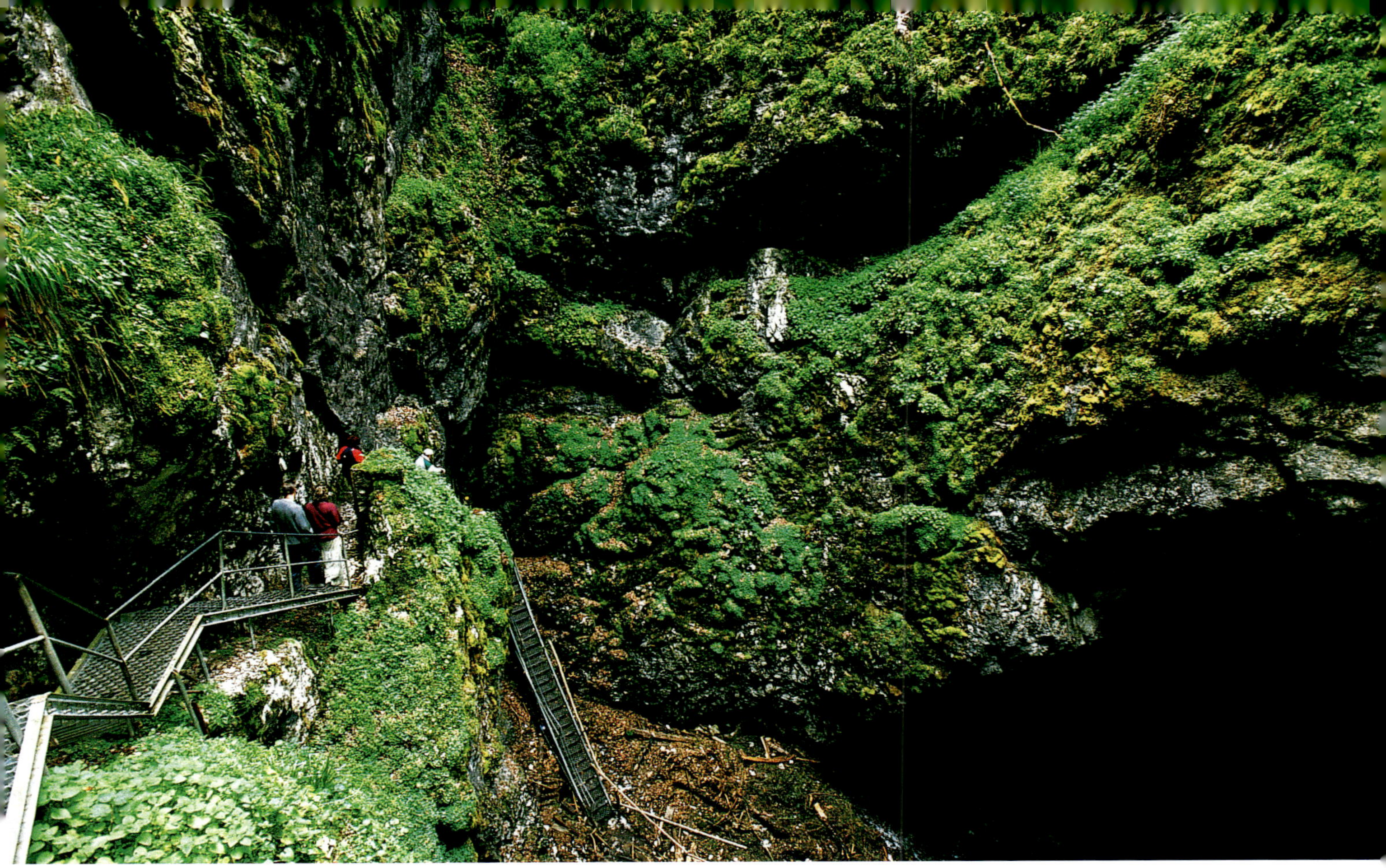

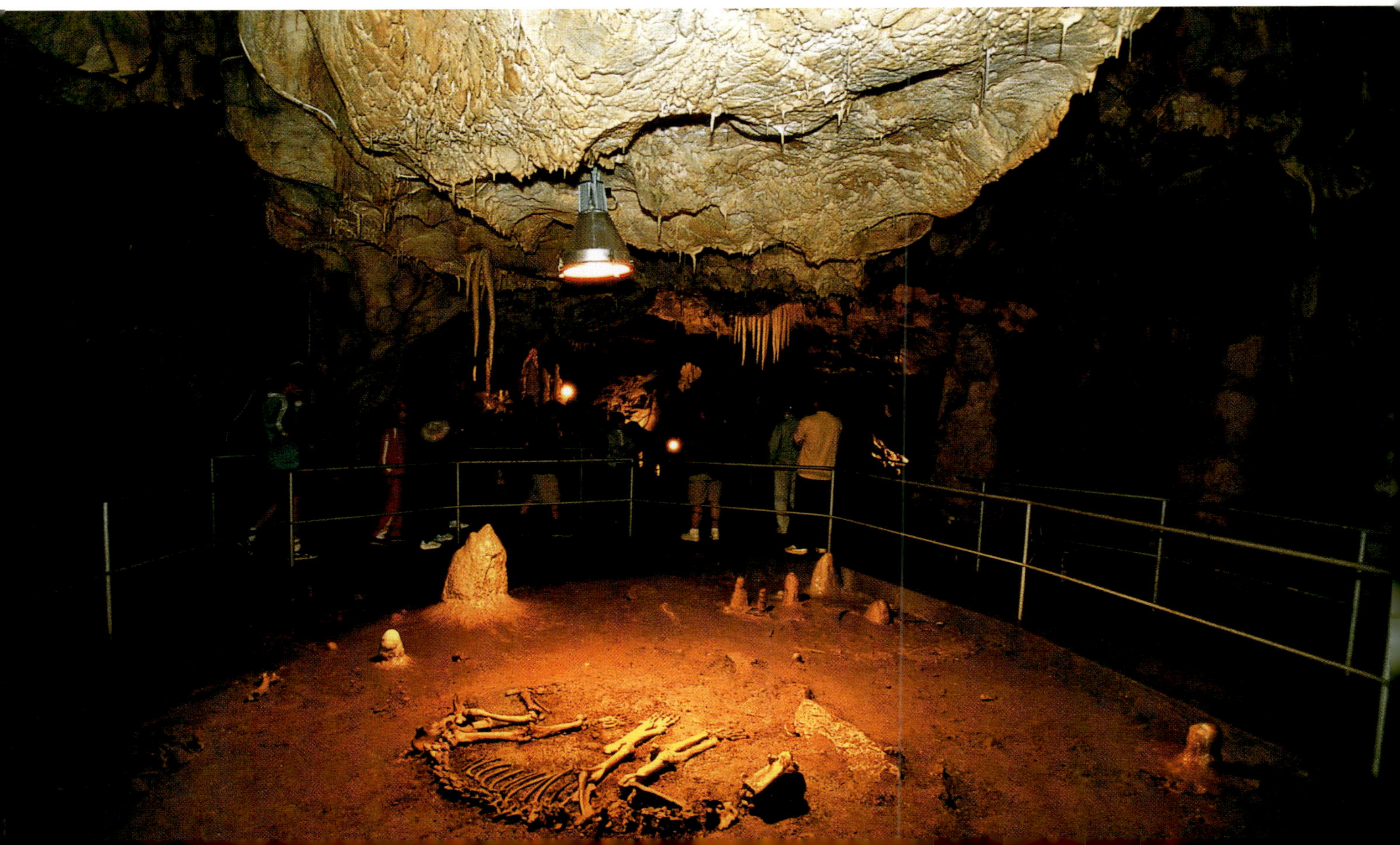

Eine der schönsten Kirchenburgen Transsilvaniens: Biertan (Birthälm).

Ungarn, Slawen und den so genannten Banater Schwaben oder Donauschwaben bewohnt. Das sind Deutsche aus der Pfalz, der Moselgegend und Elsass-Lothringen, die im 18. Jahrhundert von den Habsburgern hierher übersiedelt wurden.

In Nitzkydorf, in der Nähe der Großstadt Timişoara (Temeswar), kam 1953 die bekannte Schriftstellerin Herta Müller zur Welt. Wie Jozsef Molnar der ungarischen, gehört sie der deutschen Minderheit in Rumä-

Orgelempore in der ab 1270 erbauten Kirche von Prejmer (Tartlau).

Rumänische Bäuerin.

nien an – zwei «Müller» dem Namen nach: ungarisch Molnar heißt ebenfalls Müller. Zu Beginn des Zweiten Weltkriegs gab es insgesamt noch 780 000 Rumäniendeutsche. Inzwischen werden es nach Zwangumsiedlungen, einer restriktiven Minderheitenpolitik in der stalinistischen Zeit und Auswanderung seit den achtziger Jahren nur noch 60 000 sein. Herta Müller studierte Germanistik an der Universität von Timișoara und wurde Lehrerin. Im Gegensatz zum Schafbauern

Jozsef Molnar aber litt die Intellektuelle unter der geistigen Enge des Dorfes und besonders unter den allgegenwärtigen Zwängen des totalitären Systems. Weil sie sich standhaft weigerte, die Jubelgedichte auf den Diktator in der Schule zu unterrichten und für den Geheimdienst Securitate zu spionieren, geriet sie in den siebziger Jahren auf die schwarze Liste der politisch Unzuverlässigen.

POTEMKIN IM BANAT

Der Geheimdienst drohte mit Folterung und Tod. Herta Müller aber entzog sich dem Wahnwitz des paranoiden Herrschers. Sie konnte nicht mehr darüber hinwegsehen, dass die Menschen in Rumänien in Baracken dahinvegetierten, während Ceaușescu und seine Claqueure in Saus und Braus lebten. Zwei Jahre vor dem Umsturz packte sie die Koffer wie viele andere Banater Schwaben vor ihr und baute sich ein

Zeitreise: mittelalterlicher Burgberg von Sighişoara (Schässburg), ...

... Hochzeitsdefilee durch das Altstadttor auf den Museumsplatz, ...

... dem beliebten Stadtmittelpunkt am Stundturm.

neues Leben in Deutschland auf. Um diese Möglichkeit zur Ausreise wurde sie von Millionen von Rumänen beneidet. Deren einzige Chance war eine lebensgefährliche Flucht. Im Westen konnte Herta Müller wieder veröffentlichen. Doch bis heute ist sie nicht von ihrem Land mit den unendlich weiten Getreidefeldern losgekommen. Ihre Erinnerungen bergen die einschneidenden Erfahrungen mehrerer Generationen. 1995 schrieb sie in dem Buch «Hunger und Seide» über Ceauşescu: «Der Herrscher, der in seiner Person mehr als ein Volk darstelle, sagte man, der Herrscher werde, wenn er Klatschmohn sehe, nervös.» Kündigte sich der «Herrscher» zu einem seiner «Arbeitsbesuche» im Banater Land an, mussten die Bauern in mühseliger Arbeit die Blüten des Klatschmohns aus ihren Weizenfeldern zupfen. Doch das war noch nicht alles. Kühe schrubbte man mit Waschmitteln, bis sie glänzten, unansehnlichere Tiere wurden versteckt beziehungsweise auf der Weide gegen wohlgenährte ausgetauscht. Die extra für Ceauşescu gemästeten Rindviecher nannte man «Präsidentenkühe». Auch hier im Banater Westen wurden «potemkinsche Dörfer» mit großer Perfektion und Leidenschaft errichtet.

Heute darf der Klatschmohn wieder hellrot zwischen den Feldern leuchten. Die Rinder sind längst nicht mehr unterernährt und müssen auch nicht mehr glänzen. Trotzdem könnte es dieser fruchtbaren Region an der serbisch-ungarischen Grenze wirtschaftlich besser gehen. Die Donauschwaben haben eine Lücke hinterlassen. Auch wegen der Kriege im benachbarten ehemaligen Jugoslawien kam das Banat nicht zur Ruhe. Und die anschwellenden Touristenströme aus den westlichen Ländern erleben diese Grenzregion vor allem auf der Durchreise. Sie wollen weiter nach Bukarest, Siebenbürgen oder gleich ans Schwarze Meer. Vorerst noch. Das Interesse für dieses südwestlichste Gebiet Rumäniens, das vom 18. Jahrhundert an mal unter habsburgischer, mal unter ungarischer Herrschaft stand, wird weiter wachsen.

Denn gerade die Wander- und Klettergebiete in den Ausläufern der Südkarpaten von Băile Herculane bis Reşiţa haben ihren eigenen Reiz. Der einst noble Kurort Băile Herculane, Herkulesbad, wo während

Treppenaufstieg zum Stundturm – das Wahrzeichen von Sighişoara.

Auf den steinernen Wehrringen von Sibiu (Hermannstadt).

Im vierhundertjährigen Rathausturm mit Blick über Bürgerhäuser ...

... und auf dem Großen Ring mit dem Brukenthal-Palais (links) ...

Maria Theresias Regentschaft die Reichen und Schönen Europas das Leben genossen, zehrt einstweilen noch vom großen Ruf der Vergangenheit. Aber wer hier heute lustwandelt, kann sich das Vergnügen der hohen Herrschaften, die heitere Atmosphäre angesichts der Belle-Epoque-Pavillons und Badehäuser im Villenstil durchaus vorstellen. Zudem ist die umliegende Landschaft besonders schön, wie auch der aufstrebende Skiort Semenic in den gleichnamigen Bergen, der auch als Sommerfrische großen Charme hat. Und wenn man schon mal da ist, sollte man unbe-

dingt auch die einzige Großstadt im Umkreis, die «Märtyrerstadt» Timişoara (Temeswar), besuchen.

FLACKERNDE KERZEN

Frische Blumen und gebundene Kränze zieren die Ehrenkreuze in der Stadtmitte. Sie erinnern an die Massaker, die der berüchtigte rumänische Geheimdienst hier unter den friedlichen, meist jungen Demonstranten im Jahr 1989 angerichtet hat. Begegnungen mit der Securitate, deren Handlanger um alles andere als die Sicherheit der Bürger besorgt waren, wird man nie vergessen, schrieb Herta Müller. «Wer heute sagt, er habe es verdrängt, der lügt.»

Timișoara-Besucher sollten den römisch-katholischen Dom, einen mächtigen barocken Sakralbau, die serbisch-orthodoxe Kirche gleich gegenüber, ebenfalls im Wiener Barockstil gehalten, die rumänisch-orthodoxe Kathedrale mit ihrer bunten Dachmusterung und die Staatsoper am Siegesplatz besichtigen. Überall treffen sie dort auf brennende Kerzen, die jeweils darauf verweisen, wo die Securitate gewütet hat. Es ist wich-

... wird die Siedlungsgeschichte von Sibiu in Siebenbürgen lebendig.

Fortsetzung Seite 283

VOM «BARBARENLAND» ZUM RUMÄNISCHEN STAAT

Dieser Römer wollte eigentlich nicht hierher ins «Barbarenland» am Schwarzen Meer. «So nehm doch ein Wechsel des Orts meiner Verbannung die Qual!», klagte Publius Ovidius Naso, besser bekannt als Ovid, noch Monate, nachdem ihn sein Kaiser Augustus im Jahr 8 unserer Zeitrechnung nach Tomis, ins heutige Constanţa, abgeschoben hatte. Der im ganzen Römischen Weltreich gefeierte Dichter hatte sich eines Vergehens gegen die Kaiserfamilie schuldig gemacht. Das musste er bis zu seinem Tod im Jahr 17 n. Chr. an «Donaus wildem Gestad» büßen. Wobei er sich dank seines Reichtums in der damals neuen Provinz Moesia durchaus behaglich einrichten konnte. Seine Landsleute, einfache Soldaten und kleine Landbesitzer, durchlebten hier sicher härtere Zeiten.

Zumal gerade die Militärs ständig auf der Hut sein mussten, nicht in weitere Scharmützel mit diesen unbeugsamen Einheimischen, den Dakern, zu geraten. Die hatte man in den Jahrzehnten zuvor nach langen Kämpfen schon einmal über die Donau nach Norden drängen können. Die reichen Schwarzmeer-Handelsstädte Istros (Histria), Kallatis (Mangalia) und Tomis, die einst von Griechen gegründet worden waren, hatte man erobert, aber eben nicht geplündert. Denn Rom wollte Kolonisten ansiedeln, wollte diese fruchtbare Meeresküste sowie Stück für Stück alles, was den heutigen Staat Rumänien ausmacht, roma-

nisieren. Doch erst im Jahr 102 bei Adamclisi in der Küstenebene gelang der erste entscheidende Römersieg. Kaiser Trajan ließ sofort ein monumentales Siegesmal mit eingemeißelten Schlachtszenen dorthin bauen. Im fernen Rom arbeiteten Künstler ebenfalls Kriegsmotive in die berühmte Trajanssäule ein. Vier Jahre später waren durch die Schlacht bei der dakischen Hauptstadt Sarmizegetusa Regia im heutigen Transsilvanien endgültig die Würfel gefallen. Von nun an wurden mit dem Knowhow der Weltmacht Städte wie Apulum (Alba Iulia), Napoca (Cluj) oder die neue Hauptstadt Sarmizegetusa Ulpia Traiana aus dem Boden gestampft. Wasserleitungen, Bäder und Amphitheater entstanden – und die römische Kultur verband sich alsbald aufs Beste mit der dakischen. Denn die war keineswegs so niveaulos, wie es ein anfangs demoralisierter Ovid in seinen berühmten «Tristia» (Lieder von der Trauer) oder «Epistulae ex Ponte» (Briefe vom Schwarzen Meer) geklagt hatte.

Schon Jahrhunderte zuvor hatte sich ein anderer Weltbürger, nämlich Herodot, vom Kulturgut dieses indoeuropäischen Volkes beeindruckt gezeigt. Nun, um die Zeitenwende herum, fand alsbald auch Ovid Gefallen an den Einheimischen, in deren Sprache er sogar Verse schmiedete. Leider ist seine dakische Dichtung heute nicht mehr erhalten. Dafür findet der Rei-

sende des 21. Jahrhunderts gerade an der Schwarzmeerküste auf Schritt und Tritt noch Spuren dieser Epoche: dakische Reiterfiguren, griechische Tempelanlagen und römische Mosaiken. Etwa in den beiden Ex-Handelszentren Constanţa und Mangalia. Oder in den Ausgrabungen von Histria, dessen Hafen in den nachrömischen Jahrhunderten versandet war.

Oder eben das bei Adamclisi nachgebaute kolossale Siegesmal. Aber auf den im dortigen Museum ausgestellten Originalreliefs ist auch der kulturelle Reichtum der unterlegenen Daker zu studieren. Und dazu manches aus der Zeit zu erspüren, die aus römischen Kolonisten und einheimischen Hirten schließlich Menschen mit einer gemeinsamen romanischen Sprache und Kultur machte. Vlad Ţepeş (um 1430 bis 1476/77), der literarische «Dracula», und Stefan III. (1457–1504), den man «den Großen» nannte, waren wichtige Fürsten und Heerführer auf diesem Weg. In vorderster Linie widerstanden sie den Türken und machten die Region zum Bollwerk des christlichen Abendlandes.

Aber noch war es eine lange wechselvolle Geschichte bis zur eigentlichen Staatsbildung 1877. 1881 erklärte sich Rumänien zum Königreich: Der Fürst Karl von Hohenzollern-Sigmaringen wurde als Carol I. König des neuen Vielvölkerstaates Rumä-

1. Relieftafel vom Trajansmonument in Adamclisi. – 2. Fürstenstatuen in Iaşi an der Grenze zur Moldau: Stefan der Große (1457–1504) und Michael der Tapfere. 3. Die Bischofskirche in Curtea de Argeş.

3

nien. Carol I. hatte mit wachsenden ethnischen und sozialen Problemen, aber auch mit einer zunehmend schwierigeren außenpolitischen Situation zu kämpfen.

Wechselvoll und schwierig blieb die Geschichte Rumäniens auch im 20. Jahrhundert. Unter Ferdinand I. (1914-1927) trat Rumänien 1916 an der Seite der Entente in den Ersten Weltkrieg ein. In den 1930er Jahren suchte es, vorwiegend aus wirtschaftlichen Gründen, Anlehnung an Deutschland. Unter General I. Antonescu nahm Rumänien auf deutscher Seite am Zweiten Weltkrieg gegen die Sowjetunion teil, während der damalige König Michael Anfang 1944 in Geheimverhandlungen mit den Westmächten und Moskau den Abfall vom deutschen Bündnis und den Sturz Antonescus vorbereitete (1944). Rumänien geriet unter sowjetischen Einfluss, die bürgerlichen Parteien wurden ausgeschaltet. Durch die Pariser Friedensverträge erhielt Rumänien die Grenzen von 1941 (Bessarabien und die Nordbukowina an die UdSSR, die Süddobrudscha an Bulgarien). Mit der Abschaffung der Monarchie am

30. 12. 1947 wurde die »Volksrepublik Rumänien« proklamiert. Das Wirtschafts- und Gesellschaftssystem wurden in enger Anlehnung an die Sowjetunion umgestaltet. Rumänien trat dem Rat für gegenseitige Wirtschaftshilfe und dem Warschauer Pakt bei. Die Staatsführung leitete zu Beginn der 1960er Jahre eine vorsichtige Distanzierung von der Sowjetunion ein, die Nicolae Ceauşescu ab 1965 fortsetzte.

In der Innenpolitik verfolgte das Regime einen harten Kurs, der für die Bevölkerung wachsende Verelendung und stalinistische Unterdrückung bedeutete. 1989 kam es im Zuge der politischen Wende in den übrigen Ostblockstaaten zu einer Volkserhebung gegen das Regime, der sich das Militär anschloss. Ceauşescu und seine Frau wurden am 25. 12. 1989 nach einem Schnellgerichtsverfahren erschossen. Nach der Umbenennung des Staates in »Republik Rumänien« und den ersten freien Wahlen wurde Ende 1991 eine neue Verfassung mit Garantien für Pluralismus und Menschenrechte verabschiedet und anschließend in einer Volksabstimmung be-

stätigt. Es folgte ein über ein Jahrzehnt währender komplizierter, von Korruptionen, inneren Unruhen und Massendemonstrationen belasteter Umstrukturierungs- und Demokratisierungsprozess, an dessen vorläufigem Ende 2004 sich eine liberale, demokratische und humanistische Regierungskoalition (mit Premierminister Calin Popescu Tariceanu) durchsetzte. Dies sowie der Beitritt zur NATO (April 2004) fiel zusammen mit den Verhandlungen über den EU-Beitritt Rumäniens.

Am 25. April 2005 wurde der EU-Beitrittsvertrag unterzeichnet. Als Datum des EU-Beitritts gemeinsam mit Bulgarien ist der 1. Januar 2007 vorgesehen. Zu den Auflagen gehören grundlegende Maßnahmen zur Reform des Justizwesens, der Polizei und Verwaltung, des Wettbewerbs sowie im Umweltbereich, aber nicht zuletzt auch bei der Bekämpfung von Korruption und organisierter Kriminalität. Die rumänische Bevölkerung unterstützt mehrheitlich den EU-Beitritt, da sie sich davon eine rasche Verbesserung ihrer Lebensverhältnisse erwartet.

Die Kirchenburg in Valea Villor (Wurmloch).

tig, aus der Vergangenheit zu lernen, doch sollte man vor allem nach vorne schauen. Davon ist jedenfalls Elfriede Munteanu überzeugt, eine Siebenbürger Sächsin, die trotz Ausreisemöglichkeit nach Deutschland in

Die Nachfahrin «sächsischer» Einwanderer aus den Rhein- und Moseltälern ist mit einem rumänischen Ingenieur verheiratet. «Noch meine Mutter hätte dafür vom Dorf kaum den Segen erhalten.» Hinter diesen

Europäisches Flair in den transsilvanischen Metropolen Cluj (Klausenburg – oben) und Brașov (Kronstadt – unten).

der angestammten Heimat geblieben ist. Elfriede zeigt auf die vielen neuen, meist privat betriebenen Geschäfte, die nun wieder eine breite Palette an Lebensmitteln, Textilien und sogar Luxuswaren anbieten. Die ehemalige Lehrerin setzt ihre Hoffnung in die Jugend, die in diesem Land erstmals seit vielen Jahrzehnten das Glück hat, selbstbestimmt in einem liberalen System aufzuwachsen: «Sie ist unsere Zukunft.»

Im Herzen von Brașov (Kronstadt): der ehemalige Rathausplatz.

Worten ahnt man die Konsequenzen, die noch vor nicht allzu langer Zeit entstanden wären, wenn man aus der engen Sprach-, Kultur- und Konfessionsgemeinschaft ausgebrochen wäre. Heute sei ein friedliches «Miteinander der Völker» überall selbstverständlich und selbst im engsten Familienkreis kein Problem. Die Schatten der Vergangenheit scheinen längst verblasst. Dennoch sorgt Elfriede dafür, dass die eigenen Kinder das alte Siebenbürger Sächsisch nicht verlernen. «Bei uns wird man von der Wiege bis zur

Im monumentalen «Haus des Volkes» in Bukarest ...

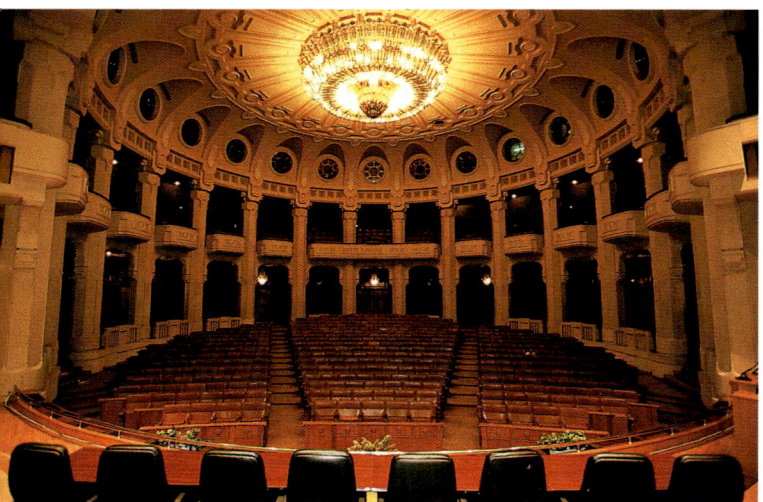

... tagt heute das rumänische Parlament unter dem Kronleuchter.

Die Universitätsbibliothek von Bukarest wurde 1989 stark beschädigt.

Bahre mehrsprachig betreut.» Elfriede erzählt von den Kindergärten und Altenheimen, von den Zeitungen, Radiosendern, Theatern, Schulen, sogar Universitätsfakultäten in Rumänisch, Deutsch und Ungarisch.

In den Sommermonaten jobbt Elfriede als Reiseleiterin für deutsche Besucher Siebenbürgens. Jetzt ist sie im «Heidelberg der Karpaten» unterwegs, dem einst von den «Sachsen» erbauten UNESCO-Weltkulturerbe Sighişoara (Schässburg) am Târnava-Fluss. In der hoch auf einem Hügel gelegenen und von dicken Mauern geschützten Altstadt spaziert ihre Gruppe durch uralte Gassen mit Kopfsteinpflaster und schiefwinkligen Häusern, vor denen altersschwache Trabis parken.

Nebenan ertönt das Uhrwerk des trutzigen Stundturms, in dem sich einst die Munitions- und Schatzkammern der Stadt verbargen. «Wenn man sich das malerische und freundliche Sighişoara anschaut, denkt man eigentlich nicht gleich an schaurige Dracula-Geschichten», meint die Reiseleiterin vor dem Geburtshaus des historischen «Vampir»-Fürsten Vlad Ţepeş. Zumal die Schässburger die Errichtung des umstrittenen Vergnügungsparks «Dracula-Land» auf ihrem Terrain erst einmal erfolgreich abgewehrt haben (siehe Seite 268). «Sighişoara wirkt eher romantisch und ist beispielhaft für eine Jahrhunderte während Koexistenz der Völker», fährt Elfriede fort.

VIELVÖLKERREGION TRANSSILVANIEN

Dann weist sie auf die vielerorts aufgestellten Kapitolinischen Wölfinnen hin, an deren Zitzen sich Remus und Romulus laben. «Die sind schon ziemlich absurd», kommentiert Elfriede die bronzenen Gruppen mit ihrer importierten Symbolik. Ceauşescu hatte zu seiner Zeit beschlossen, die römisch-rumänische Vergangenheit dieser Vielvölkerregion besonders anschaulich zu machen. Und dafür waren ihm die römischen Wölfinnen gerade recht. Durchaus groteske Züge nehme auch das Tauziehen extremer Gruppen in Cluj (Klausenburg/Kolosvar) an, meint die Reiseführerin. Von ungarischen Hitzköpfen herausgefordert, hatten da rumänische Enthusiasten vor der orthodoxen Kathedrale und dem Opernhaus in einer Nacht- und Nebel-

Die 1722 erbaute Creţulescu-Kirche auf der Siegesallee in Bukarest.

MEHR ALS «BIBELN FÜR DIE ARMEN»

Höchst sehenswert und von internationalem Rang: Die fünf von außen bemalten spätmittelalterlichen Moldauklöster Humor, Voroneţ, Moldoviţa, Suceviţa und Arbore gehören zum Weltkulturerbe. Das «Buch der Bücher» zum Anschauen.

Stefan den Großen würde es freuen: Wenn der mächtige Moldaufürst im heutigen Rumänien nach dem Rechten schauen könnte, würde der mutige Heerführer und geschickte Realpolitiker des 15. Jahrhunderts hier im äußersten Nord-

osten des Karpatenstaats, in der Bukowina, auf einen ganzen Schatz von Klöstern und Kirchen treffen, die ihm ihre Existenz verdanken. Da Stefan sich ständig mit den immer wieder vorrückenden Osmanenheeren auseinander setzen musste, ließ er sich zwei Dinge zur Regel werden: Nach jeder gewonnenen Schlacht fastete der gottesfürchtige Mann vier Tage und ließ mindestens eine neue Kirche zum Lobe des Herrn bauen.

Sein Nachfolger Petru Rareş, aber auch andere Würdenträger am moldauischen Fürstenhof, eiferten Stefan in den kommenden Jahrzehnten kräftig nach, so dass rund um die damalige Hauptstadt Suceava ein Ring eindrucksvoller Sakralbauten entstand, von dem sich manch schmucker Bau bis heute erhalten hat – vor allem westlich von Suceava, nahe der heutigen

Grenze zur Ukraine. Das 1488 von Stefan noch selbst angelegte Kloster Voroneţ etwa würde er zweifellos gleich wieder erkennen: besonders dessen steil in den Himmel aufragendes Gotteshaus mit den blendarkadengeschmückten Apsiden und Turmgeschossen. Das Kompakte der rein byzantinischen Vorbilder der Zeit wurde hier mit architektonischer Finesse ins Leichte, fast Schwebende aufgelöst.

Und noch etwas zeichnet das Gotteshaus von Voroneţ wie auch seine nahen vier Schwesterkirchen aus: die Freskenbemalung des 16. Jahrhunderts am Außenbau. Ein riesiges Bild der «Wurzel Jesse» zeigt den Stammbaum Christi auf blauem Grund. Dazu Heiligenlegenden, Mönche und Propheten, das Jüngste Gericht. Das alles in Farben, deren Zusammensetzung man bis heute noch nicht vollständig kennt. Stundenlang könnte man diese gemalten Bibelszenen anschauen, so wie es früher die Menschen getan haben, die das Buch der Bücher nicht lesen konnten. «Bibeln für die Armen» hat man diese Fresken deshalb später auch genannt.

Ganz ungewöhnlich sind die Außenfresken an den Klöstern der Süd-Bukowina aus dem 15. und 16. Jahrhundert. – 1. und 3. Rottöne dominieren die Bildzyklen im Kloster Humor innen und außen. – 2. Kloster Suceviţa: Einst Bollwerk gegen die Osmanen, heute ein besonders schönes Beispiel für farbige Bibelszenen am Außenbau. – 4. Ikone im 1470 erbauten Kloster Putna. – 5. Mönch aus einem Moldaukloster. – 6. Die Westwand des Klosters Voroneţ (erbaut 1488) bedecken Szenen des Jüngsten Gerichts.

Fürst Stefan würde sicher auch zum Nonnenkloster Humor reiten mit ebenso prächtigen Außenfresken oder nach Arbore. Oder auf serpentinenreicher Bergstrecke nach Moldoviţa und Suceviţa. Dicke Wehrmauern und trutzige Türme zeigen deutlich, dass diese Klöster nicht nur zum Preis Gottes, sondern auch ganz unmittelbar als Bollwerk gegen die Türken dienten. Hier konnten die Schätze der Ostkirche bewahrt werden, nachdem sogar Konstantinopel gefallen war. Und hierhin zogen sich nach Stefan auch die anderen Moldaufürsten zurück, wenn sie wieder einmal in die Defensive geraten waren. Sie konnten nicht ahnen, dass diese Hinterlassenschaft einmal zum Weltkulturerbe der UNESCO gehören würde.

An das gegenüberliegende Donauufer bei Ostrov grenzt Bulgarien.

aktion eine derart grobschlächtige Avram-Iancu-Figur
auf einen Sockel gesetzt, dass sofort der Volksmund
damit sein frivoles Spiel trieb: Ein rechtes «Phantom
vor der Oper» sei der arme Avram. «Spott aber würde
der rumänische Volksheld, der 1848 mit Bravour
gegen die Türken und Russen kämpfte, nun wirklich
nicht verdienen», gibt Elfriede ironisch zu verstehen.

Eine Pferdestärke: Maisernte wie in alten Zeiten in der Dobrudscha.

Als Elfriede ihre Touristengruppe auch in ein typisches transsilvanisches Roma-Dorf führt, macht sich ein wenig Enttäuschung breit: Keine Zigeuner-Roman-

Weiß-blaue Hausfassaden sind typisch für die Dobrudscha-Region.

tik, keine malerisch bunten Gewänder. Die Bewohner tragen moderne Trainingsanzüge. Im 15. Jahrhundert waren ihre Vorfahren aus Indien eingewandert. Ungefähr drei Millionen Roma – das Wort «Zigeuner» empfinden sie nicht als diskriminierend – leben im Karpatenland, viele von ihnen haben das Nomadenleben aufgegeben und sind sesshaft geworden.

«Die Roma sind die größte Minderheit in Rumänien und längst integriert», sagt Elfriede. «Sie arbeiten als Händler oder sind hervorragende Musiker.» Fast jede rumänische Folkloreband hat mindestens einen atemberaubend spielenden Zigeuner-Geiger. Und auch Maria Tănase sang traditionelle Roma-Lieder wie diese herzzerreißende Weise:

«Meine Liebste, drei Feuer brennen auf der Welt,
Und kein einziges brennt richtig,
meine Liebste, wie mein Herz in Feuern brennt.
Lodert, lodert und verlischt nicht mehr.
Meine Liebste, mir verbrennt mein Herz
Und hat keinen Mund zum Schreien.»

Roma, die weiter als Nomaden durchs Land ziehen, würden wohl jedem modernen Staat zu schaffen machen, meint Elfriede. In Bukarest seien mit dem Segen der EU Bildungs- und Integrationsprogramme

Auf ihrem Transsilvanien-Programm stehen natürlich immer auch die schönen und geschichtsträchtigen Städte Brașov (Kronstadt), Sibiu (Hermannstadt), die angebliche «Dracula»-Burg Bran (Törzburg) und die Kirchenburg-Städte von Biertan (Birthälm), Prejmer (Tartlau) sowie Apold (Trappold). «Den Besuchern gefällt besonders, wie die Sachsen früher Wehrring um Wehrring um ihre Siedlungen auftürmten, um sie vor den immer wieder anstürmenden Feinden zu schützen. Noch heute sind diese Festungswälle im Plan so mancher rumänischen Stadt ablesbar.»

eingeleitet worden. Die müssten doch die gegenseitigen Vorurteile in Zukunft abbauen helfen, hofft die Siebenbürger Sächsin, ebenso wie viele Bewohner der Dobrudscha, jener Region am Schwarzen Meer, wo sich die Roma im Lauf der letzten Jahrhunderte ebenfalls ansiedelten.

«Für mich ist es selbstverständlich, Roma unter meinen Kollegen zu haben», berichtet auch Victor Popa, der als Projektplaner in Constanţa arbeitet. Für Constanţa am Schwarzen Meer, das antike Tomis, ist als inzwischen zweitgrößte Stadt des Landes die Bauwirtschaft von großer Bedeutung. Jahr für Jahr schießen neue Wohnzentren und Büros aus dem Boden. Auch die touristische Infrastruktur wächst in der Umgebung dieser Hafenstadt in rasantem Tempo. An den Küsten

In den Straßen grüßen die steinernen Zeugnisse griechischer und genuesischer Seefahrer, einheimischer Daker sowie römischer und osmanischer Eroberer: Leuchttürme, Statuen, Mosaike, Sarkophage, Kirchen und Moscheen. Wo sich im Jahr 8 n. Chr. der Weltbürger Ovid zum Disput mit den gebildeten Bürgern der damaligen Römerprovinz Moesia traf, diskutieren heute in Künstlertreffs, Privatbuchhandlungen und Internetcafés Studenten und Literaten, Maler und ihre Musen. Und wo einst die römischen Statthalter in Orgien schwelgten, da wird heute ausgelassen in Diskotheken und Nachtclubs gefeiert.

An historischen Sehenswürdigkeiten zumindest herrscht in der Nähe von Constanţa kein Mangel. Als Beispiele nennt Victor die antike Ruinenstadt Histria,

Ein betagter Fischkutter steuert durch das Donaudelta.

Vorsicht Gräten! Fisch mit Maismehlbrei hat in Letea Tradition.

von Mamaia, Neptun, Saturn sonnt sich der Großteil aller internationalen Sommergäste. «Da warten noch viele Aufgaben auf uns.» Victor schaut versonnen aber tatendurstig in die Ferne.

In dem Constanţa vorgelagerten Seebad Mamaia mit seinem kilometerlangen, breiten Naturstrand hat Victors Firma unlängst eine Park- und Konzertanlage realisiert, die mit ihren sprudelnden Fontänen und grünen Palmen für mediterranes Flair sorgt. Wer in Constanţa etwas auf sich hält, der lädt hierher in eines der peppigen Restaurants mit internationaler Küche ein. Wobei Victor durchaus zugibt, dass er sich in einem der urigen Fischrestaurants am Hafen oder in einem Hiphop-Szene-Lokal doch wohler fühlt.

das römische «Siegesmal von Adamclisi» oder die noch fast unbekannte Höhlensiedlung von Basarabi aus dem 9. Jahrhundert. Auch im berühmten Donaudelta, der Heimat von Pelikanen sowie vielen anderen seltenen Vögeln, das man von Constanţa aus leicht erreichen kann, wartet noch eine ganze Reihe von römischen Ruinen und alten Klöstern, mit denen westliche Länder längst touristisch Staat gemacht hätten, auf ihre Entdeckung. Der ehrgeizige junge Mann und seine Mitstreiter werden also im zukünftigen Rumänien noch einiges zu tun haben. Es muss ja nicht gleich wieder ein «Dracula-Land» sein.

Letzte Ruhe für Christen, Juden und Moslems in Sulina.

WO NOCH PELIKANE KREISEN

Das Donaudelta ist mehr als eine Flussmündung: Ein noch weitgehend intaktes Ökosystem, eine Welt aus Wasser und Land, aus Schilf und Inseln mit ganz eigenen Lebensformen von Mensch und Tier. Ein Paradies für den «sanften» Tourismus.

Für Ana Timofte ist heute ein großer Tag. Ihre Enkelin Cristina hat geheiratet und wird aus der schilfgedeckten Kate im Donaudelta in eine moderne Eigentumswohnung in der Hafenstadt Tulcea ziehen. Cristina habe, so Ana, das große Los gezogen – und doch würde gerade

die Großmutter mit der Enkelin nicht tauschen wollen: Ana, die zeit ihres Lebens samt Familie nicht mehr als einen Wohnraum zur Verfügung hatte. Statt zwischen Spülmaschine und Fernseher pendelt Ana auch auf ihre alten Tage noch lieber zwischen Waschtrog und Bollerofen hin und her. Und bis Anas Mann vom Fischfang und seinen Bienenstöcken hungrig heimkehrt, wollen draußen noch das Kleinvieh und der Gemüsegarten versorgt werden. Ana Timofte, mit Sommersprossen, blauen Augen und einst rotblondem Haar, gehört jener lipowenischen Minderheit an, die hier in Rumäniens Donaudelta die «große Freiheit» lebt, oder doch wenigstens versucht, die neue Zeit zu ignorieren. Dabei kommt den knapp 15 000 Menschen die Weite dieses zweitgrößten Flussdeltas

Europas durchaus gelegen. Auf rumänischem Gebiet umfasst das Land-Wasser-Dreieck aus Schilfinseln und Binnenseen, Lagunen und Sümpfen, Eichenwäldern und Dünengebieten fast 4500 Quadratkilometer. Es beherbergt mit über dreihundert Arten die reichhaltigste Vogelpopulation der Erde, besitzt mit 240 000 Hektar auch die kompakteste Schilflandschaft und wächst ungezähmt jährlich um gute 40 Meter ins Schwarze Meer hinein. Hier kann man sich mal wie in einem Urwald, mal wie auf einer einsamen Insel oder auch auf einer Wüstentour fühlen.

Wo einst Perserkönig Darius und Alexander der Große auf Eroberungszügen segelten, lassen sich heute friedliche Gäste in die Wasserwildnis locken. Mit Touristenschiffen geht es auf dem 72 Kilometer langen Donauarm Sulina bis zum gleichnamigen Hafenstädtchen am Schwarzen Meer. Oder nach 104 Schiffskilometern auf dem nördlichsten Chilia bis ins ukrainische Grenzgebiet. Beliebt ist auch der Kurs durch den südlichen Sfântu Gheorghe, der nach 112 kurvenreichen Kilometern ins

Als eine der größten Schilflandschaften der Erde bietet das Donaudelta Lebensraum für mehr als dreihundert Vogelarten (1., 2., 4. und 5.). – Neben Ausflugsschiffen für Touristen (3.) sind auch viele Fischer mit ihren Booten (6.) auf dem Flussdelta unterwegs. Die Fischbestände gehen allerdings zurück.

5

6

4

Meer mündet. Am Himmel sieht man Kraniche und die weltweit seltenen Krauskopfpelikane ihre Kreise ziehen. Im blaugrünen Wasser gibt es Barsche, Zander und Karpfen, und die allgegenwärtigen Frösche quaken, was das Zeug hält. Die sichtbare Natur scheint noch intakt.

Vielleicht kommt man auf einer Deltafahrt dann an der idyllisch gelegenen Kate der Timoftes vorbei, die hier wie ihre Vorfahren im Einklang mit der Natur zu leben versuchen. Doch ihre Welt ist bereits gefährdet: Anas Mann zieht immer weniger Fische aus dem Wasser, sein Honig wirft zu niedrigen Gewinn ab. Die Provinzbehörde plagt sich weiter mit den Folgen einer verfehlten Delta-Politik kommunistischer Jahrzehnte. Und die Industrialisierung birgt auch heute noch kaum abzuschätzende Gefahren für die Wasserwild-

nis. Seit allerdings Teile des Deltas zum UNESCO-Biosphären-Reservat erklärt wurden, überwachen internationale Experten mit zunehmendem Erfolg die Umweltverträglichkeit aller Maßnahmen.

Zwar verstehe sie nicht immer, was diese Wissenschaftler da trieben, meint Ana. Doch wenn sie dafür sorgen würden, dass der Plastikmüll wilder Camper verschwinde, sei sie zufrieden. Und Cristina ergänzt, dass die Regierung künftig den Tourismus als wichtigste Einnahmequelle im Delta fördern wolle. Allerdings solle es umweltschonender «sanfter» Tourismus sein, keine Motorboote, die durch die Brutstätten der Wandervögel knattern, das würde den ökologischen Tod dieser einmaligen Landschaft besiegeln. Großmutter Ana kann sich ein Lächeln nicht verkneifen: «Das würde sich das Delta auch gar nicht gefallen lassen», sagt sie, und ihre blauen Augen blitzen. Denn wer ohne Ortskundigen in das Schilfdickicht hineinfahre, der komme da nicht mehr lebend heraus. Die Natur räche sich eben auf ihre Weise.

Einzigartige Flora und Fauna: das Donaudelta.

INHALT

Die himmelstürmende Holzkirche von Bârşana mit ihrem Schindeldach ist typisch für die Maramuresch.

ALLGEMEINE INFORMATIONEN

Rumänien wird vom Unterlauf der Donau, vom Schwarzen Meer und von den Westkarpaten umgrenzt. Das bedeutet höchst unterschiedliche Landschaftsformen hier im Südosten Europas: Flussniederungen mit sumpfigen Gebieten; Tafelländer, die einst die Kornkammern Osteuropas waren; Bergketten, deren höchste schneebedeckte Gipfel sich bis zu 2500 Meter in den Himmel erheben, und ein mit vielen Seen durchwirkter Küstenstreifen. Unmittelbare Nachbarn Rumäniens sind Serbien, Bulgarien, die Ukraine, die Republik Moldova und Ungarn. Die Fläche des heuti-

gen Karpatenstaats entspricht etwa der der Bundesrepublik Deutschland vor der Wiedervereinigung. Knapp 22 Millionen Menschen wohnen hier heute, ein Völkergemisch, das seit vielen Jahrhunderten relativ friedlich zusammenlebt: mehrheitlich Rumänen sowie starke ungarische, deutsche, slawische, türkische und Roma-Minderheiten. Seit dem Ende des 19. Jahrhunderts – solange besteht der rumänische Staat – hat es niemals Bürgerkrieg gegeben. Von diesem Land ging auch nie ein überregionaler Krieg aus. Welcher Vielvölkerstaat kann das heute schon von sich behaupten? Rumänien lässt sich geo-

Vitaminreiches auf dem Markt von Tulcea.

Map

RUMÄNIEN
0   50 km

Schloss/Burg
Archäologische Stätte
Sumpfgebiet

UKRAINE
Mukačeve
Briceni
Černivci
REPUBLIK MOLDOVA
Miskolc
Putna 26
Săpânța 27 30
Sighetu Marmației
Sucevița 33
Moldovița 21
Arbore 3
Botoșani
Süd-Bukowina
Humor 17
Iași 18
Chișinău
Odesa
Maramuresch
Satu Mare
Baia Mare
Moisei
Voroneț 38
Neamț 22
Târgu Neamț
Agapia
Roman
Huși
Nistru
Debrecen
Carei
Bistrița
Vatra Dornei 37
2
Piatra Neamț
Bacău
Bârlad
UKRAINE
UNGARN
Dej
Gheorgheni
Sird
Moldau
Prut
Szolnck
Aleșd
Cluj (Klausenburg)
Huedin
11
Târgu Mureș (Neumarkt)
Onești
Adjud
Oradea (Großwardein)
Turda
Focșani
Galați
Donau
Körös
Beiuș
Sighișoara (Schässburg) 31
Siebenbürgen (Transsilvanien)
Ostkarpaten
Tulcea
10
Câmpeni
5
Biertan
Brașov (Kronstadt) 7
Buzău
Brăila
Dobrudscha
Szeged
Arad
Hălmagiu
Alba Iulia
Mureș
Sibiu (Hermannstadt)
29
Poiana Brașov
24
Bran (Törzburg) 6
Predeal 25
Bușteni 9
Sinaia
Peleș 23
32
Câmpina
Buzău
Deva
Transsilvanisches Eisernes Tor
Südkarpaten
Petroșani
13
Cozia
Horezu
Curtea de Argeș
34
Ploiești
Urziceni
Histria 15
Timișoara
36
Lugoj
Sarmizegetusa 28
Caransebeș
Târgu Jiu 35
16
Râmnicu Vâlcea
14
Argeș
Târgoviște
Mamaia 19
Constanța 12
Deta
Reșița
Bäile Herculane 4
Drobeta Turnu Severin
Pitești
20
Mogoșoaia
Olt
BUCUREȘTI (BUKAREST) 8
Fetești
1
Adamclisi
Vršac
Eisernes Tor
Slatina
Călărași
Mangalia
Donau
Craiova
Giurgiu
Walachei
Donau
BEOGRAD (BELGRAD)
Alexandria
Ruse
SCHWARZES MEER
SERBIEN
Calafat
Donau (Dunărea)
Șumen
Varna
BULGARIEN

---

grafisch und kulturgeschichtlich in sechs Regionen aufteilen: (1) die Walachei mit der Hauptstadt Bukarest im Süden; (2) der Schwarzmeer-Küstenstreifen Dobrudscha mit der zweitgrößten Stadt des Landes, Constanța, und dem Donaudelta im Südosten; (3) die Moldau mit der «Kulturhauptstadt» Iași im Nordosten; (4) die ländliche Maramuresch im Norden; (5) Transsilvanien oder auch Siebenbürgen mit den Großstädten Cluj, Sibiu und Brașov sowie (6) das Banat mit seinem Zentrum Timișoara im Westen.

Seit dem vierten Jahrhundert sind die Bewohner des Karpatenlandes Christen. Mehrheitlich gehören sie der orthodoxen Konfession im Rahmen der selbstständigen rumänisch-orthodoxen Kirche an. Besonders in Transsilvanien und dem Banat gibt es auch katholische und evangelische Gemeinden. Angehörige der jüdischen Minderheit sind nach dem Zweiten Weltkrieg fast vollständig ausgewandert.

Politisch ist das Land nach vier harten Jahrzehnten Kommunismus seit 1990 eine parlamentarische Demokratie mit einem Staatspräsidenten und einem Premierminister an der Spitze. – In Rumänien gilt die mitteleuropäische Zeit plus eine Stunde.

AUSKUNFT

Rumänisches Touristenamt:
In Deutschland: Budapester Straße 20a, 10787 Berlin, Tel. 030/24190 41
Fax: 24 72 50 20,
E-Mail: berlin@rumaenien-tourismus.de
In der Schweiz: Schweizergasse 10, 8001 Zürich, Tel. 01/211 17 30, Fax: 211 17 45.
In Österreich: Währingerstr. 6–8
1090 Wien, Tel. und Fax: 01/317 31 57.
Informationen im Internet: www.rotravel.com oder www.bucurestiwww.ro oder www.romaenien-tourismus.de
In praktischen Fragen behilflich sind auch Spezialveranstalter für Rumänien-Reisen

An der Schwarzmeerküste in Mangalia.

wie: *Karpaten Tours GmbH*, Düsseldorf, über www.karpaten-tours.de; *Intertouring*, Frankfurt, über www.intertouring.de; *Sofrone Messerschmidt-Reisen*, Berlin, über www.messerschmidt-reisen.de.
Im Land selbst sind in den letzten Jahren viele zuverlässige, mehrsprachige Touristenbüros aus dem Boden geschossen, die von der Information über die Hotel-

Das Dorf Moisei liegt idyllisch in den Hügeln der Maramuresch.

buchung bis zur Rundfahrtenvermittlung und zur Organisation von Konferenzterminen alles bieten: zum Beispiel *J'Info Tours Travel Agency*, Bukarest, über www.rotravel.com/agencies/jinfotur oder *Danubius Travel Agency*, Constanţa, über www.danubius.ro; in allen Städten: *Simpa Turism* über www.simpaturism.ro.

ANREISE

Mit internationalen *Fluggesellschaften* bzw. der größten rumänischen Fluglinie *Tarom* kann man von den großen Flughäfen der Welt aus insbesondere nach Bukarest-Otopeni, aber auch nach Timişoara, Iaşi, Satu Mare, Arad, Cluj, Sibiu und – in den Sommermonaten – nach Constanţa-Mihai Kogălniceanu fliegen. Die Flugdauer von Deutschland, Österreich und der Schweiz aus beträgt im Allgemeinen nicht mehr als zweieinhalb Stunden.

Mit der *Bahn* erreicht man von den Großstädten Westeuropas aus alle Städte Rumäniens. Für die Fahrt z.B. von Frankfurt nach Bukarest-Nordbahnhof muss man von rund 30 Stunden ausgehen.

Auf der Donau fahren *Schiffe* bis Constanţa am Schwarzen Meer (Informationen z.B. über www.danube-river.org oder www.delphin-cruises.com).

Organisierte *Bustouren* nach Rumänien vermittelt z.B. *Intertouring*, Frankfurt, über www.intertouring.de. – Mit dem *PKW* fährt man über die Europastraßen E75 und E60 über Ungarn nach Rumänien. Dabei sollte man bedenken, dass in Rumänien der Straßenzustand nicht mit dem westeuropäischen Standard zu vergleichen ist. Erst allmählich werden Autobahnen gebaut; holprige Landstraßen sind die Regel. Aktuelles zur Routenführung

bzw. zur Befahrbarkeit der Straßen erfährt man über die nationalen Automobilclubs oder direkt über den Rumänischen Automobilclub ACR (www.acr.ro).

Für die Einreise nach Rumänien benötigt man einen noch drei Monate gültigen Reisepass. Seit Anfang 2001 benötigen Staats-

Mit Volldampf: Waldbahn in Vişeu de Sus.

vor Ort möglichst beim privaten Touristenbüro. Jugendherbergen nach westeuropäischem Standard sind noch selten in Rumänien, naturnahe Campingmöglichkeiten aber vielerorts vorhanden. Allerdings sollte man an die Ausstattung (z.B. im Sanitärbereich) keine allzu großen Ansprüche stellen, sonst sind die privaten Gästehäuser (bzw. Pensionen) die bessere Wahl. Der Preisunterschied ist nur gering.

REISEZEIT

Rumänien ist ein Reiseland für alle Jahreszeiten. Jeder Winkel des Landes hat seinen besonderen Reiz. Das gemäßigt kontinentale Klima bietet viele Möglichkeiten. Vor allem Frühling und Herbst eignen sich für Rundfahrten durch die verschiedenen Regionen, für Wandertouren in den Karpaten oder für Anglerferien im Donau-

Rustikal, gemütlich und zu empfehlen sind die privaten Unterkünfte im Valea Vinului (Weintal).

bürger der EU kein Visum mehr. Nicht-EU-Bürger erhalten ihr Visum an den jeweiligen Grenzübergängen problemlos, jedoch gegen Gebühr. Eine für Rumänien gültige Krankenversicherung wird dringend empfohlen.

UNTERKÜNFTE

Als Pauschaltourist hat man im Allgemeinen eine ordentliche Unterkunft gebucht. Für den Individualreisenden gilt die Grundregel, dass man sich möglichst eine Privatunterkunft besorgen sollte und die großen Bettenburgen sozialistischer Prägung besser meidet: Der Service ist selten erfreulich, der Standard auf Massenabfertigung angelegt. Deshalb ist selbst das kleine Familienzimmer in den Bergen oder die privat organisierte Camping-Gelegenheit in Siebenbürgen vorzuziehen. Entweder orientiert man sich vorher bei den jeweiligen Fremdenverkehrsämtern (s.o.) oder

Zwischen Tradition und Moderne.

Beim Hotel mietet man sich, wenn man Wert auf ein Mindestmaß an Service und Komfort legt, auf jeden Fall in einem nach rumänischem Standard bemessenen Drei-Sterne-Hotel ein. Die teuren, großen Luxusherbergen in Bukarest, Siebenbürgen und an der Küste, die vornehmlich von internationalen Gesellschaften betrieben werden, gleichen westeuropäischen Spitzenherbergen. Bezahlen kann man in den meisten Hotels inzwischen auch mit den gängigen Kreditkarten.

Wegweiser: Touristeninfo in Alba Iulia.

delta. Auch Städtereisende sollten diese Zeit für einen Besuch in Bukarest, Sibiu, Brașov, Cluj, Sighișoara oder Timișoara bevorzugen. Ausflüge zu den berühmten Moldauklöstern im Norden empfehlen sich von Mai bis September, ebenso Wandertouren in den einsamen Wäldern und Dörfern der Maramuresch oder Aufenthalte in den Kurorten des Banat und Transsilvaniens. In diese Monate fällt auch die Saison für Wasserratten an der Schwarzmeerküste. Im Winter fahren Ski-

DEUTSCHE PIONIERE MIT EIGENSINN

Sie verteidigten die ungarische Krone und machten das Land für die Habsburger fruchtbar: Jahrhundertelang lebten die Siedler aus den Rhein- und Moseltälern mit den Rumänen am Karpatenbogen. Nach dem Zweiten Weltkrieg zogen die meisten von ihnen in ihre alte Heimat zurück. Eine einstmals lebendige Kultur scheint nun unterzugehen.

Was haben der ehemalige Weltklasse-Handballer Hansi Schmidt und die Schriftstellerin Herta Müller gemeinsam? Sie gehören zu den Deut-

rester Volkszählung im Jahr 2002 nur noch 60 000 Menschen einen deutschen Ursprung angaben. 1918, unmittelbar nach dem Ersten Weltkrieg, sah das noch ganz

Die Schwarze Kirche am Rathausplatz von Brașov (Kronstadt) zeugt vom jahrhundertelangen Zusammenleben verschiedener Volksgruppen und Religionen.

schen, die in den vergangenen fünfzig Jahren Rumänien verlassen haben, den Staat, in dem sie geboren wurden, um in das Land zu gehen, das sie danach oft als «fremde Heimat» bezeichneten.

Die Deutschen in Rumänien, das sind die Siebenbürger Sachsen, die Banater Schwaben, Deutschstämmige aus der Bukowina und der Dobrudscha und aus anderen kleineren Ansiedlungen. In einem wahren Exodus wechselten sie in den vergangenen Jahrzehnten vom Karpatenstaat nach Deutschland, so dass bei der letzten Buka-

anders aus: Damals lebten etwa 800 000 Deutsche in diesen Gebieten.

Die Vorfahren dieser deutschen Siedler stammen aus den Rhein- und Moseltälern, der Pfalz und dem Elsass. Im Mittelalter waren sie mit Versprechungen nach Siebenbürgen gelockt worden, das damals unter ungarischer Krone stand. Viele Tausende machten sich mit ihren Familien und großen Hoffnungen auf den Weg, um am Ende die siebenbürgische Grenzbefestigung gegen anrollende Osmanenheere verteidigen zu müssen. Andere kultivier-

ten seit dem 18. Jahrhundert das von den Habsburgern beherrschte Banat. Diese Donauschwaben bauten Städte und Kirchen, lebten Seite an Seite mit den Rumänen und Ungarn, kämpften und litten mit ihnen. Gleichzeitig sahen sie es als ihre heilige Pflicht an, ihre eigene Sprache und Kultur zu pflegen. Davon zeugen noch heute deutschsprachige Kindergärten, Schulen, Universitätsfakultäten, Zeitungen und Theateraufführungen. Auch Gottesdienste – für die Banater Schwaben katholische, für die Siebenbürger Sachsen evangelische – werden auf Deutsch gefeiert. Dennoch sprachen die meisten von ihnen auch rumänisch und ungarisch – wichtig im alltäglichen Miteinander, unabdingbar im Geschäftsleben.

Nach dem Zweiten Weltkrieg verschlechterten sich die Lebensbedingungen für die Deutschstämmigen erheblich, und viele verließen Rumänien. Sie verloren ihr Land durch Enteignung an das kommunistische Regime, wirtschaftliche Not und Zwangsumsiedlungen schmerzten. Hansi Schmidt nutzte 1963 ein Handballturnier in Deutschland, um in Gummersbach zu bleiben. Herta Müller ging 1987, nachdem sie als regimekritische Schriftstellerin die Repressalien nicht mehr ertragen konnte. Von Deutschland aus, ihrer neuen Heimat, wurde sie zu einer beredten Zeugin gegen die Gräuel totalitärer Willkür, wo auch immer sie sich zeigten. Zugleich brach sie als Banater Schwäbin mit einem Tabu, als sie darauf hinwies: Nicht wenige Deutsche in Rumänien hatten mit dem Nationalsozialismus sympathisiert. Und manche von ihnen hatten sich sogar von der SS rekrutieren lassen.

Den heute in Rumänien lebenden Deutschen steht die größte Herausforderung mit Sicherheit aber noch bevor. Wenn im nächsten Jahrzehnt viele ältere Menschen sterben, droht ihre reiche Kultur mit ihnen unterzugehen. In einem zusammenwachsenden Europa könnten die Deutschrumänen, wie der evangelische Bischof Christoph Klein aus Sibiu (Hermannstadt) meint, allerdings auch eine Art Brücke zwischen den Kulturen bilden.

sportler, Langläufer, aber auch Alpin-Fans in die garantiert schneesicheren Karpaten. Wer Rumänien bereisen will, sollte folgende Faustregel beachten: im Sommer den heißen Bukarester Asphalt oder die mückenreichen Sumpfregionen der Donauniederung meiden, im regenreichen Spätherbst die Dörfer im Norden.

SOUVENIRS

Kaum ein Tourist kommt ohne typisches Souvenir aus Rumänien zurück: eine Panflöte, ein bunt gewebtes Tischtuch, eine gestickte Bluse, einen kunstvoll geflochtenen Weidekorb oder einen aus Holz geschnitzten Riesenlöffel. Aber auch Fußmatten aus Maisblättern oder Keramikwaren sind reizvolle Mitbringsel. Die Wintermonate über haben die Bauersfrauen aus den Karpatendörfern gehandarbeitet und gewerkelt, um ihre Produkte in der Saison den Touristen anzubieten. Die Traditionen des kunstvollen Holzschnitzens, Webens, Töpferns und Stickens sind in Rumänien weit zurückzuverfolgen.

Leider überflutet immer mehr Nepp die Souvenirshops der Städte, Billigimportwaren aus dem Ausland. Wer auf Trödel nicht hereinfallen will, schaut sich daher in Galerien um oder in einem seriösen kunsthandwerklichen Laden, in der Verkaufsabteilung eines ethnographischen Museums oder in einem der Klöster. Dort ist so manches Kleinod zu entdecken:

Stickereien sind ein beliebtes Mitbringsel.

Die Naturbrücke hält: Flussüberquerung im Fägäraş-Gebirge (oben). – Im Donaudelta (unten).

Anrührende Ikonen oder filigran bemalte Ostereier. Märkte und gut sortierte Basare locken mit ihrem bunten Treiben, aber auch so manche Kassette mit rumänischer Folkloremusik lässt sich dort günstig erstehen. Meistens stehen Recorder bereit, damit man in die Volkslieder hineinhören kann.

SPORT

Für Sportbegeisterte hält Rumänien eine große Auswahl an verschiedenen Aktivitäten bereit. Im Zentrum des Interesses stehen dabei alle Wassersportarten und die hervorragenden Wintersportmöglichkeiten in den Karpaten (Angebote bei Pauschal-

veranstaltern, s.o.). Sportangler kommen insbesondere im fischreichen Donaudelta auf ihre Kosten (Angebote bei Spezialveranstaltern). Wanderer und Höhlenkletterer finden ihre Urlaubsparadiese in den endlosen Weiten und Höhen der Karpaten (Informationen über www.alpinet.org). Auch Jäger zieht es dorthin, um Füchse und Schwarzwild zu erlegen (Angebote bei Spezialveranstaltern). Immer beliebter wird Rumänien bei Bikern. Wohl auch deshalb, weil die bislang kaum präparierten Straßen und Wege des Karpatenlandes eine echte Herausforderung für Freaks und die das Ursprüngliche liebenden Radwanderer darstellen (Informationen über www.adfc.de/tourismus/einfos).

SEHENSWERTE ORTE VON A BIS Z

Ziffern im Kreis verweisen auf die Karte auf Seite 297.

ADAMCLISI ①. Der Ort in der Dobrudscha-Region, nahe der rumänischen Riviera, weist sich durch eines der bedeutendsten Staatsmonuments des Römischen

ARBORE ③. Die *Bukowina-Kirche* von Arbore wirkt fast zierlich. Ihre Bedeutung gewinnt sie durch die grandiose Freskenbemalung an den Außenfassaden. Lang gestreckte Bibelgestalten in kostbaren Gewändern bewegen sich auf meergrünem Grund zum thronenden Christus.

BÄILE HERCULANE (HERKULESBAD) ④. Der Traditionskurort Herkulesbad im

Siegmonument der Römer über die Daker in Adamclisi (oben). – Idylle am Borgo-Pass (rechts).

Reichs aus. Es ist eine von Kaiser Trajan errichtete (und 1977 wieder aufgebaute) *Siegessäule*, nachdem er 102 n. Chr. das Dakervolk geschlagen hatte. Der Rundsockel aus massiven Quadern hat einen Durchmesser von 30 Metern.

AGAPIA ②. Die bekannte Sakralanlage, die man vom moldauischen Vorkarpaten-Städtchen Târgu Neamț aus gut erreicht, ist eines der größten Nonnenklöster der gesamten Orthodoxie. Architektonisch betrachtet ist die von 1858 bis 1862 in herrlicher Berglandschaft errichtete *Dreikonchenkirche* keine Sensation, doch im Kircheninnern ist hier das Beste zu sehen, was die rumänische Malerei in der zweiten Hälfte des 19. Jahrhunderts hervorgebracht hat. Geschaffen hat es Nicolae Grigorescu. Seine Fresken sind in den zartesten Farben gehalten, die Darstellung der Gottesmutter mit Kind gehört zu den bekanntesten Mariendarstellungen.

Banat, nördlich des Eisernen Tors, zeugt von einer großen Vergangenheit. Schon die Römer nutzten das Heilwasser, die Habsburger machten es so berühmt, dass die Reichen und Mächtigen Europas hier an diesem Höhenort vorzugsweise ihre Kur nahmen. Entsprechend gibt es neben *römischen Thermenresten* auch *Pavillons der Belle-Epoque* zu sehen.

BIERTAN (BIRTHÄLM) ⑤. Eine der vielen (nicht nur sieben!) Wehranlagen Siebenbürgens, die die deutschstämmigen «Sachsen» seit dem 12. Jahrhundert auf Transsilvaniens Höhen erbauten. Die mächtige Burg zwischen Mediaş (Mediasch) und Sighişoara (Schässburg), ist im 15. Jahrhundert entstanden. Drei Mauerringe schmiegen sich schützend um die hoch oben thronende spätgotische Hallenkirche. Davor waren die Häuser der Bürger

Spätgotische Kirchenburg in Biertan.

Die Törzburg (oben und unten).

Erhebt sich wie ein strahlend weißer griechischer Tempel in den Himmel: Kloster Agapia.

von Biertan kreisförmig angeordnet, was man heute noch am Ortsbild ablesen kann. Wurde es bei einem Angriff bedrohlich, zog man sich Schutzring um Schutzring in Richtung Kirche zurück, so dass man trotz manch gefährlicher Belagerung das Zentrum halten konnte. Nach diesem Prinzip ist auch die Burg in Apold (Trappold) angelegt, ebenso die Burgen von Cisnădie (Heltau), Cisnădioara (Michelsberg), Harman (Honigberg) und Prejmer (Tartlau). Sogar Städte wie Sibiu (Hermannstadt) gehen in ihrem Ursprung auf diesen genialen Plan zurück.

BRAN (TÖRZBURG) ⑥. Schön wäre es ja, wenn diese steile Höhenburg mit den vielen Schießscharten südwestlich von Brașov (Kronstadt) tatsächlich vom historischen Dracula (siehe Seite 268) bewohnt gewesen wäre. Der winklige Bau mit seiner romantischen Atmosphäre animiert durchaus zu entsprechenden Fantasien über nächtliche Blutorgien des Walachen-Fürsten Vlad Țepeș. Nüchtern betrachtet ist Bran allerdings eine Wehrburg aus dem 15. Jahrhundert, die die Siebenbürger Sachsen einstmals gegen die immer wieder anstürmenden Osmanenheere beschützen sollte. Aber mit welchen Vorstellungen man die herrlich gelegene Törzburg, die heute Museum ist, auch immer betritt: Sehenswert ist sie allemal.

BRAȘOV (KRONSTADT) ⑦. Das berühmte Kronstadt der Siebenbürger Sachsen, das die Rumänen Brașov nennen, ist sicher eine der am aufwändigsten restaurierten Städte im Karpatenland. Allein ein Bum-

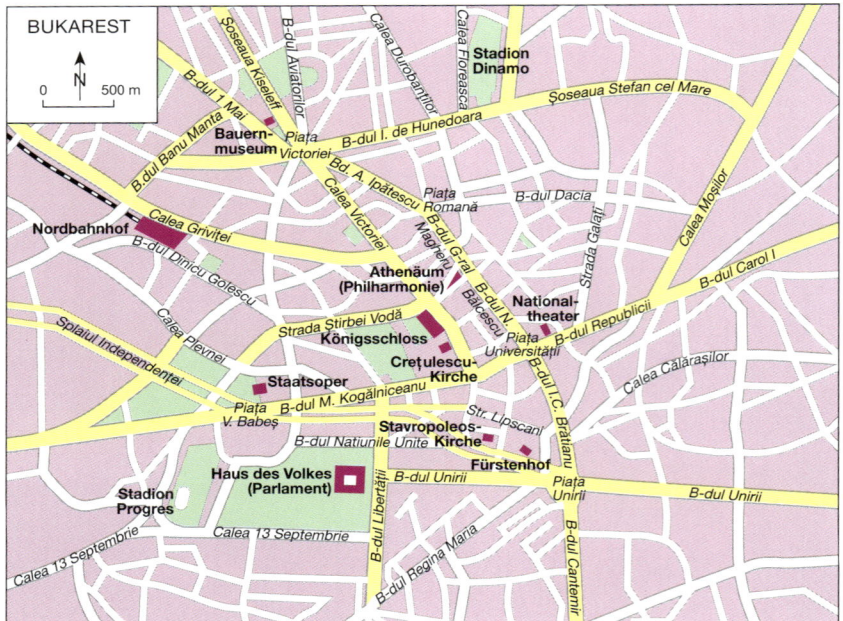

mel rund um das ehemalige *Rathaus*, ein barockisiertes Gebäude aus dem 15. Jahrhundert, erschließt viele Sehenswürdigkeiten dieser mehr als siebenhundertjährigen, ursprünglich vom Deutschen Ritterorden gegründeten Ansiedlung. Gegenüber grüßt unterhalb des Stadtbergs Tîmpa das *Hirscherhaus* aus dem Jahr 1545, ein prächtiger Gebäudekomplex mit Laubengang und tiefgezogenem Dach. Einige Häuserfronten weiter kündet die kreuzgekrönte neue *Orthodoxe Kirche* und wiederum auf der anderen Platzseite die spätgotische

evangelische *Schwarze Kirche* (1477 vollendet) von der jahrhundertealten Koexistenz nicht nur der Volksgruppen, sondern auch der christlichen Konfessionen in Siebenbürgen. Nur wenige Schritte entfernt steht ein steinernes Standbild des streng blickenden Humanisten *Johannes Honterus*, der seit 1544 hier als Stadtpfarrer wirkte und den Protestantismus ins Land brachte. In seinem Schatten strömen auch heute noch Schüler in das nach ihm benannte deutsche Gymnasium. Nur sind es jetzt nach dem Exodus der Siebenbür-

Bukarest: klassizistische Gebäude …

ger Sachsen meist Kinder rumänischer Familien. Heute ist die 360 000-Einwohner-Stadt eines der wichtigen wirtschaftlichen, aber auch kulturellen Zentren des modernen Rumänien.

BUCUREȘTI (BUKAREST) ⑧. Die gut zwei Millionen Einwohner zählende Hauptstadt inmitten der rumänischen Tiefebene genießt touristisch keinen besonders guten Ruf. Hängt ihr doch immer noch der Makel an, dass sich hier im Herzen des ehemaligen Fürstentums Walachei die Gigantomanie eines paranoiden Diktators ausgetobt hat. Ganze Altstadtviertel ließ der selbsternannte «Führer» abreißen, um seinem Größenwahn Gestalt zu geben. Das Areal um das monströse *Parlamentsgebäude* stalinistischer Prägung trägt auch heute noch seine Handschrift. Die rund um die Gebäude der damaligen Macht angebrachten *Revolutionskreuze*, unter denen auch mehr als ein Dutzend Jahre

Festtage sind Tage der Rückbesinnung auf altes Brauchtum.

... Kommerz in der Schmuckpassage ...

... und Kunst in der Stavropoleos-Kirche.

nach dem Aufstand noch immer frische Blumen liegen, erinnern an das Jahr der Wende 1989. Und doch hat sich der unbestrittene politische, wirtschaftliche und

... auf der Calea Victoriei (Siegesallee), ...

kulturelle Mittelpunkt Rumäniens nach einer Zeit des Stillstands wieder zu einer quirligen Metropole entwickelt. Wie immer nach Phasen des Niedergangs und der Katastrophen – Brände, Erdbeben, Überschwemmungen im 17. und 18. Jahrhundert – erholte sich die Stadt schnell. Auf den Prachtstraßen *Calea Victoriei* und *Bulevardul G. Magheru* bevölkern heute wieder elegante Müßiggänger die Szenecafés oder bummeln an den sündhaft teuren Auslagen vorbei. Galerie reiht sich an Galerie, Studenten diskutieren in den Parks, und auch die Vertreter internationaler Banken und Firmen sind längst zurückgekehrt. Natürlich ist auch die Armut derer, die im neuen System nicht mehr zurechtkommen, in manchen Straßen nicht zu übersehen. Doch wer hier nur streunende Kinder und Trickbetrüger wittert, wie es westliche Medien gerne suggerieren, tut der Stadt Unrecht. So hässlich die Industrievorstädte Buka-

rests auch sein mögen, die Sehenswürdigkeiten im Zentrum lohnen ohne Zweifel touristisches Interesse: beispielsweise das säulenumstandene *Philharmoniegebäude Athenäum* oder der klassizistische Komplex des *Königsschlosses*, in dem sich auch das bedeutendste Kunstmuseum des Landes befindet. Bemerkenswert sind auch zwei Gotteshäuser aus dem 18. Jahrhundert: die schlanke *Crețulescu-Kirche* sowie die mit steinernen Blütenornamenten verzierte *Stavropoleos-Kirche*. Nicht zu vergessen die *Ruinen des walachischen Fürstenhofes* aus dem 15. Jahrhundert. Die Hauptstadt Bucureşti kann zweifellos wieder international mithalten.

BUŞTENI ⑨. Der Höhenkurort südlich von Braşov (Kronstadt) gilt als idealer Ausgangspunkt für Bergwanderer oder Skifahrer. Die beeindruckenden *Felsformationen «Sphinx»* und *«Die alten Frauen»* sind von hier aus gut zu erreichen. Auch der 2 284 Meter hohe *Caraiman-Gipfel* mit seinem Metallkreuz zu Ehren der Gefallenen des Ersten Weltkriegs ist nicht weit.

CÂMPENI ⑩. Von diesem inmitten der Berglandschaft der Westkarpaten gelegenen Städtchen starten viele schöne Berg- und Klettertouren. Großer Beliebtheit bei den Besuchern erfreuen sich auch die Höhlentouren, darunter besonders in die wirklich eiskalte *Eishöhle Scarişoara* bei

Nucet, die sich innerhalb eines 3 500 Jahre alten Gletschersystems befindet. Eissäulen in bizarren Formationen gestalten sich hier zu wahren Kunstwerken, die zudem ständig ihr Erscheinungsbild verändern. Bei Beiuş findet man nach einem kleinen Aufstieg den Eingang in die nicht minder bekannte *Bärenhöhle Peştera Urşilor*, in der herrlich schimmernde Tropfsteine und Skelette eiszeitlicher Höhlenbären urzeitliche Gefühle wecken.

Der Ovid-Platz in Constanţa erinnert an den römischen Dichter und seine Verbannungsjahre.

Constanţa an der Schwarzmeerküste: Hier sind Touristen mit ihren Booten willkommen.

CLUJ-NAPOCA (KLAUSENBURG) ⑪. Die heute über 320 000 Einwohner zählende Industriestadt im Norden Transsilvaniens geht auf eine Römergründung in dakischem Gebiet zurück; der Namenszusatz «Napoca» verweist auf diese Herkunft. Schon seit dem Mittelalter ist Cluj, das seine heute nur noch wenigen deutschstämmigen Bürger Klausenburg und die vielen Ungarischstämmigen Kolosvar nennen, ein wichtiger Verkehrsknotenpunkt. Mitten auf dem Einheitsplatz (Piaţa Unirii), im Herzen der Stadt, befindet sich die katholische *Sankt-Michaelskirche*, neben der Schwarzen Kirche von Braşov das größte Gotteshaus in Transsilvanien, eine von 1350 bis 1480 erbaute gotische Hallenkirche mit wertvoller Innenausstattung. An der Südseite der Kirche steht das überdimensionale *Reitermonument von Matthias Corvinus (*von 1902), der als ungarischer König von 1458 bis 1490 über Transsilvanien herrschte. Rund um den Platz sind *barocke und klassizistische Stadthäuser* sehenswert. Im *Bánffy-Palais*, erbaut von 1774 bis 1785, einst die Villa eines ungarischstämmigen Adligen, ist heute ein Kunstmuseum untergebracht. Nördlich des Platzes wird nach den Resten eines römischen *Forums* gegraben. Auch der große *Botanische Garten* südlich des Stadtzentrums, die *Universität* mit dem weltweit einzigen Lehrstuhl für Höhlenforschung und die *Reformierte Kirche* (früher Franziskanerkirche) vom Ende des 15. Jahrhunderts sind einen Besuch wert.

CONSTANŢA ⑫ Die alte Hafenstadt am Schwarzen Meer mit ihren 360 000 Einwohnern ist im letzten Jahrzehnt, nach dem willkürlichen Abriss zahlloser Gebäude in kommunistischer Zeit, wieder stark gewachsen. Inzwischen ist Constanţa durch den steigenden Seehandel zur zweitgrößten Stadt Rumäniens geworden. Mit einer großen Anzahl stereotyper Blocks allerdings, wie sie in allen rumänischen Vorstädten zu finden sind. Constanţa hat aber auch eine immer noch

Das Patriarchen-Palais in Bukarest.

prächtige Altstadt rund um die *Ovid-Statue* am bekannten *Archäologischen Museum*. Dort sind vor allem die Schätze der römischen Vergangenheit, unter anderem ein 700 Quadratmeter großes Bodenmosaik aus dem 3. Jahrhundert und eine große Anzahl römischer Statuen ausgestellt. Überhaupt begegnet man im alten Zentrum auf Schritt und Tritt den Zeugen einer überaus reichen Geschichte: antike Sarkophage und christliche Kirchen, türkische Moscheen und das schöne *Casino* im Belle-Epoque-Stil, in dem inzwischen wieder gepflegte Abendunterhaltung geboten wird, mit seiner einladenden Terrasse zum Meer hinaus. Man sollte sich einfach durch die Gassen von Constanța treiben lassen, um das besondere, schon fast orientalisch anmutende Flair des Vielvölkergemischs zu spüren.

COZIA ⑬. Eines der ältesten Baudenkmäler in der Walachei ist die gewaltige Klosteranlage Cozia im Tal des Flusses Olt (Alt), einige Kilometer nördlich der Provinzstadt Râmnicu Vâlcea. In der zweiten Hälfte des 14. Jahrhunderts gegründet, wirkt der Bau immer noch wie eine Wehrburg. Erst im Inneren der Anlage erkennt man die typisch byzantinische Mauerschichtung aus Keramik und Backstein, die die Kirchenfassaden strukturiert. Und man bewundert in den sakralen Innenräumen die wertvollen Fresken und Votivbilder, die im 17. Jahrhundert im verspielten Brâncoveanu-Stil mit strahlenden Farben auf die Wände gemalt wurden.

CURTEA DE ARGEŞ ⑭. Diese ehemalige Fürstenstadt des späten 14. Jahrhunderts am Fluss Argeş ist unbedingt sehenswert. Nordwestlich von Piteşti gelegen, war sie zwar nur für kurze Zeit die Residenz der damaligen Walachenherrscher. Aber mit den Ruinen des Fürstenhofes, mit der alten, byzantinisch strengen Fürstenkirche des hl. Nikolaus und vor allem mit der berühmten, vom Baumeister Manole errichteten Bischofskirche bildet das Städt-

Vidraru-Stausee in der Walachei.

chen heute ein kulturhistorisches Highlight der Walachei. Die Bischofskirche aus dem Jahr 1517 wurde im 19. Jahrhundert restauriert und ist als beliebtes Motiv in jeder Rumänien-Postkartenserie vertreten:

Relikte der römischen Besatzungszeit: die ehemalige Stadtbefestigung in Histria.

Das 1692 von Constantin Brâncoveanu errichtete Kloster Horezu ist Weltkulturerbe.

mit ihren überreich verzierten Fassaden, die eine Vielzahl geometrischer und pflanzlicher Motive aufweisen und fast orientalisch anmuten, sowie den Türmen mit den steinernen Spiralen.

HISTRIA ⑮. Griechische Seefahrer und Händler gründeten diese Siedlung am Schwarzen Meer. Beeindruckend sind vor allem die Reste ehemaliger römischer *Thermen* aus dem 2. Jahrhundert, die mit

Marmorschwellen und kunstvollen Mosaiken ausgelegt waren.

HOREZU ⑯. Wer durch die festungsartigen Ziegelmauern in den Innenhof dieses

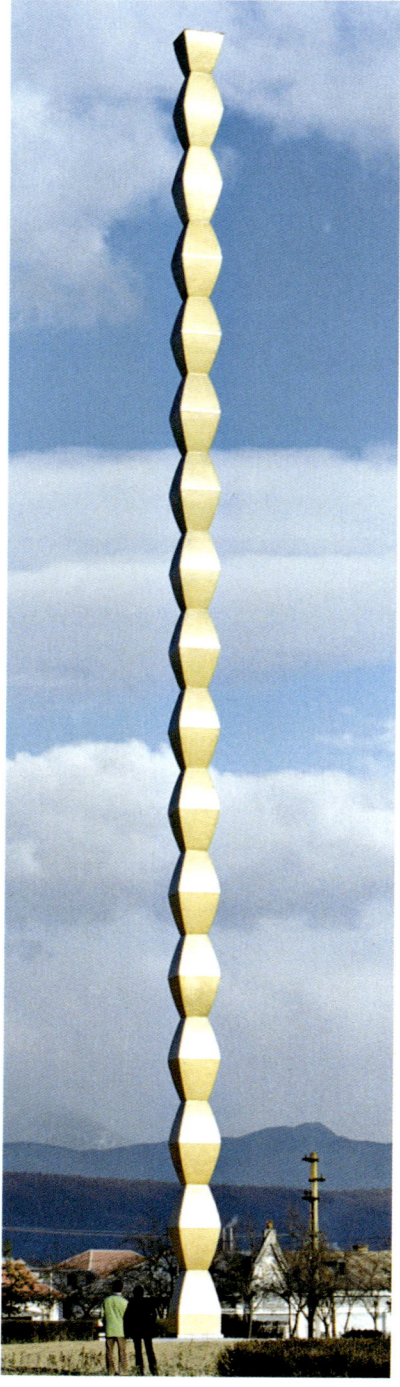

Mahnmal für die Opfer des Ersten Weltkriegs: die «Endlose Säule» in Târgu Jiu.

Wo der Sand am feinsten ist: Mamaia an der Schwarzmeerküste.

BRÂNCUȘIS ENDLOSE SÄULE

Man möchte sich ihrer Harmonie hingeben, mit ihnen verschmelzen: Die Bildwerke Constantin Brâncuşis sind modern, sogar abstrakt in der Reduktion der Formensprache, aber auch ganz archaisch in ihrer edlen Schönheit aus einfachen, manchmal kostbar polierten Materialien: Stein, Holz, Metall. Der berühmte Bildhauer (1876–1957) wurde in Rumänien geboren, arbeitete aber seit 1904 in Paris, wo er die Avantgarde mit den traditionellen Elementen der heimatlichen Schnitzkunst verband. 1937 gestaltete er in Târgu Jiu, nahe seinem Geburtsort, die «Straße der Helden» aus drei Großplastiken: «Tisch des Schweigens», «Tor des Kusses» und die 30 Meter hohe «Endlose Säule». Ein Ensemble in radikaler Stilisierung – zu Ehren der rumänischen Opfer des Ersten Weltkriegs.

zum UNESCO-Weltkulturerbe erhobenen Nonnenklosters westlich von Râmnicu Vâlcea tritt, entdeckt an den Arkadengängen und Loggien verspielt wirkende Pflanzen- und Tierornamente im typischen, rumänischen Brâncoveanu-Stil. Diese Kunstform erinnert an der Walachenherrscher Constantin Brâncoveanu, der dem Besucher in Horezu aus einem verräucherten Votivbildnis höchstselbst tief in die Augen schaut. Dieser große Kunstförderer fiel einige Jahre nach Fertigstellung des Klosters zusammen mit seinen vier Söhnen osmanischen Eroberern zum Opfer. Von den farbenfrohen Freskenmalereien

Die Drei-Hierarchen-Kirche in Iași.

zumindest vom kulturellen Flair der Großstadt noch einiges zu spüren. Etwa auf der Flaniermeile *Strada Stefan cel Mare*, wo sich Gedenksteine, Standbilder, Kathedralen, Paläste, Dichterwohnungen und Musentempel aneinander reihen. Ein

scher Bauherrn im späten Mittelalter entstanden. Die mächtige Anlage wird von der von Fürst Stefan dem Großen 1497 gestifteten, gotisch anmutenden *Himmelfahrtskirche* dominiert, der man die Nähe zu den Schwesterkirchen Putna und

Oradea mit seinem imposanten Rathaus ist die Hauptstadt des rumänischen Barock.

im Atrium geht eine intensive Lebensenergie aus. Da legen grässliche Teufel die Ungläubigen übers Knie und verdreschen sie kräftig, bevor sie diese in die Höllenflammen befördern – was denn in dieser drastischen Darstellung manchem Kunstliebhaber die Sprache verschlägt.

HUMOR ⑰. siehe Seite 286

IAŞI ⑱ Die Großstadt im moldauischen Nordosten ist mit ihren 350 000 Einwohnern unbestritten die Kulturmetropole Rumäniens. Hier am Prut, dem heutigen Grenzfluss zwischen Rumänien und der Republik Moldova, hatte es die im Jahr 1407 erstmals erwähnte Ansiedlung zur Universitäts- und Hauptstadt des einst bedeutenden Fürstentums Moldau gebracht. Politisch engagierte Schriftsteller lebten in dieser Stadt, Dichter wie Mihai Eminescu wirkten von hier aus. Die Redaktionen der besten rumänischen Zeitungen ließen sich in Iaşi nieder. Auch der Impuls zur rumänischen Staatswerdung durch den damaligen Moldaufürsten Alexandru Ion Cuza ging seit 1859 von hier aus. Heute in trostloser Grenzlage ist

Höhepunkt ist dabei ohne Frage die berühmte *Drei-Hierarchen-Kirche*: ein bauliches Kleinod von 1639.

MAMAIA ⑲. Bekanntes Seebad einige Kilometer nördlich von Constanţa. Nirgendwo in Rumänien ist der Strand so feinsandig, so lang und so breit.

MOGOŞOAIA ⑳. Das *Schloss* des Walachenfürsten Constantin Brâncoveanu, das 1702 im Nordwesten von Bukarest errichtet wurde, liegt idyllisch an einem See. Mit seiner ornamentalen Fassade ist es neben dem oltenischen Kloster Horezu ein besonders schönes Beispiel des Brâncoveanu-Stils. Was hier im Original zu besichtigen ist, haben Rumäniens Architekten stets versucht nachzuahmen.

MOLDOVIŢA ㉑. siehe Seite 286

NEAMŢ ㉒. Das Mönchskloster im Nordwesten der Kleinstadt Târgu Neamţ gehört mit Văratec und Agapia zu den großen Moldauklöstern. Neamţ, das «deutsche Kloster», ist unter dem Einfluss moldaui-

Voroneţ ansieht. Das Kloster ist über Jahrhunderte für die gesamte Karpatenregion als Zentrum der sakralen Silberschmiede- und Stickereikunst wichtig gewesen, ebenso für Kalligrafie und Ikonenmalerei.

PELEŞ ㉓. Das vom rumänischen König Carol I. Ende des 19. Jahrhunderts (1875 bis 1883) erbaute Traumschloss begeistert besonders Kunsthistoriker, weil hier fast alle denkbaren Stilarten versammelt sind. Der aus Deutschland stammende Herrscher hatte mit diesem Bauwerk nördlich von Bukarest seine Leidenschaft für romantische mittelalterliche Burgen ausgelebt, zum Beispiel im Waffensaal mit deutschen Ritterrüstungen aus dem 15. und 16. Jahrhundert. Im Inneren des skurrilen Schlosses befinden sich 160 Räume, die der Monarch mit kostbaren Möbeln aus allen Epochen ausstatten ließ. In späteren Jahren bettete sogar der bizarre Diktator Ceauşescu sein Haupt in diesen Gemächern und hielt königlich Hof. Heute ist das rumänische Neuschwanstein wieder für jedermann zugänglich und eine große Attraktion im Karpatenland.

POIANA BRAȘOV ㉔. Der Ferienort in den Karpaten bietet kulturgeschichtlich keine Höhepunkte. Doch die Umgebung, das Netz der ausgeschilderten Wanderwege und die gut präparierten Skipisten sind für Läufer und Wintersportler eine Reise ans Postăvarul-Massiv wert.

PREDEAL ㉕. Im Vergleich zum hübschen Poiana Brașov und zum nobleren Sinaia

Dokumente dieser historisch wichtigen Begegnung können im *Klostermuseum* besichtigt werden.

SĂPÂNȚA ㉗. Kann es an Gräbern auch Anlass zur Heiterkeit geben? Diese etwas seltsam anmutende Frage stellt sich auf dem *Fröhlichen Friedhof* von Săpânța, westlich von Sighetu Marmației, in der einsamen Maramuresch-Region. Der Holz-

In der Klosterkirche von Putna liegt der Walachenfürst Stefan der Große begraben.

Überragend: der Rathausturm in Sibiu.

ist Predeals Charme eher bescheiden. Die auf gut 1000 Metern höchst gelegene Stadt Rumäniens weist inmitten malerischer Karpatengipfel und heiler Natur eine Reihe schöner alter Villen und unspektakulärer Berghäuser auf. Ein idealer Urlaubsort für den, der ruhige Wander- oder Skiferien plant.

PUTNA ㉖. Der große Stefan, Moldaufürst von 1457 bis 1504, konnte im Jahr 1470 wieder einmal den Gewinn einer Schlacht gegen die Türken feiern – und krönte seine Feldherrenkunst zum Dank für die erwiesene Gnade mit dem Bau dieses Klosters im Norden des Moldaugebiets. Imposante Mauern und Türme wurden errichtet, später zerstört und im 17. Jahrhundert wieder aufgebaut. In der Mitte des 19. Jahrhunderts trafen sich hier die führenden Köpfe der gerade vereinten Fürstentümer Moldau und Walachai.

schnitzer Ion Patraș entwickelte jedenfalls eine ganz eigenwillige Vorstellung von der Würde des Begräbnisses. Ohne Tabus, aber nicht pietätlos, wollte er auch die komischen und typischen Seiten der Verstorbenen bildlich überliefern und damit dem Tod seinen Schrecken nehmen. Schnitzte er seine Grabkreuze, kam die ganze Wahrheit ans Licht: Da gab es faule und trinkende Familienväter, so manchen Geizkragen, Dorftrottel, aber auch liebreizende und sanftmütige Geschöpfe, die der Schnitzer wunderschön gestaltete und bunt bemalte. Diese Lebensläufe sind auch ohne Sprachkenntnisse zu verstehen.

SARMIZEGETUSA ㉘. Von der Dakerhauptstadt Sarmizegetusa Regia gibt es nur noch ein paar Ruinen in den transsilvanischen Bergen beim heutigen Petroșani. Die Römer zerstörten bei einem Feldzug im 2. Jahrhundert n. Chr. die

Kapitale ihrer Feinde, um danach, etwas weiter westlich, eine neue Provinzhauptstadt, nämlich Sarmizegetusa Ulpia Traiana, zu gründen. Beide Städte sollte man nicht miteinander verwechseln. Die einstige Römersiedlung ist heute eine typische rumänische Kleinstadt, die mit einigen *Amphitheater-* und *Tempelruinen* aufwarten kann. Von hier aus sind es nur noch wenige Kilometer zum bekannten Bergpass *Eisernes Tor*, der auf der westlichen Seite in das Banat hinabführt.

SIBIU (HERMANNSTADT) ㉙ Noch heute ist es dieser transsilvanischen Großstadt mit ihren 170 000 Einwohner anzusehen, dass sie aus einer Festung hervorgegangen ist. Die Siebenbürger Sachsen hatten Hermannstadt einst als Wehrburg gegen die anstürmenden Feinde angelegt. Die schönsten Blicke auf die Stadt hat der Besucher denn auch, wenn er auf den

Auf der Strada Nicolae Bălcescu in Sibiu.

mittelalterlichen Wehrringen entlang bummelt, wo imposante Pfeiler die Festungsstiegen stützen. Bekannt ist die dreischiffige evangelische *Stadtkirche*, erbaut im 14. und 15. Jahrhundert, mit dem Kreuzigungsfresko von Johannes von Rosenau aus dem Jahr 1445. Auch das spätbarocke *Brukenthal-Palais*, in dem im 18. Jahrhundert der Habsburger Gouverneur Transsilvaniens, Samuel von Brukenthal, residierte, ist mit seinem Renaissanceportal beeindruckend. Heute zeigt ein Museum in diesem Palast europäische Malerei und Ikonenkunst.

SIGHETU MARMAȚIEI ㉚. So unberührt und atemberaubend schön die Berglandschaften in der Maramuresch sind, die dortigen Städte lassen von diesem Zauber nichts spüren. Die Industriezentren Baia Mare und Satu Mare (Sathmar) sollte man

Die evangelische Kirche in Sibiu.

RUSSISCH – NICHT GEFRAGT

Ioana studiert für ein Jahr Germanistik an einer deutschen Universität. Sie hat ein Stipendium bekommen. Ständig wird die junge Rumänin von ihren Kommilitonen mit slawischen Sprachfetzen angesprochen, ein paar Worte russisch, ein paar Sätze tschechisch. Sie ist das langsam leid, denn sie könne sich besser mit Italienern, Spaniern, Portugiesen oder Franzosen verständigen, aber eben nicht mit den direkten Nachbarn. Denn, so klärt Ioana ihre Kommilitonen auf, ihre Muttersprache sei vom Grundwortschatz und von der Grammatik her dem Lateinischen entwachsen und habe wegen ihrer geographischen Isolation als «romanische Insel im slawischen Meer» das Idiom Cäsars stark konserviert, mehr noch als die jeweiligen Schwestersprachen. Einige sprachliche Spuren haben auch die zeitweiligen Eroberer Rumäniens hinterlassen, insbesondere die Türken und Slawen, doch die würden sich einzig auf den Wortschatz beziehen. Ungarisch und Deutsch wiederum hätten im Vielvölkerstaat nur in den entsprechenden Zuzugsgebieten «abgefärbt». «Rumänisch», so betont Ioana nochmals, «ist also im Grunde genommen eine romanische Sprache».

deshalb nur streifen und eher das Städtchen Sighetu Marmației, unmittelbar an der ukrainischen Grenze, besuchen. Das *Stadtmuseum* verfügt über eine reiche Sammlung von Holzschnitzereien, Stickereien, Teppichen und Hinterglasikonen. Zum Wandern und Klettern bietet die umliegende Landschaft die besten Möglichkeiten.

SIGHIȘOARA (SCHÄSSBURG) ③. Das Ortsbild wird von dem gut erhaltenen *mittelalterlichen Zentrum* geprägt. Der

SUCEVIȚA ③. siehe Seite 286

TÂRGOVIȘTE ③. Die Stadt an den südlichen Ausläufern der Karpaten hatte ihre große Zeit, als walachische Fürsten wie «Dracula» Vlad Țepeș (siehe Seite 268) sie im Spätmittelalter zur Residenz erhoben. Auch heute trifft man noch auf Zeugnisse dieser Epoche, wie die *Fürstenhofruinen* aus dem 14. Jahrhundert oder die imposante *Stelea-Kirche*, die der Moldaufürst Vasile Lupu 1645 den walachischen Nachbarn als Friedenszeichen stiftete.

schen, die hier für ihre Freiheit starben. Im alten kreisförmigen Stadtzentrum befinden sich die *römisch-katholische Kirche* aus dem 18. Jahrhundert, die neue *orthodoxe Kathedrale* und die vielen *Barockhäuser*, die einst den Ruf Temeswars begründeten, ein «rumänisches Wien» zu sein. Problematisch ist für die Stadt heute die unsichere Grenzlage zu Ex-Jugoslawien sowie die Auswanderung vieler Banater Schwaben nach Deutschland, deren eigenständige, jahrhundertealte Kultur verloren zu gehen droht.

Durch ihre geografische Abgeschiedenheit konnte sich die Maramuresch ihren eigenen ländlichen Charakter bis heute bewahren.

mächtige Burgberg aus dem 12. und 13. Jahrhundert beherrscht die unter Denkmalschutz stehende Altstadt. Lohnend ist auch ein Besuch auf den zahlreichen *Burgen* im Umkreis der Stadt.

SINAIA ③. Rumäniens edelster Luftkur- und Wintersportort mit Langlaufloipen, Abfahrtspisten und einer 1500 Meter langen Bobbahn liegt am Fuß des mehr als 2000 Meter hohen Bucegi-Gebirges. Ganz in der Nähe befindet sich das ehemalige Königsschloss Peleș (siehe Seite 311).

TÂRGU JIU ③. Bekannt durch die «Straße der Helden»: Brâncuși setzte hier mit seinen riesigen Skulpturen unübersehbare Zeichen gegen den Krieg.

TIMIȘOARA (TEMESWAR) ③. Bis heute verbindet sich mit dieser Stadt die Erinnerung an den blutigen Aufstand der Rumänen gegen die brutale kommunistische Diktatur im Dezember 1989. Selbst mehr als ein Jahrzehnt später brennen in der mit 340 000 Einwohnern größten Stadt des Banat noch täglich Kerzen für die Men-

VATRA DORNEI ③. Ein Bade- und Luftkurort und beliebtes Ferienparadies in den östlichen Karpaten mit etwa 17 000 Einwohnern, bekannt durch seine Mineralquellen, die Herz- und Gefäßleiden lindern sollen. Im 19. Jahrhundert kurten hier die Reichen, wovon heute noch prächtige *Fin-de-Siècle-Pavillons* künden.

VORONEȚ ③. Das Bukowina-Kloster im gleichnamigen Bergdorf wird auch als «Sixtinische Kapelle des Ostens» bezeichnet – eine wahre Symphonie in Blau.

Unterwegs in der Maramuresch.

Der «Olymp der Moldau» – das Ceahlău-Gebirge

Die «Sixtinische Kapelle des Ostens»: Kloster Voroneț.

Bildnachweis

Slowenien

Rainer Hackenberg: S. 3/4, 8/9, 12 l., 14, 15, 16 l., 18/19, 20, 21, 22, 24 u., 24/25, 26 u., 27, 30 o., 30/31, 33 Mitte und r.,
34/35, 37 o., 38, 39, 40/41, 42, 42/43, 43 u., 45 o., 47, 48, 49 o. und Mitte, 50, 50/51, 52/53, 54, 57, 58 u., 59, 62 u.,
63 Mitte und u., 64 Mitte, 65 u., 66 o., 66/67, 67 u. und Mitte, 68/69, 68 u., 72/73, 72 u., 73, 74, 75, 76, 77
Friedrich H. Köthe: S. 1, 6/7, 10/11, 12 r., 13, 16 M. und r., 16/17, 23, 24 o., 25 u., 26/27, 28, 29, 30 u., 31 u., 32, 33 u., 36,
37 u., 43 o., 44, 45 o., 48, 49 u., 51 u., 54 u. r., 54/55, 55, 56, 58 o., 60, 61, 62 Mitte, 63 o., 64/65, 64 u., 65 o.r., 66 u., 68,
69 Mitte und u., 70, 71, 72 r., 74/75
Slowenisches Fremdenverkehrsamt: S. 62 o.r.,

Kroatien

Bildarchiv C.J. Bucher Verlag: S. 121 o.
Rainer Hackenberg: S. 78/79, 80/81, 84 l. und Mitte, 97 u., 98/99, 107, 112, 116, 116/117, 117 u., 119 u., 125, 144 o. und u.
Kroatische Zentrale für Tourismus, Frankfurt: S. 99 r., 143 u. und o. r., 145 r. o., 146 l. o. 148 l. o
MEV: S. 134 u., 135 Mitte
Alle anderen Bilder zu Kroatien von Ingolf Pompe/Look

Bulgarien

Alle Bilder zu Bulgarien von Tom Schulze/transit

Rumänien

Ebba Hagenberg-Miliu: S. 269, 304, 309
World Monuments Fond, New York: S. 310 r.
Alle anderen Bilder zu Rumänien von Olaf Meinhardt

Karten: Astrid Fischer-Leitl, München.

Impressum

Gesamtredaktion für diese Ausgabe: Dr. Birgit Kneip
Konzeption: BUCH UND BILD VERLAGSSERVICE Axel Schenk, Bruckmühl
Bildredaktion: Joachim Hellmuth, Dr. Birgit Kneip
Lektorat: Caroline Kazianka, Margit Brand, Jutta Ressel, Gesche Wendebourg, Claudia Sandkühler, Regina Carstensen
Layout: Werner Poll, Putzbrunn
Umschlaggestaltung: Atelier für Gestaltung, Friedberg, unter Verwendung von Bildern von Friedrich H. Köthe und Tom Schulze
Fotosatz/Litho: Repro Ludwig, A-Zell am See; Artilitho, I-Trento;
Herstellung: Gabriele Kutscha
Printed by MKT Print, Slovenia

Die Deutsche Bibliothek – CIP Einheitsaufnahme
Ein Titeldatensatz für diese Publikation ist bei der Deutschen Bibliothek erhältlich.

Für diese genehmigte Sonderausgabe mit aktualisierten Reiseteilen:
© 2005 Sconto bei C.J. Bucher Verlag GmbH, München
Für die Originalausgaben:
© 2002–2003 C.J. Bucher Verlag GmbH, München
Alle Rechte vorbehalten
ISBN 3-86517-033-1